松尾恒一［編］

東アジア世界の民俗

変容する社会・生活・文化

勉誠出版

東アジア世界の民俗

変容する社会・生活・文化

◎程陽橋（撮影：兼重努）

［序］

民俗から考える東アジア世界の現在

――資源化、人の移動、災害

松尾恒一

本書は、変化し続ける現代社会の実態と特質について、民俗学、文化人類学の研究者により、主に日本列島と、前近代からの長い交流の歴史を有する中国・台湾の各地域の研究者により追求した論集である。

民俗学は、近代に各国の自国民が、国民としてのアイデンティティを探求することを目的として、前近代からの伝承に主たる関心を向け、国民の、あるいは国家の誇るべき文化や生活様式の抽出を目的として研究を積み重ねてきた。民俗学が、日本民俗学、中国民俗学、韓国民俗学、ドイツ民俗学、アメリカ民俗学……のように、国名を冠せられて称せられるのも、こうした学問の成立の背景による。一方、文化人類学は、欧米の海外進出にともなって、異国・異域の地域社会や文化の理解を目指して調査と研究が出発した。進出した多くの地域は文字を持たなかった＝時系列で記述できる客観的な歴史を持たなかったため、フィールドワークにより家族や親族関係等の社会組織や衣食住の生活実態、自然とその利用、伝説＝口誦の物語や語られる歴史、病気治癒・祈禱・呪詛等の儀礼や呪術、神や精霊との関係性＝信仰等々を追及してきた。

民俗学と文化人類学は、フィールドワークによる地域の調査と理解を目標とする点で類縁性を有しながら、このような大きな相違を有する。

民俗学においては、自身の知らない他地域に、学校教育や紀行文、旅行、テレビのドキュメンタリーなど、あるきっかけから関心を抱いて調査に着手し、地域の人々との交流によって知り得た事象を、自分が生育した、あるいは居住する地域と比較しつつ「異文化」として理解することは極めて一般的である。また、調査や研究によって〝発見〟された事象は、地域の貴重な、あるいは「他地域にはない珍しい」文化として紹介されることが多く、その地域の〝独自の文化〟であるという価値づけがなされたりする。実際に日本では、第二次大戦後に県や市町村レベルでの民俗調査が実施され、ほぼ全国の「民俗」が掌握されるようになった。

しかしながら、いうまでもなく、民俗は過去そのままに継承されるものではなく、将来、消失の可能性も持ちながら変容する。特に、近代の大量生産、大量消費、人・物の大規模かつ大量な輸送は、世界を地域レベルで劇的に変えた。にもかかわらず、過去から継承された事象を重視した民俗学は、現代の、あるいは現在進行形で変化を続ける事象には、全般的には大きな関心を払ってこなかった。

こうした指摘がしばしばなされるが、一方で、これにこたえるかのように〝フィールドワーク〟によって現代の事象を追求する論文が、この十年ほど多く書かれるようになっている。しかしながら、その多くは、たとえば生活をとりまくさまざまなモノが、国産、輸入品の別に関わらず、原料・材料はどこの何か、また、作っている労働者がいずれの国のどのような人々なのか、そうした生産から、流通、販売までの複雑な過程を経て生活に入ってくることに目が向けられることはほとんどなく、その結果、皮相な現象のみを記述したに過ぎない、レポートにとどまる研究が少なくない。

本書では、稲の伝来、漢字や知識の移入、砂糖や生糸の輸入や、海鮮物や銀の輸出等々、日本列島と数千年を超える交流を有する中国大陸との歴史を念頭に置きつつ、東アジア世界の現在を生活のレベルで追求して、現代社会を考究することを目的として、以下の四部により構成した。

Ⅰ　日常としての都市の生活を考える
Ⅱ　文化が遺産になるとき――記録と記憶、そのゆくえ
Ⅲ　越境するつながりと断絶――復活と再編
Ⅳ　グローバル時代の民俗学の可能性

第Ⅰ部では、テレビ・冷蔵庫・洗濯機・自動車等が、経済発展とともに家庭に、さらにはパーソナルな領域にまで入り込むことによって形成された都市生活の実態と、それにともなう意識の変化について考える。二〇〇〇年代以降のインターネットの普及により、店舗に赴かなくとも商品が購入できる時代に突入した。中国では、都市と農村との生活の差は日本や韓国にくらべ、大きな隔たりがあった。しかしながら、インターネットによる販売によって農村部までさまざまな製品がいきわたるようになり、その生活風景は急激に変わりつつある。ネットによる代金の決済は、日本より中国が進んでいると、昨今、話題になる。ネット通販の普及は店舗が必要なくなることを意味する。その結果、ショッピングモールなどの消滅に直結し、都市の景観も変わる。都市化した生活があらたな「日常」となるとともに、郷愁に応える文化として新たな意義と役割を帯びることになった「民俗」について考えるのが第Ⅰ部である。

第Ⅱ部では、民俗・民族文化が、日本や台湾では「無形文化財」、中国では「非物質文化遺産（非遺）」などといった呼称で、肯定的、また誇るべき文化として認定される過程と、認定されることによる文化自体の変容や、社会的影響を課題とした。歌謡や舞踊などの無形文化や、伝統的な建築や衣装等の造形物等々、意匠や伝統の技術（わざ）が感銘を与える文物は諸地域に存する。しかしながら、近代の初頭には、日本の明治政府は、それらの多くは猥雑で、西欧の文化と比較して立ち遅れた恥ずべき文化であると認識し、禁止令を発布するなど抑圧した。中国では、第二次世界大戦後の文化大革命の時代、特に旧思想・文化・風俗・習慣を打破する「破四旧運動」において、宗教・信仰だけでなく、衣食住までが関与を受けた。地域が誇る文化とされる事象を認定するのは国家であり、国家に連なる地方行政である。そして、それを〝発見〟し、価値づけする上で、民俗学

者や地域の郷土史家の役割は大きく、「民俗学」という近代における学問の成立と、その対象の画定や囲い込みは、近代国家の歩みと軌を一にしている。国家の「財」や「遺産」となった民俗は、ユネスコの文化遺産制度によって、国家にとっての価値が増幅され、商品的な利用、活用がなされるなど、伝承地域や地域を超えた社会への影響をも与えている。民俗は生活や社会のさまざまな関係性の中で存在意義を有するものであるが、「財」や「遺産」とするために事象の一部分が切り取られて「民俗文化」となる。そうした過程を検証し、「財」「遺産」となることによって変容する文化そのものやその後のゆくえを検討した。

日本本土には寺社の祭祀と関係の深い頭屋制・氏子制、また当番などの町村レベルの伝統的な共同体の組織が、沖縄では門中など、中国では、文革期に弾圧を受けた男性血族の宗族や「帮（ほう）」などの伝統的な社会組織が存する。そうした社会組織が、都市化やグローバル化の中で、ほとんど衰亡したかに見えながら、かたちを変えて継承され一定の役割を果たしていることに注目したのが第Ⅲ部である。災害についても、被災地域の地域共同体としての観点より検討した。日本では、二〇一一年に東北地方の大震災による太平洋側の大規模な津波が沿岸地域に壊滅的な打撃を与えたことにより、防災のための自然科学、災害の歴史や地域社会の復興といった観点からの人文科学の研究が重要な課題となった。ただ、災害に無縁な地域は地球上にあり得ず、人文科学・社会科学の世界的な連携が求められる課題でもある。日本の民俗学では、民俗文化への打撃と再生といった事柄だけでなく、被災地域における寺社の祭礼や民俗芸能等、無形文化の、人と人との繋がりを再生する上での、あるいは地域の紐帯としての役割の大きさが注目された。中国における大災害では、救出や復興を機に、国家が、ときを経て地域の共同記憶が形成されてゆく過程に少なからぬ関与をするという。また、営利を目的としたビジネスとしての利用がなされたケースもあったという。日本では、マスコミやジャーナリストによる報道がなされる一方、こうした事柄についての学問としての取り組みは少ないように感じる。現場の参与観察と記録を方法とする民俗学が、生活者の立場から何を追及すべきなのか、再考しなくてはならないだろう。

インターネットは民間レベルでの日常的な外国との通信を可能にした。また経済のグローバル化を背景として学校・会社などにおける外国人の増加とともに、地域においては外国人が隣人となりつつある。インターネットによるSNSの普及はまた、新たな濃密な人と人とのつながりや望まない関係を生みだし、かつては予想もしなかった複雑な人間関係を生じさせている。SNSは自己顕示をする道具にもなり、スマートフォンやパソコンへの依存症に陥り、社会的な生活が困難になる人も少なくなく、世界に広がる精神の病理ともなっている。

インターネットの空間は、秘匿性の高いものと思いがちであるが、個人情報の流出は珍しいことではない。また、国家も政治的な必要性から個人の通信の監視を強め、ネットの世界を管理下に置こうとしている。個人の精神に深く立ち入る心理学や精神分析に対して、民俗学は集団性、共同性を重視してきたが、人と人との関係性が、新たな通信手段の普及によって組み直され、更新される期間が短くなっている中で、いかなる対象をどのように調査し、分析するのか、模索の時代に入っているようにも感じる。第I～III部を受けて、こうした観点より、新しい時代のフィールドワークによる人々の生活レベルの考究を第IV部で行った。複数の地域が共有する物語や歴史が、地域と地域を「友好都市」「姉妹都市」として結びつける資源となり、それがあらたな「物語」を紡ぎだす契機となる〝民俗〟などは新たな研究分野となる可能性を有すると確信される。中国における文革以降の、人文科学における民俗学と対象としての民俗の関係は、地域を含め、大学に職を持つ研究者や学生等、それぞれの立場の人々が利害をめぐって現在なお再編を続けている。

インターネットによる国際的な交流が、国家や企業ばかりでなく、民間・個人レベルでも容易になるなか、学術においても国際シンポジウムや共同研究など、国際的なつながりが深まっている。生活の快適をめざすテクノロジーの普及やネットの普及が生活を激変させることは、程度の差はあれ、グローバルな共時的な課題となった。学術分野の成り立ちには、近代における各国の事情と歴史があるが、何を問題としてどのように研究してきたかを互いにより深く理解し、現代社会をどのように考えるのか、国際的な枠組みの構築が必要な時代に突入している。

本書のみで、現代社会について民俗学や文化人類学の視点より、網羅的に論じているわけではない。本書では拡大する社会の格差や貧困、移民・難民が地域社会にもたらす影響、国際結婚・離婚やDV問題、温暖化による環境変化が社会生活に与える打撃等々を論じていないが、新しい時代のフィールドワークによる生活レベルの研究の必要性や可能性の端緒を開き、ともに考える契機になれば幸いである。

生活革命、ノスタルジアと中国民俗学

周星（翻訳：梁青／補訂：松尾恒一）

しゅう・せい——愛知大学国際コミュニケーション学部教授。専門は中国民俗学、文化人類学。現代中国における生活革命のプロセスを明らかにする研究に取り組んでいる。主な著書に『郷土生活的邏輯』（北京大学出版社、二〇一〇年）、『本土常識的意味』（北京大学出版社、二〇一六年）などがある。
りょう・せい——湖北大学外国語学院日本語学部講師、文学博士。

一九八〇年代から現在に至って、中国は社会、経済及び文化の構造に劇的な変化が発生している。それによって、一般民衆の日常生活に急激な変革をもたらし、ある意味では、日常生活に革命が起こったと言えよう。「現代の都市型の生活」が中国で急速に普及している実情より、これまでの農村の伝統や民俗を中心とした民俗学に新たな課題を提示した。

一、中国における進行し続ける生活革命

近代以来、中国の社会と文化は持続的に変遷し、中国人のライフスタイルに多彩な変化が起こっている。中国の社会と文化は膨大で、また、変化のプロセスも持続し、複雑である。もし問題意識を単純化し、それを日常生活に限定すると、普通の民衆がどのように暮らしているかという課題が生じる。筆者は、中国の改革開放以来、経済の急激な発展、及び大規模な都市化などによって、民衆の日常生活の全面的な改善、都市型のライフスタイルが全国に普及される過程を「生活革命」という概念より纏めることができると考えており、本稿ではこうした生活革命の実態と特質について論じたい。

生活革命とは

中国の文献では、「生活革命」という語は主にメディアコマーシャル用語であり、ある技術の発明、制度の革新、商品の誕生によって生活者、消費者に生活上の便利をもたらすという意味で使われているが、民俗学の専門用語としては、「生活革命」という語は日本民俗学に遡ってみる必要がある。

日本民俗学には「生活革命」という概念があるが、同時にメディアコマーシャルでも広く使われている。日本民俗学では、生活革命とは、戦後の高度経済成長期と全国に広がる都市化、現代化によってもたらされた日常生活全体の革命的な変化を指している。多くの日本民俗学者は、「今昔比較法」によって、生活革命前の生活とその後の生活と比較し、民衆の生活文化について詳しく系統的に観察し、分析を行ってきた。それは「伝承論」と「変遷論」を重視する日本民俗学の基本でもある。

一九五〇年代の「三種の神器」(白黒テレビ・洗濯機・冷蔵庫)と一九六〇年代の「新三種の神器」(カラーテレビ・クーラー・自動車)が代表する家電製品や新型、耐久消費財の普及について、生活革命に関わる研究において特に注目された。また、生活革命と都市化との関係、団地コミュニティと生活革命との関係、都市化と故郷意識の変化、衣食住および冠婚葬祭、生老病死などの日常生活の激変のプロセス、農村生活の変遷と農地の開発、都市住民の田園への憧憬などをめぐって、日本民俗学の生活革命に関する研究は重要な成果を積み重ねてきた。無論、生活革命以前の伝統的なライフスタイルへの追憶、回想、ひいては復元することに専念する研究者も少なくない。全国規模の生活の変遷やその歴史に関心が向けられるほか、生活革命のプロセスにおける地域差と階層差に注目し、生活革命の動態的な把握を試みる学者も多い。

現代中国の生活革命

今、中国で起こっている生活革命は数十年前の日本の状況と似ているところがある。それゆえに日本民俗学の生活革命についての研究成果は中国民俗学が、参照する価値があると考えている。生活革命の概念を導入し、現代中国の実態を踏まえて再定義をすると、すなわち、生活革命とは現代化、都市化のプロセスに起こった都市型ライフスタイルの確立と普及であるといえる。アパートやマンションでの日常生活をベースにした都市型ライフスタイルは中国でも大きく普及しており、現在も進行し続けている。

生活革命の中核はリビングルームと応接間のほか、キッチン・トイレ(腰掛便器)・浴室(浴槽あるいはシャワー)、及び上下水道、ガス、電気などが完備されているマンション等から成る人々の日常生活の空間である。これらを特徴とした都市生活は、今や大多数の中国人の憧れであり、たとえ故郷を離れてもそのようなライフスタイルを一所懸命追い続けている。このような現代の日常を維持するためには、完備で安定したインフラや公共システムが必要である。それは一九八〇年代以来、中国の都市化プロセスにおいて重視され、そして実行されている。

これらには、いうまでもなく、衣食住問題の解決も含まれる。服に継当てをして長く使うようなことがなくなり、服装のファッション化、キッチン革命（ガスと電力エネルギー、上下水道システム、冷蔵庫・電子レンジ・炊飯器などキッチン用家電の普及、食器と調理器具の進化）、トイレ革命（腰掛便器やシャワーが配備される）、テレビ・洗濯機・電気掃除機などの家電の普及、および電話、携帯電話、インターネットの普及による情報通信革命の日進月歩、交通革命（すべての村をカバーした道路開通事業〈村々通〉、高速道路・高速鉄道）、及び車社会（農村部のオートバイや農用車までを含む）への突入など、それぞれ分立しているように見えるが、それぞれが繋がりあっている事象である。二十一世紀初には、自動車が交通手段として普及しはじめたが、かつての中国が自転車王国と言われたことを考えれば、今の車の保有量の激増はまちがいなく〝革命〟といえる。

一般民衆の生活はこうした革命的な発展によって徹底的に変わってきた。中国の社会状況は複雑で、生活革命のプロセスやそれぞれの領域にある状況に不均衡がある。その、地域差とコミュニティ差を無視することはできないが、生活革命の方向はほぼ一致している。奥地や僻地の農村部でも、政府が推進した「村々通」プロジェクトと全国規模の新農村建設などで、周辺の町との繋がりが強化され、生活も便利になりつつある。それは衣食住などを含める都市型ライフスタイルが各農村部へも多かれ少なかれ影響を与えていることを意味しており、生活革命は農村部まで拡大、拡張しているのが現実である。程度の差がありながらも、農村もさまざまなかたちで都市化の波に巻き込まれているのである。

加速する生活革命

ドイツの民俗学者バウジンガーの述べる「科学技術世界」は、科学技術を活用した生活用具が広く普及した「生活世界」であり、それらが〝あたり前〟の生活環境を構築したことを意味している。今の中国はまさにその通りとなっている。生活革命にともなって、数えきれない実用技術の導入や開発と革新がある。エネルギー革命、インターネットによる通信のグローバル化等々の発展は、急速なスピードで中国社会の日常生活を変えつつある。目まぐるしい新技術、新製品が日常生活をより便利、よりスムーズ、見た目もよりきれいにしている。またパソコンの家庭や職場での普及と携帯電話の普及は、生活習慣、消費行為、人と人とのコミュニケーションの手段などを大きく変化させている。インターネットの急激な普及が、新たなメディア生活環境を提供し、中国におけるネットショッピングサイトの最大手「淘宝（タオバオ）」によって一切の生活用具が買える時代となった。「万能である」ネットショッピング、チャット、ネット恋愛、ネット読書などは今では人々の日常生活となっている。ある意味では、中国では新しい電子商取引の発展や、それらの農村部への拡大などで、オンラインとオフラインの生活をより緊密にした生活革命が進んでいる。いうまでもなく、その中には多くの観念、理念、信念及び言葉と行動様式の変革が含まれている。

近年、日本と中国の大衆メディアで、中国観光客が炊飯器と温水洗浄便座を爆買いする「ニュース」でも喧伝されている。これらは中国における劇的に変化する生活革命の一角であり、国境を越えた現象として現れるゆえに、ニュースとなっているといえる。

都市化の拡大

一九九〇年代は中国の都市化のプロセスと生活革命が決定的、実質的に展開する時代であった。一九九五年の都市化率は二九パーセントであった。二〇〇八年になると、四六パーセントに広がり、二〇一四年にはさらに五五パーセントに達した。数億の農民が都市民となったのである。

それのみならず、多くの農民は子どもを都市部の学校に通わせるようになり、全国における教育の都市化も拡大している。現在、義務教育段階の学校の六六パーセントが都市部に集中している。そこに八三パーセントもの学生が学んでいるのである。専門家の推計によると、今後、二十年の間に、中国の農村部の人口はさらに三分の一ほどに減少し、およそ三億人の生活が都市化される予測である。都市の数が増えるとともに、都市の面積も増えつつあり、不動産業の発展も長期にわたって続き、農村からの人々が分譲住宅を買うことによって、都市型のライフスタイルの暮らしを手に入れることになる。現在、中国では「新型城鎮化」と呼ばれる新型の都市開発の政策を推進している。これによって、農村空間と農村人口の都市化のほか、「人間の都市化」が重視され、その中に人々の服装、マナー、言葉づかい、及び観念や考え方などの都市化が進み拡大することとなる（岳永逸　二〇一五）。

このような生活革命について、民俗文化の変遷に注目するのは中国民俗学のコンセンサスともなっている。しかしながら総じていうと、民俗学は長い間、日常生活の中の特定の事実や現象を「民俗」として把握してきたため、既述したような、生活の革命プロセスの全体を掌握し、理解することが難しい。特定の事象について執着する傾向は否めず、フィールドワークの現場では民俗の「変異」と生活の変化に気がつくものの、民俗学者が「非民俗」とみなす事象、たとえば、テレビ、炊飯器、プラスチック用品などの存在と使用等々にはほとんど関心を向けず、研究の視野から排除されてしまうことになる。

二、ノスタルジアに溢れる中国

急速かつ広範に拡大する都市化、現代化、急激な生活革命にともない、それとともに、伝統を賛美し、過去を追憶する情緒として、〝ノスタルジア〟は一九九〇年代以来、中国で急速に広がり、現代中国の文化の顕著な特徴の一つとなった。現在、レトロブームとノスタルジア情緒が溢れてきているのは、後戻りできない都市化、及び進行し続ける生活革命と密接に関係している。

ノスタルジアの審美性

nostalgia; homesick, という言葉は、異国に生活している人々が祖国や故郷を懐かしむ表現として使われるのが一般的であるが、同じ場所に住み続けながらも過去の物事を追想し、偲ぶ場合にも使われる。そのほか、現代の都市生活をしている人々が過ぎ去った農村生活に対する感傷的な記憶を指すこともあり、その記憶は一般に、ほろ苦さや、あるいは多かれ少なかれ、ロマンチックな情緒をともなう。古今東西問わず、人間にもっとも普遍的に見られる情緒として、ノスタルジアに関わる叙述は各国の文学、芸術でもしばしば、広く見られる。

現在、ノスタルジアは、称賛する意味あいで使われているが、かつては病気の一種として捉えられていた。一六八八年にスイス人ヨハネス・ホーファー（Johannes Hofer）が使い始めたこの言葉は、故郷に帰りたいという熱烈な欲求が実現しがたい状況にあって、恐怖と焦りによって悲しみ、感傷あるいは苦痛の情緒を意味した。

それが、二十世紀後半に入ると、ノスタルジアは昔の生活に回帰する願望として理解されるようになった。過去は理想化され、ロマン化されて、追憶されがちである。現在、人々がノスタルジアに言及する際には、病気、もしくはマイナスな情緒などのニュアンスはなくなり、美的、超越的（クロスオーバー）、心の支え、感動、理想主義などプラスの意味あいで使われるようになった。

ノスタルジアをいかに定義するかはさておき、それは時間と空間の食い違い、隔絶で起こった情緒であると見做される。「時が移り場所も変わる」ことはノスタルジアの主因であり、遠く離れて帰れない場合（空間）、昔に戻れない場合（時間）、ノスタルジアは、回復や、後戻りのできない、近づくことが不可能な人と物事に対する、懐かしく、残念な気持ちを含む語として使われる。都市部に生活する人々は農村へ、現代社会の人々は過去や観念的な古代へ、異国に暮らしている人々は自分の故郷へ、富裕層はかつての素朴の生活へ、中高年階層は自分の子ども時代へ……、等々の気持ちは、ノスタルジアの典型的な表現である。

ノスタルジアは現在のニーズによって偲んだり、追憶したりする事象を美化、理想化させる傾向がある。それは個人の情緒ばかりでなく、しばしば民衆の集団志向、あるいは「集団意識」のかたちで表われることもある。場合によっては、自分自身の体験に依らず、他人の叙述によって想像し、共感して感じられることもあるのである。

ノスタルジアの批判性

ノスタルジアが過去の人と物事、あるいは故郷などを美化し、理想化することは、常に現実への失望・不安・不満・不快・落ち着かない気持ち等々といった情緒と心配がともなう。残念な気持ちや喪失感、また、孤独でさすらう体験は、急激に変化し続ける時代と社会に頻発している。中国では、ノスタルジアはときに急速に推進する都市化と生活革命に反発するような情緒として表出され、あるいは現代化プロセスに抵抗しようとする意志を含む語として使われる傾向が見られる。都市型のライフスタイルの普及によって、伝統的な郷土社会が解体し、人間関係も疎遠になったことにより、ノスタルジアは現代性を批判する道具としても使われるようになった。

現実を批判する傾向があるためか、ノスタルジアは往々にして過去を過大評価し、かつての物事を美化し、複雑な現実から逃避して、記憶のなかにある単純で曖昧な過去に回帰する方向性を提示している。ノスタルジアは情緒化したものであるため、昔への想像は常に幻想的、かつロマンチックで、現在よりヒロイズムで魅力的である。

ノスタルジアは情緒を託すターゲット、たとえば、シンボル、あるいは記号としての過去の人工物といったものが必要となる。ノスタルジアは過去の美しい思い出を追憶し、古物・骨董・民俗文物、老舗・旧ブランド・個人の記念品などの〝遺留物〟でセンチメンタル、満足、あるいは愉快な雰囲気を醸しだす。そのため、ノスタルジアは商品化され、現代社会における精神面での重要な補償となり、日常生活を飾る手段の一つともなった。

懐古による文化の再生産

一九九六年末、山東画報出版社によって『老照片』（「古写真」の意）という雑誌が刊行され、「古写真ブーム」を巻き起こすなど、大きな成功を収めた。同時に、古民家・古町・古城・古家具・老舗・古新聞・骨董・古い器・古い村落など、古いもの、あるいは過去の時代の痕跡が残っている多くの事物が人気となり、ノスタルジアとレトロは嵐のように社会現象ともなった。北京の潘家園古物市場は、一九九〇年代以来、規模がしだいに拡大され、今や、全国最大級の古物市場、収蔵品市場、アンティーク工芸品の集散地となり、その影響力は中国全土に及んでいる。ノスタルジアとレトロは骨董熱と古物市場の勃興にとどまらず、レトロ風のレストラン・ホテル・建築・映画・音楽・出版物、レトロ専売店に販売されているさまざまなレトロ商品、ノスタルジアをテーマ、あるいは基調にした小説・詩歌・美術、さらに「農家生活の体験」、民俗観光と「古鎮（古い町並）観光」なども生みだした。それらは大きく宣伝され、消費文化のファッションや新たな中流階級の集団的な志向となった。世紀の変わり目に、中国社会のノスタルジアの雰囲気はいっそう濃くなり、数多くの出版物にその姿が見られ、消えつつあるモノ・器・仕事・言葉・芸術・遊戯・服装・民俗などに対し、故郷を偲ぶようなノスタルジアが絶えず生じた。

一九八二年以来の「歴史文化名城」の認定が何度も行われた後、二〇〇三年十月、中国歴史文化名鎮（村）が初めて建設部と国家文物局により認定され、山西省霊石県静昇鎮や北京市門頭溝区斎堂鎮川底下村など、二十二か所が歴史文化名鎮名村と名づけられた。二〇〇五年十一月に第二回認定の結果も発表され、河北省蔚県暖泉鎮や門頭溝区斎堂鎮霊水村など五十八の歴史文化名鎮名村が選定された。それら名鎮名村は「文物」遺産としての歴史的な価値が認められ、このような文化行政活動は、確実に古い村や町を媒介にする「美しいノスタルジア」を追い求める社会的風潮を引き起こした。名鎮名村の現代中国における「再発見」は、単なる文化遺産の管理機構の認定によるものではなく、ノスタルジアも大きな影響を与えている（周星　二〇一一）。

ノスタルジアは昔の事象を取捨して再構築し、現実生活に新しい儀式や文化などを作り出し、新たな一体感を生み出す作用をする。その立場から見ると、ノスタルジアを文化的な実践として認めることもできる。二十一世紀以来、全国でブームとなった非物質文化遺産（日本の「無形文化財」に相当）の保護運動は、政治、及び時代に複雑かつ重要な影響を与える。現代では、どこにでも溢れているノスタルジアとレトロの情緒も無視できない要因となっている。有形の文化財と無形の文化財はいずれも過去に何かを求める現代における文化生産のパターンといえ、現代社会における「心の居場所」を求める行動であるといえる。

市民の郷愁

都市に移住したばかりの市民として高層の集合住宅に住み込んだ人々は、都市生活に対する心配と不安、故郷に対する未練と懐かしさを抱くのはいうまでもない。小さな町の出身者で、大都会に夢を追い求めてがんばって暮らしている人々も、そうした気持ちが強いに違いない。それらは都市化によってレトロに向かう情緒、ノスタルジアにも反映されている。中国の都市化のプロセスにおいて、民衆の文化心理が「都市への憧れ」から、次第に「故郷への偲びの気持ち」に転換した面も強い。

国際的な大都市上海でも、新たな開発の中でのレトロとノスタルジアを無視することができない。一九九〇年代の浦東開発と町の大改造によって、レトロをセールスポイントとした商売が盛んになり、「新天地」、衡山路にあるバーの密集地、「百楽門」、蘇州河沿岸のコンテンツ産業区などがつくられた。そのいずれもノスタルジア、レトロや集団の記憶による「老上海」＝古い上海の姿をイメージして建てられたものである。大都会のイメージを作り出す政策として、上海市政府が「老上海」を文化資源として活用し、老朽化した「石庫門」建築を取り壊し、その一方、そこに「石庫門」のイメージを新しい建築に取り入れようと努力した。一般市民の生活空間としての「石庫門」住宅地域は現代の中流階級が消費する場所に変身し、その中に溢れているノスタルジアは「老上海」をイメージさせる幻像であるといえる。

多くの大都市は古い町の大規模な開発、あるいは再建がとても多い。たとえば、北京の瑠璃廠、天津の古文化街、広州の西関、成都の錦里、重慶の磁器口、蘇州の山塘和平老街、西安の回民風情街などがある。各都市の古い町と伝統建築による開発、保護、建て直しにはさまざまな特徴が見られる。それぞれ相応の理由があるが、いずれも市民のノスタルジアとレトロ情緒を重視している。郊外の古い村や町も、市内の「老街」も、市民のノスタルジアを癒すための施設となっている。二〇一三年十二月に行われた中央都市化工作会議では、「都市と大自然の融合を目指し、山と川が眺望できて、ノスタルジアを味わえる」という方針が提示された。感性的なノスタルジアが新型の都市化の基本理念となったことの意味は深い。

三、「故郷民俗学」とノスタルジア

ノスタルジアの波は学術の世界にも及び、それに関わる学術研究も推進されるようになった。たとえば、消費者のレトロを消費する行為についての研究は近年多くの成果が挙げられている。ノスタルジアとレトロは多数の消費者に認められる心理的な傾向であり、人々の情緒や感情面の需要と深く関わり、消費行動として表れる。

知識人とノスタルジア

中国においては、知識人が伝統を賛美し、ノスタルジアを溺愛し、救出、保護と伝承などの実践において、ノスタルジアを審美化する傾向は明らかである。知識人はノスタルジアと現代化との結びつきを現代生活への「反発」であると理解し、都市化のプロセスにおける問題点をノスタルジアの理念で是正しようと試みている。中国では、ノスタルジアの文化は人文学科において大きな意味があり、過去の文化を共有する人々の間に帰属感を与えて、人々の考えを凝集する力をも有している。

社会学はノスタルジアの社会的なバックグラウンドを重視し、レトロがその人、その集団の社会文化の帰属感に関心を抱かせるといった建設的な意義を認めている。賀雪峰が編纂した紀行文集『回郷記：我们所看到的郷土中国』（『故郷帰還記：われわれが見た中国の郷土社会』）の複数の著者は、それぞれが社会学の知識を持っているが、皆、農村に生まれ、都市部において教育を受けた研究者である（賀雪峰 二〇一四）。彼らは農村部でのフィールドワークの経験があり、故郷に帰って、急激に変化した中国の農村社会を観察、研究した。しかしながら、その文集は、全般にわたって不安とノスタルジアに満ちている。著者それぞれが、故郷にあるさまざまな問題点や、現状について遺憾の気持ちを感じ、数多くの疑問を提示した。と同時に、彼ら自身の子ども時代の農村生活を謳歌し、偏向しているのではないかとさえ感じられるプラスの評価を与えている。

理性的な学術研究に従事すべき研究者でありながら、批判と内省に複雑な情緒が交わり、彼らもある意味ではノスタルジアとレトロの「患者」であり、故郷から離れて帰省した際に眼前に現れた巨大なる変化に、喪失感と不安を感じたのであった。彼らが急激な変遷に慣れることは困難で、故郷に帰って調査を実施したものの、研究者として客観的に冷静に見ることができなかったのである。

民俗学とノスタルジア

民俗学者の研究や著作はしばしば「ノスタルジア的」と評価される。ノスタルジアは中国民俗学のキーワードの一つであると理解しても過言ではないほどである。社会学などほかの研究分野とくらべれば、民俗学はノスタルジアに溢れることに悩みながらも、それによって推進されてきたことも否めない。現在、生活革命や都市化でもたらされたノスタルジアとレトロの情緒は、中国の民俗学にとって貴重なチャンスであるといえる。これまで、ほとんど注目されなかった学問が重視されるようになったこと、ノスタルジアが溢れるといった現象は、中国社会にかつての「民俗」に関する知識（民俗文物・民俗芸術・民俗文化遺産・民俗観光等々）が求められているからである。現代の中国社会において、民俗学の役割が大きくなり、その需要も多くなっている。たとえば、民俗文化の観光化、民俗文化と民俗芸術などの資源によって、地域アイデンティティを建て直すこと、全国規模の非物質文化遺産（無形文化財）保護運動など、いずれもノスタルジアと関わっており、民俗学にとって絶好のチャンスであるといえる。

民俗学が、それを楽しんでいることもまちがいない。なぜなら、民俗学はその誕生のときから、ノスタルジアと深く関わっているからである。

たとえば、イギリスにおける民俗学の起源は「古物学」と関わっている。その当時の人々の「古物」に対する愛着は、現代の中国にあるレトロとノスタルジアの、古い器、古い家具、骨董品、及び民俗文物に対する執着とほぼ同じである。ドイツにおいては、民俗学も近代化による郷土文化の流失に刺激され、人々は消えつつある伝統にロマンチックな情緒と憧れを抱き、そのため、民俗学が民族主義の思想や情緒の源の一つとなった。

中国の「故郷民俗学」

このように、中国の民俗学は、ロマン主義とノスタルジアに深く関わってきた。『歌謡』という週刊誌の創刊者や最初の作者たちは、みんな故郷をロマン化、美化する情感に充ち、特に自分の故郷に注目した。いったん故郷の話となると、多くの民俗学者は自然にノスタルジアの情緒が湧いてくる。そうした特徴は安徳明が指摘し、中国民俗学の方向の一つとして「故郷民俗学」と名づけられた（安徳明　二〇〇四）。濃厚なノスタルジアの情緒を帯びた、かつて故郷、あるいは農村の歌謡をはじめとする民俗に文学、特に詩歌の創作の力や民族文化の源を探していた中国民俗学は、現代になっても伝統を賛美し、過去を回顧する傾向が見られる。それは現在の無形文化財に「民族の根元と魂」を探すことと同義である。民俗学者は「民俗」を研究するとき、自分はそこに存在せずに、ただ傍観者、記録者、研究者、鑑賞者、そして批判者として、自分と関係のない生活として＝〝客観的〟に記述する。しかしながら、故郷の民俗に言及するとき、それがかつての自分の生活であり、すでに失われたとしても懐かしく、記憶の中に残り、自分たちの体と心の中に生きているものと感じ取る。

中国民俗学は現代のノスタルジア・ブームに恵まれている。民俗学は伝統文化が消失しつつある状況に対応できると宣言することによって、まさしくその正当性と大切さを確認する。しかしながら、真正性に執着する民俗学の記述は、喪失性、すなわち消失した、あるいは消失しつつある文化に対する郷愁を特徴としている。現代に、間もなく消えてゆく可能性の高い伝統に大声を上げ、惜しむ気持ちや不安の情緒を示し、現代化のプロセスによる文化の喪失に注目を集め、救出、あるいは保護や伝承などの必要性を強調する（劉正愛　二〇一三）。喪失性の記述には、常にレトロとノスタルジアの情緒があり、古き良き「過去」の生活を懐かしみ、伝統の道徳を建て直し、調和のとれた昔に戻ることを訴えるのである。

現在、民俗学者や人類学者を含め、中国の知識人には、消失した文化や生活についての、多くの記述、論述が見られる。伝統的な中国の村落の数は、二〇〇〇年に三六三万あったが、二〇一〇年には二七一万村まで減った。それ故に、政府は二〇一二年から伝統的な村落について、全面的な調査に着手し、「中国伝統村落リスト」の認定や編纂作業をスタートさせた。それは中国人の「本源」的な運命に関わる任務であると言われた。また、伝統的な村落が消滅してしまえば、最近新しくリストが作成された国家の無形文化財の根元も失ってしまう恐れがあると騒ぎ出している。

ノスタルジアにともなう喪失性の記述は、文化の純粋性、及び本質主義の民俗観に繋がっている。郷土社会を調和のとれた、道徳的で、ロマンチックなものに、あるいは伝統文化を優美で、純粋で、本質的なものとする価値判断を含む描写は、喪失性の記述の基本パターンである。そうした記述においては、その中の文化の可変性、流動性と越境性、文化が受けた外来の影響などが無視されがちである。

そのような民俗学においては、農民がなぜ努力して都市型のライフスタイルに移行していったかに興味や同情心が示されることはほとんどなく、基本的な理解や尊重も見られない。民俗学者や人類学者は日進月歩に変化しつつある世界に生活しながら、ノスタルジアを故郷あるいは異郷に託して、「原住民」や「民俗」の「民」を、永遠に美しい過去に留めようとして、彼らに「素朴さ」を失わせないように望んでいる。そこには深刻なパラドックスが見られる。それにとどまらず、民俗学者は故郷を民間・郷土・民族・祖国などの概念に恣意的に転換して乱用することも常である。中国では「家と国とは、構造を同じくする」といった認識の伝統があり、論証を経ることなく、それが、知識人や一般民衆には納得されるようである。

ノスタルジアや喪失性の記述に夢中になる民俗学は、積極的に都市に入って都市的な新生活を志向する農民との間に、認知の面においても、感情の面においても深い溝が横たわっている。民俗学者はノスタルジアから理性への影響に注意しなくてはならない。民衆の感情や立場から出発し、彼らのことを理解しようと考えるのであれば、まずは民衆がなぜ積極的に都市型ライフスタイルに変えていくのかを理解しなければならない。

四、ノスタルジアをいかに超克するか

民俗学、口承文芸、民間文化研究などの学術領域にとって、

ノスタルジアとの繋がりを明らかにすることは重要な意義がある。過去への回想、歴史への追憶、故郷への思いなどは、人々の成長にともなって内在化し、ノスタルジアとレトロもある意味では人々の自己認識、及び幸せを求めることに繋がる。それ故に、ノスタルジアとレトロとは人々が自分の文化としての存在を絶えず構築、想像、探究する源となる。

ノスタルジアの客体化——日本民俗学の場合

ノスタルジアやレトロの情緒に繋がる思考、過去を重視する民俗学を「伝統民俗学」と理解するとしたら、「現代民俗学」はノスタルジアの情緒を超越し克服すべきであろう。現在に正面から向きあうことにより、現代社会のなかでの日常生活世界、民衆のライフスタイルを研究対象にすべきである。現代の中国においては、生活革命のプロセスと結果に注目することが必要であり、都市型のライフスタイルのすべてが現代民俗学の研究対象に含まれることになる。ノスタルジアを超克するために、民俗学がそれに溺れるのではなく、ノスタルジアに影響されずに、しかしながらノスタルジアを意識して研究する必要がある。現代民俗学はノスタルジアを相対化、客体化して、明確で適度な距離から検討する必要がある。

二十年前、日本民俗学会の機関誌『日本民俗学』第二〇六号に「〝故郷〟を問う」が特集された。その中で、田中宣一は戦後の社会の巨大な変化や高度経済成長などによって、家族を連れて村から離れる現象が起きたが、彼らは都市生活において地域のなかでの連帯関係が薄く、人間関係の希薄なことに不安になり、心の拠りどころが必要であるにもかかわらず、故郷にはもはや帰ることができない。こうした状況を意識して、民俗学が「故郷」を問うことは、現代社会を問うことである、と指摘した（田中宣一　一九九六）。現代の日本においては、故郷が消失する現象が生じるとともに、確固たる場所としての故郷が次第に少なくなっている。故郷を離れて、外来者として都市に生活している人々は、特にノスタルジアの思いが強く、少年時代の故郷を愛することが少なくない（倉石忠彦　一九九六）。一方、市民世界の「他界」として定置される故郷は、憧憬の空間になることが充分あり得る（坪井洋文　一九九六）。

真野俊和の指摘した通り、日本では、農村の過疎化に対応するために、往々にして「故郷」の名のもとに地域社会に対して、あるべき美しい状態が想像される。それによって、都市に生活している人々にも「故郷」あるいは「郷土」に繋がるノスタルジアが生じることになる（真野俊和　一九九〇）。故郷は都市と農村の繋がりによって創造され、マスコミによって拡散された近代化の産物といえるのである。

空間と時間の要素、過去との関連性、現実との距離感などによって、観念上にある幻想的な場所、すなわち故郷が構築される。具体的な場所に対して、現地の住民の悩みと、そこを離れた人々の美化された記述には常に大きな差が見られる（安井真奈美　一九九七）。「過疎地域」が、マスコミや政府によって「故郷」として再発見されるとき、民俗学者は行政に主導された故郷の再創造に巻き込まれることになり、民俗学者の理想、あるいは想像した「過去」が、現在に固定化されることになるのである。

中国民俗学の新たな動き

中国の民俗学における故郷とノスタルジアの研究は始まったばかりで、まだ充分とはいえない。そうした状況において、日本民俗学の研究成果を踏まえて検討することが生産的である。日本における都市化のプロセスには、人々が「心」の故郷を求めるようになったことにより、ノスタルジアは文化記憶の伝承、新たなアイデンティティの構築などの観点より積極的な役割を持たされることとなった（郭海紅　二〇一五）。いま現在、中国における新たな都市化は、住民のノスタルジアを満足させることを基本理念としているが、それはかつての日本の経験と大差ない。

近年、中国民俗学がノスタルジアを客体化し、それを乗り越えて新しい学術の自覚に進む努力が見られるが、それは〝故郷民俗学〟に対する内省の深化である。民俗学が現代におけるレトロとノスタルジアの影響を認め、ノスタルジアを検討することは重要な課題であり、現代の社会文化の理解に繋がる近道でもある。ノスタルジアに目を向けるのはレトロの情緒からではない。急速に現代化される今日の社会において、民俗学が伝統と現代との間の橋渡しとして役割を果たすためである（安徳明　二〇一五）。

筆者が、民俗学がノスタルジアを超越し、克服することを強調するのは、ノスタルジアとレトロが求めるのは往々にして本当の真実ではないと考えるからである。真実にこだわることなく、人々の想像あるいは記号によって醸しだされた雰囲気を消費するのがノスタルジアである。ときが移り場所が変わって、古い民俗がその時代の文脈から切り離されることは自然である。それが現代社会のニーズや感受性によって、新しい文脈に位置づけしなおされ、新たな説明を加えることによって新しい役割や意義を獲得することになる。それらは現代社会の事実であり、現代の人々が日常生活を審美化する典型的な方法である。再文脈化された民俗文化は、現代社会において常に非日常の雰囲気を作るために使われる。ノスタルジアはまさにその一種なのである。

民俗学とノスタルジアとの関係を内省的に考えることによって、民俗学の基本的な理念や方法も再び検証されるはずである。たとえば、遺留物、口承の理念、伝統と遺産の理念、民俗を救出し保護する理念、真実性と本質主義の理念、口述史や聞き取り調査の方法などである。ノスタルジアを民俗学の研究対象にすることは、それを現代社会の文脈において説明することを意味している。都市化や生活革命が持続的に展開するのにともなって、中国民俗学も新たな選択に迫られるだろう。ノスタルジアに溺れ、既定された〝伝統〟の民俗事象に執着するか、徹底的に発想を変え、生活革命と現代社会の日常生活を研究対象にするのか、いずれかを選ぶことになる。

中国民俗学のレベルアップは研究の対象を農村から都市部に転じるだけではなく、一般国民のもっとも基本的な現代の日常生活に注目しなければならない。都市社会に温存されている特別で、伝統的な民俗現象を研究するより、都市や都市化されている農村の住民、生活者、消費者、市民あるいは公民の人生や日常生活を、民俗学の方法で研究するのがより大切なのだと考える。現代中国の日常生活とその変革の過程に向きあって、普通の生活者がどのように新たな現代日常生活を築くのか。そしてその中からどのように人生の意義を発見・創出するのか等々を記録・研究するのが、生活革命が急速に進む現代における中国民俗学の使命となるのである。

参考文献

岳永逸「城鎮化的郷愁」(『民間文化論壇』二〇一五年第二期)
周星「現代中国社会における古村鎮の『再発見』」(『国際問題研究所紀要』第一三八号、二〇一一年十月)
賀雪峰編『回郷記：我們所看到的郷土中国』(東方出版社、二〇一四年六月)
安徳明「家郷——中国現代民俗学的一個起点和支点」(『民族芸術』二〇〇四年第二期)
劉正愛「誰的文化、誰的認同？——非物質文化遺産保護運動中的認知困境与理性回帰」(『民俗研究』二〇一三年第一期)
田中宣一「故郷および故郷観の変容」(『日本民俗学』第二〇六号、一九九六年五月)
倉石忠彦「都市生活者の故郷観」(『日本民俗学』第二〇六号、一九九六年五月)
坪井洋文「民俗的世界観」(『日本民俗学』第二〇六号、一九九六年五月)
真野俊和「『ふるさと』と民俗学」(『国立歴史民俗博物館研究報告』第二十七集、共同研究「日本民俗学方法論の研究」、一九九〇年三月)
安井真奈美「『ふるさと』研究の分析視角」(『日本民俗学』第二〇九号、一九九七年三月)
郭海紅「日本城市化進程中郷愁的能動性研究」(『山東大学学報』二〇一五年第三期)
安徳明「前沿話題・郷愁的民俗学解読」(『民間文化論壇』二〇一五年第二期)

科学技術世界のなかの生活文化

――日中民俗学の狭間で考える

田村和彦

たむら・かずひこ――福岡大学人文学部教授。専門は民俗学、文化人類学。主な著書・論文に「文化人類学與民俗学的対話――圍繞「田野工作」展開的討論」（周星主編『民俗学的歴史、理論與方法』商務印書館、二〇〇六年）、「現代中国における墓碑の普及と「孝子」たち」（小長谷有紀ほか編『中国における社会主義的近代化』勉誠出版、二〇一〇年）などがある。

本稿は、従来しばしば見られた傾向、すなわち、文化要素を「民俗」と捉え、東アジアに共通する「民俗」を通じた学術交流に終始する方向を批判し、「生活」を基準とするより生産的な学的交流と議論の深化を目指すべきことを提唱した。具体的には、中国におけるトイレと生活財の事例から、民俗学的議論の可能性を検討した。

一、何が問題なのか

民俗学は、世界各地で、様々な形で構想され、発展してきた。その結果、学問の目的や手法、研究テーマもまたそれぞれの社会のおかれた状況や歴史を反映することとなり、当該社会の文脈への理解がなければ十分に読み解くことができない学問体系となっている。

また、民俗学は、しばしば「経世済民の学問」と称されるが、その目的が自社会の改善におかれたことから、学術の目的を「学以致用」とする東アジア的な発想とあいまって、一方で、国内向けの学問という傾向を具えるにいたった。

しかし、他方で、この学問は、その創始当初から、国際的な学術動向から孤立していたわけではない。日本においては、民俗学が、急速に進む近代化のなかで芽吹き、柳田国男に代表されるような独自の発展を遂げたことが知られている。中国では、その萌芽を黄遵憲に求めるにせよ、歌謡の収集を通じて民族の「心声」を探求し、「民俗」という表記を定着させた周作人に求めるにせよ、あるいは、当時の最新であったポスト・ゴンム世代のイギリス民俗学を翻訳紹介した宗教学者江紹原であれ、この学問を構想、形成した人々が、海外渡航歴を持つ、当時において優れた国際人であり、海外の研究状況を視野に入れつつ、独自の学問体系を構築してきた点は特に強調してよい。その意味で、民俗学はその当初より国際的であり、かつ、国内的な性質を帯びた学問であったということができる。

このように、民俗学という学問は、全き内発的な発生ではなく、海外の学問状況の刺激と、それへの批判、内省のなかで誕生したと考えることができるが、本稿の意図は、学問の「起源」に正統性を求めて、海外交流を促進しようというわけではない。むしろ、本稿は、現在の民俗学における中国との交流のあり方にあらわれる、ある種の傾向性を批判的に検討することで、より広汎で、生産的な交流を展望することを目的としている。

二、東アジアにおける民俗学的交流の限界
――共通する文化要素からの解放

文化要素としての「民俗」

日本民俗学は、戦後長らく欧米の民俗学との交流がほぼ途絶える一方、東アジア地域のなかでは例外的に活発な交流を展開してきた。中国の例でいえば、とりわけ、実質的な民俗学の復興が成し遂げられた一九八〇年代以降、留学や集団調査、講演といった形での人的交流が盛んにおこなわれ、多くの優れた人材を生み出すこととなった。その一方で、従来の東アジアにおける民俗学が協同する機会では、ある種の文化要素（これらは時として「民俗」そのものへと置き換えられてきた）の共通性を根拠に議論空間が設定される傾向があった、と思われる。すなわち、「儒教思想」や「観音菩薩」、「石敢當」や「端午の節句」、「歌垣」など、実際の人々やモノの往来の結果としての観念や物質文化、年中行事といった、文化要素が共有されていることから、議論が成立するという図式があったのではなかろうか。もし、これらの直接的な文化要素の共通性に基づいて、東アジアにおいて議論が可能となる枠組みが設けられてきたとすれば、この枠組みは、一見、比較の根拠を正統化するようにみえるが、実際には民俗学の国際交流にある種の限定を設けることとなる。つまり、限られた範囲の文化要素レベルでの研究が深化する一方で、共通する文化要素がなければ国際交流が進まないという、異なるレベルでの国際的な学術交流を阻害する可能性である。(1) 同時に、文化要素という対象に拘束される結果、方法論や研究視野といったレベルでの議論を進めることが困難となる弊害が生じ

ている。

「民」「俗」表記のもたらす困難

さらに、「民俗」を考察の中心に据える日本と中国の民俗学をめぐっては、もう一つ、使用する文字に起因する別のレベルの問題も存在する。日本において、学問の構想時期に、柳田国男がFolk-Loreという二つの意味の言葉を結び付けた新たな造語をどのように翻訳するかで頭を悩ませたのと同じように、中国でもこの語は、それぞれの訳者が構想する学問の有り様を反映して「民情学」、「民間文学」、「民間学」、「風俗学」、「民故学」、「民学」、「民人学」など多様な訳語を生み出した。最終的には、「民俗学」という今日の表記に落ち着いたが、ここでの問題の一つは、いずれの訳語にも含まれる「民」という漢字が、そもそも、「眼を潰された者、奴隷」といった語源をもつこと、すなわち支配され、導かれ、従属する対象という権力格差によって成り立つ言葉であることが指摘できる。創生期の中国の民俗学者たちは、もちろん、この言葉の意味を踏まえ、創意工夫を施し、対象の範囲をそれぞれの立場から拡大、調整しながら学問体系を構想してきたわけだが、漢字の持つ想起性は如何ともしがたく、この言葉が社会一般に理解される過程では常に誤解がともなってきた。近年では、一部の研究者によって、民俗学の軸足は「民」の学にあるのか、「俗」の学にあるのか、といった議論や、あるいは民俗学の根本概念としての「民」についての認識を根底から問い直す刺激的な考察が提出されているが、これらは中国民俗学全体に広く浸透した概念とはなっていない（高二〇一〇、戸　二〇一〇など）。

科学技術時代の生活を考察する学問としての民俗学

では、「民俗」という言葉が想起する関係性、および「民俗」とほぼ同意義に用いられがちな文化要素中心の研究から離れて、より広い国際的な学術交流を展開し、民俗学を洗練させてゆくためには、どのような構想が有効なのであろうか。また、日本民俗学が中国民俗学と比べて相対的に、社会組織や生業への研究蓄積を具え、逆に、中国民俗学が口頭伝承やテキストを含めた民間文芸に強みを持ち、近年では発話の状況研究に領域を拡大しつつある状況を踏まえて、両者の成果を部分的に継承しつつ、それらを補完する形での有益な交流空間を形成する方向性とはどのようなものであろうか。

わたしの立場は、「生活」を焦点とする現在学としての民俗学の側面を強調することで、従来の東アジア的民俗学の超克を目指すものである。

かつて、ドイツにおける民俗学の刷新者であるバウジンガーがその自著で明らかにしたように、中国であれ日本であれ、あるいはその他の国であれ、我々が生きて、直面している今日的状況を大きく括る考え方として、「科学技術時代」のなかで生活している点が挙げられる。そこでは、かつてみられた所作や行いが今日でもみられるからといって、同一の内容や位置づけがあることを保証するものではなく、また、高度な技術に支えられつつも、その原理を理解することなしに、私たちの日々の生活のなかで当然のようにそれらを再配置し、日々の生活を意識的、無意識的に構成しているという立場をとる（バウジンガー　二〇〇五［一九六一］）。我々は、また、過去の拘束を受けつつも、現在の生きるという営為のために、常に、ほかの例の模倣をしたり、既存のものを微調整したり、新たな解釈を施したり、重ねる、見立てるといった関連付けを確立して意味を付加したりするなかで、日々の生活を送っている。こうした、現在の我々の何気ない生活を思考するために、今にいたる道のりとしての近過去を振り返り、より良いありかたへの可能性を探ることが民俗学の営為であるとすれば、その学問の扱う範囲も時代とともに変化してゆくことになるだろう。しかし、日中の民俗学は、それぞれに「民俗」という言葉へのこだわりから、このありふれた、しかし重要な問題系を学問体系の中心的な課題として問題化してこなかったのではなかろうか。[2]どこにでもあり、誰にでも関わるこの生活という現象の地平から展望することで、日中の民俗学双方の不足を補い、より広い議論を喚起できるものと期待するが、以下では具体的な事例を挙げて、この可能性を検討してみたい。

三、身近な対象から暮らしとその変化とを考える——中国の事例から

生活のなかに配置される物質文化

我々の生活を考察する現代学としての民俗学では、その対象は固定されたものではない。それが些細なことであったとしても、その言説、物質、所作、観念といったものは、我々が想像し、関心を持ち、関わりを持ち、生活に取り入れる限りにおいて、民俗学の対象と為し得る。むしろ、研究対象の差異ではなく、それをどのように捉えるかといったレベルにおいて学的成立根拠が存在するのである。このことを示す好例として、「民具研究」と民俗学の差異を挙げることができるだろう。たとえば、囲炉裏や下駄は、民具研究の対象として扱うことが可能であろうが、自動車や水洗トイレ、スマートフォンは、現在の、少なくとも実際におこなわれている研究としての「民具」研究の対象ではないだろう。[3]しかし、現代の生活を形作る生活財としてのそれらは、十分に民俗学的

表1　かつての地方志に記録された生活財（単位：一家庭あたりの保有数）

		自転車	ラジオ	腕時計	扇風機	洗濯機	カメラ	テレビ	（電気）冷蔵庫	バイク	ミシン	大型家具
都市部	1980	0.81	0.54	1.60	0.04	0.07 (1982)	0.017	0.08	0.04 (1985)	0.04 (1985)	—	—
	1990	1.92	1.49	8.10	1.31	0.99	0.26	1.808	0.22	0.04	—	—
農村部	1985	—	—	—	—	—	—	0.52	—	0.1	0.4	—
	1990	1.77	0.30	2.58	0.50	0.22	—	0.73	—	0.1	0.82	2.58

表中の「—」はデータなし、（　）は、1980年以外の調査年をあらわす。
「秦都区都市と農村住民の生活耐久性用品調査統計表」（咸陽市秦都区地方志編纂委員会編『咸陽市秦都区志』1995年より作製）

考察の対象と成り得るのである。そのことを示すために、幾つかの具体的な事例を、中国の生活場面から取り上げてみよう。

かつて、中国の地方志では、しばしば「生活耐久性用品」調査記録の結果が掲載されていた（**表1**）。これは物質文化の普及をもって、その地域の発展を示すという発想に支えられた調査だが、近年では、こうした調査記録の掲載が消滅している。これらの調査結果が誇示した自転車や、ラジオ、洗濯機やテレビが社会一般に広く普及し、日常化することで、すでにその意味を失ったわけである。この過程は、フィールドでの、結婚に関するモノと語り、記憶をめぐる調査でも確認できる。約三十～四十年前に、結婚の準備の理想とされた「三轉一響」（三つの回るものと一つの音の出るもの）すなわち、自転車、腕時計、ミシンとラジオと、その脚の数から「三十六条腿」と呼ばれた、箪笥や机などはすでに過去のものとなり、とくに言及される意味を持たなくなったり、ミシンのように購入すらされない家具となったものもある。婚姻のための準備品は、その後、テレビ、冷蔵庫、ビデオCD、パソコン、DVD、エアコン、自家用車とめまぐるしく内容を変えて今日に至る。十数年にわたって、中国の農村の調査をしてきた筆者の印象のひとつは、まさに急増するモノにあるが、この印象と、かつて「簡素の美」と称された日本の生活が現在ではモノに溢れ返っていることを指摘した、「生活財生態学」を提唱した疋田のコメントとは、ある程度シンクロする（疋田　一九九八）[4]。

いずれにせよ、これらの、テクノロジーに支えられた物質文化の普及は、すでに地域の発展を示す指標として意味をなさなくなったために地方志からは記載が消えたが、民俗学的には、それが多くの人々の生活に組み込まれること、すなわち日常化することで、仕事を始めることとなる。[5]

ここではトイレの事例から説き起こしてみたい。

写真1　中国西北地域でみられる「旱厠」（陝西省中部）

トイレの変化

筆者の調査地域では、「旱厠」と呼ばれる、戸外に設けられたトイレが一般的である（**写真1**）。用便の後は、一九五七年頃までは、土塊で尻をぬぐい、そのまま排泄物と同じ穴へ落として始末をしていた。中国でも地域によっては、玉蜀黍の芯や石をこれに充てる例があるが、調査地では、黄土高原であるため石に恵まれず、玉蜀黍の芯はオンドルでの燃焼や、一部は煮炊きに使う燃料としての範疇に含まれ、トイレでは使用してこなかった。一九五〇年代後半からは、土塊の代わりに古紙が、現在ではトイレットペーパーが用いられるようになったが、使用後は同様の処理がなされてきた。トイレの使用後は、わきに積み上げられた土を被せることから衛生的であると考えられ、また、一定程度屎尿が蓄積されると、後ろ側の穴から掻き出し、堆積させて、肥料としていた。

その後、一九九〇年代になると、化学肥料が普及し始め、排泄物の有用性は低下したが、この時点でもなお堆肥としての意味を保持しており、商品候補性を維持している。また、同時期には、袋やパッケージとして大量のビニル製品が生活のなかに持ち込まれ、使用役割を終えたこれらのビニルは「ゴミ」として認識されたが、村内には回収が期待されるゴミ捨て場がなかったことから、多くの家で、トイレに近接する堆肥付近をゴミ捨て場としていた。これは、野菜くずや果物の皮など従来の、分解され、土へ帰るゴミの処理を踏襲したものである。ただし、この時点ではまだ、不要物としてのビニル製のゴミと、有用物としての堆肥とは同一視されていたわけではない。

この村では二〇〇九年以降、徐々に家屋内に水洗トイレが普及し始める（**写真2**）。初期に家屋内水洗トイレを導入した家庭は、屋内トイレ設置の理由として、「若い娘がいるので夜間に屋外のトイレを使わせたくない」、「野外が暗い」、「老人がいるので、しゃがむのがつらい」といった理由を挙げている。と同時に、子女が都市でマンションを購入することが増え、孫の世話や、病院通いなどを通じて、都市での生活経験がある村落の人々は、「都市では、トイレはこうなっている」、「もっと衛生的なトイレにしたかった」とも、設置の理由を解説する。二〇〇九年時点では廉価になっていた便座などの設備、それを設置する技術を身につけた人々の存在、収入の向上などの諸要素が揃うなかで、上記の「動機」に支えられた人々が、家屋内への水洗トイレの設置に踏み切ったのであった。設置時の業者による説明では、下水管の設備がないこの村では、二年に一度、地下の汚物タンクから糞尿を回収することが必要とされたが、費用的にも負担にはならないはずだったことから、村のなかに水洗トイレは瞬く間に普及した。こうして、現在のこの村では、トイレに集積される屎尿は、堆肥として利用されることはなくなり、人々の認識では、料金を支払って回収してもらうゴミと同じ範疇へと変化した。この村でも「肥水不流外人田」（屎尿（利益）は他人の田に流さない）という俚言はもはや当てはまらず、別の言い方をすれば、排泄物は、自らの「商品文脈」を離れ、専門業者の「商品文脈」へと移行しつつある。

写真2　村で急速に普及する屋内水洗トイレ（陝西省中部）

多くの家庭が室内水洗トイレを備えるようになった二〇一五年頃から、この新式トイレは、「旱厠」に比べて、掃除が面倒である、考えていたよりも（湿気がこもるなど）不衛生ではないかという意見も聞かれるようになっている。また、地下に埋設した下水槽は、詰まって一部で悪臭を放ったり、以前想定したよりも水を大量に使うことから当初の説明であった二年に一度の清掃では済まずに、より頻繁に業者を呼ぶこととなった、など、予想していなかった問題も明らかになりつつある。(6)

「旱厠」から水洗トイレへの変化は、単に経済レベルある

写真3　都市住宅でかつてみられた水洗トイレ（広東省広州市）
シャワーと一体化し、便器が周囲よりも若干低い位置に埋め込まれることで、排水が容易である。この場合も、和式トイレと同じく、水洗ではあるが、しゃがむ動作が必要となる。

いは人々の認識カテゴリーを変化させただけにとどまらない。従来、トイレを利用することは、しゃがむ動作を必要としたが、現在の水洗トイレは、すでに出来上がった製品としての便座を用いるため、文字どおり、トイレは座るものへと身体の用法を変化せしめた（**写真3**）。トイレの使用について身体の用法などというと大げさに感じる向きもあろうが、それは、この所作が毎日のように「当たり前」におこなわれているからであり、この「当たり前」が綻ぶ場面に目を配れば、筆者の主張もあながち極端ではないことが理解されよう。「当たり前」が破綻する状況として、所作のモードが共有されていない場面が想起されるが、たとえば、近年、世界各地からの観光客が増加するなかでトイレの使い方（使用後のトイレットペーパーの処理など）が問題化したり、空港などでトイレの使い方を教授する注意書きが貼られたり、日本国内においても和式のトイレが使えない世代が現れたりしていることを挙げれば十分であろう（**写真4**）。

この、便座に座る経験に着想を得て、足の不自由な老人宅では、従来の「旱厠」に椅子の一部をくりぬいた器具を作成して用いる現象も現れるようになっている（**写真5**）。この事例は、便座に座るという所作が、便座式水洗トイレ以前の形態である「旱厠」へと逆に応用されたものであるが、このように、身体技法といったレベルでも、眼前の必要を調整しながら、新たなトイレ経験が飼い馴らされている。

また、水洗トイレが配管の必要から屋内に設置される点に着目すれば、従来の「馬桶」（夜間の小便用おまる）の使用が減少したことを指摘できる。家屋内に設置されたトイレは、電灯が併設されていることからもわかるように、夜間の使用を可能とし、その結果、「馬桶」が不要となった。調査を開始した一九九九年当時は、「馬桶」のなかを屋外のトイレに捨てに行き、洗い清めることは、主に主婦の朝の仕事であったが、この仕事はほぼ見られなくなりつつある。この変化は、調査を始めて間もない頃、今和次郎の考現学に範をとり、言葉の範疇だけでなく、行動のうえからも、「家長」や「男性」、

「主婦」や「女性」、「子供」といった範疇を明らかにできる

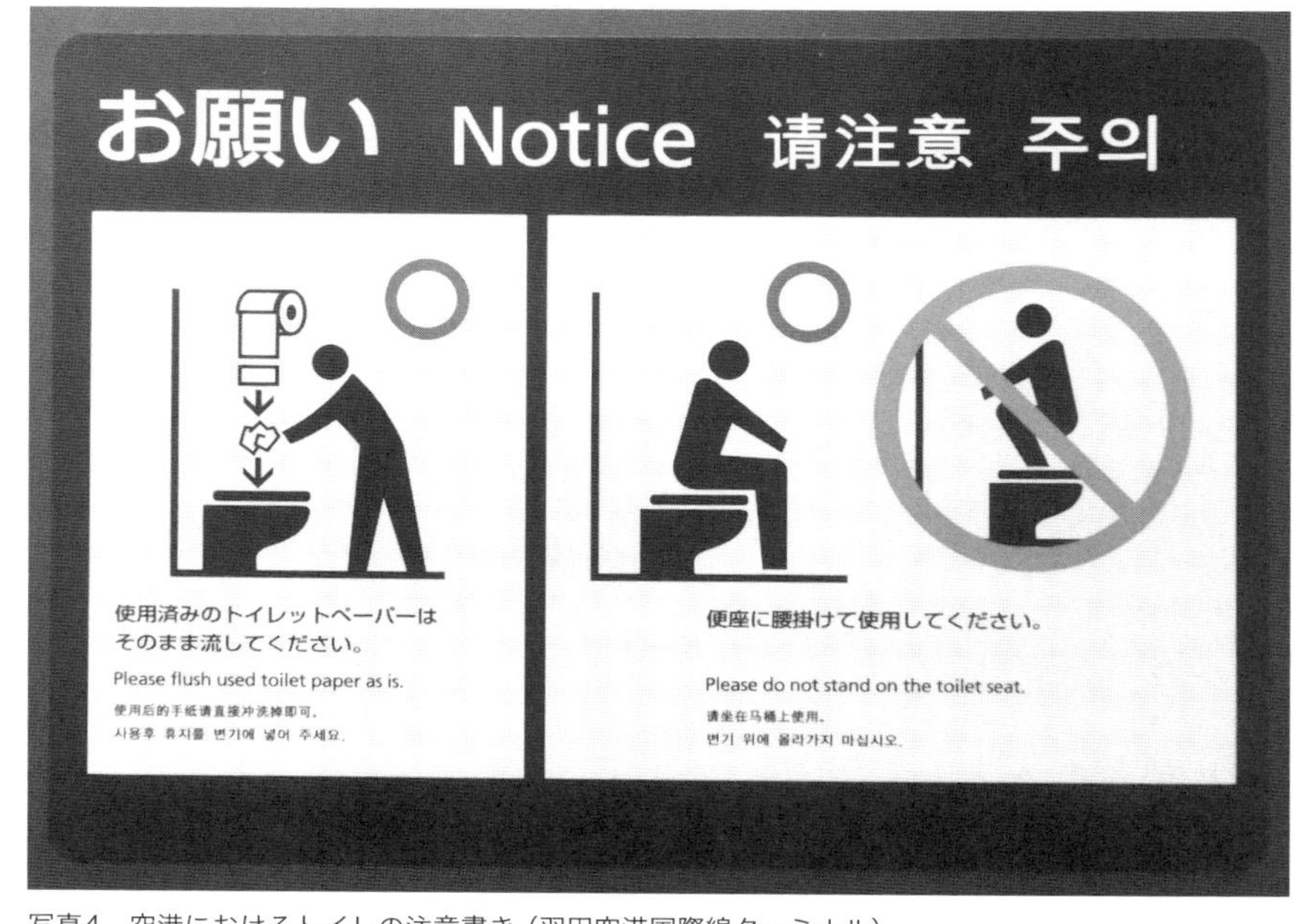

写真4　空港におけるトイレの注意書き（羽田空港国際線ターミナル）

のではないかと、朝起きてからの行動を観察、記録していたことから気がついた問題だが、こうした微細な行為の変化は、現在、生活の変化を漠然とインタビューをしても現れにくく、普段は意識化されていない問題となっている。新式トイレの普及という些細な出来事は、複数の要素の組み合わせによっ

写真5　ありあわせの道具で、「旱厠」を便座式トイレに改良する（陝西省中部）

て可能となり、自覚的、無自覚的な諸所の関連する変化を引き起こしていた。この総体性こそは、特定の文化要素を「民俗」として生活文脈から切り取る視野に欠落する点であり、一方で、時間的スパンをとらずに、一定の地域や集団を措定して機能的な関連を探る視野からは変化のダイナミズムを見逃しやすい点となっているのではなかろうか。

井戸掘削と「水道仲間」

変化のダイナミズムに着目すれば、水洗トイレへの展開を可能とした諸要素のうち、もっとも基本的な条件は、水の供給システムの変化にあることを指摘できる。この村の水供給源のうち、現在記憶されているもっとも古い井戸は「旧井戸」と呼ばれる、深さ五〇メートル程度の手掘り井戸であった。その後、一九七九年からは、各生産隊に一つ、機械掘りの深さ二〇〇メートル程度の深層井戸が掘削され、のちに電動ポンプが設置されるに及んで、水資源へのアクセスは大幅に改善したと言われる。そうはいっても、一九九九年から二〇〇一年にかけて、筆者が当該村落で生活していた時期には、水は一週間に二度、決まった時間にそれぞれの家庭付近の集合場所に配分されるのみで、その時間には近隣家屋で声を掛け合い、汲み上げた水を配分するパイプのある場所までバケツと天秤棒をもって行って順番を待ち、受け取った水は担いで自宅の巨大な水瓶に移し替えて保存する、といった状況であった。水瓶に汲み置きすることで、細かな黄土に由来する不純物は沈殿し、甕の上層の水を数日かけてゆっくり使ってゆくことで、透き通った水を手に入れることができた（**写真6**）。ただ、この当時から、「若い娘が頻繁に髪を洗うので水が足りない」、結婚する息子のために新築した家に「ホテルでみたような」湯船を設置したが、水をいちいち水甕から運ぶのが面倒で使えない、水が来る日しか洗濯機が使えないといった不満の声を聴くようになっていた。(7) 現金収入の増加は、都市と同じ調度、家電を購入することを可能としたが、いうまでもなく、それらの生活用品が、都市仕様、農

写真6　水を保管しておく水甕（陝西省中部）

村仕様と分かれているわけではない。憧れの新たな生活様式は、より多くの水を必要としたのである。

二〇〇三年からは、比較的近くの、「関係の良い」家庭同士が二～三軒で出資しあってモーター汲み上げ式の共同井戸を掘ることが流行り、ほとんどの家がこうしてできた共同井戸から取水するに至って、近隣で声を掛け合って水を受け取る様を見ることはなくなった（**写真7**）。また、水が来る日に合わせて、天気の良い日には、多くの家で一斉に洗濯機を家屋内から庭に運び出し、洗濯に勤しむ光景もみられなくなり、洗濯は各家庭の個別的な行為へと変化した。[8]

写真7　現在の村の「水道」（陝西省中部）

この時期に、共同出資井戸の掘削が流行した背景としては、地方政府による土地の接収を主たる理由として各家庭に大量の現金が配られたこと、井戸掘りの技術を持った人々が盛んに広告を出したことなどが挙げられるが、同じく重要な問題として、各戸の経済状況や家庭構成の多様化が進み、家屋の所在地ごとに区分した生産隊（この時期、正式名称は「村民小組」だが、人々は旧称の「生産隊」と呼びならわしている）がすでに凝縮力を失っていたことが重要である。[9]「都市と同じように」、蛇口をひねるだけでいつでも水が使える環境を求めるなかで、彼らが選んだ方法は村や生産隊による統一の水道付設ではなく、自己を中心とする関係性、すなわち「関係の良い」人々のグループを頼るものであったことが興味深い。隣接する家庭同士の関係が良好とは限らない。こうした場合は、関係の良くない家の屋根や塀を越える形で、ビニルパイプを配置して水を供給することとなり、その結果、普段は直接目で見ることのできない人間関係を、水道のビニルパイプが可視化することとなった（これを筆者は「水道仲間」と呼んでいる）。他方で、もともと関係の良好でない家庭間においては、新たに近隣の家によって敷設された、自宅の家屋を越えて伸びるビニルパイプは水漏れがする、邪魔である、見た目が悪いなどの、新たな諍いの種を蒔くこととなった。

以上、一九九九年から毎年行っている同一村落への継続調査のフィールドノートから、トイレとそれを支える水回りの変化について、一部を抜き出してみた。これまでの調査経験からは、用便のあとに用いる物質が、土塊でなく、玉蜀黍の芯や布や石であったり、水の摂取が井戸ではなく用水や池であったり、あるいはそれぞれの普及年代が異なっていたりと、地域的差異は認められるものの、おおむね前者であれば古紙になり、トイレットペーパーになり、後者であれば、水道になりと、一定方向に収斂する変化が認められる。しかし、生活者にとっての意味は一様ではなく、様々な理由と経験、微細な創造と調整が働いている。また、ここに挙げた事例は、いずれも、いわゆる地域固有の文化要素、あるいは「民俗」として捉えられるものではなく、どこにでもみられる生活の側面を、普段は明確に意識しないが、経験可能な範囲での変遷としてとりあげたものである。こうした記述は、いわゆる「民俗」はないかもしれないが、筆者の理解する民俗学にとっての重要な問題、少なくとも、『明治大正史世相篇』で柳田国男が取り上げた問題系としての生活の問題は、多分に含まれていると考える。

四、ある家庭の生活財の変遷
――調査ノートから

次に、ある家庭の内部に配置される生活財に目を転じてみたい（**表2**）。二〇〇〇年に調査を始めた最初は、日本での生活に比べて、彼らの生活財の少なさが印象的であった。表には、主だった生活財のみを挙げたが、以下では、生活のなかで道具として用いられるこれらの生活財が、均しい意味を与えられているわけではないことを示したい。

中国農村主婦の欲しいモノ

まずは、急増する生活財のなかでも、類似の用途をもちつつ、使用頻度の異なる事例から考えてみたい。もっとも最近購入された調理具の一つは電子レンジだが、この家電は普段はコンセントが抜かれている。この電子レンジは、冷蔵庫とならんで、この家庭の主婦が長い間購入を希望していた用品である。孫の面倒をみるため、都市のマンションで暮らした際に使ってみて、その便利さに感動したというが、購入後の使用頻度は決して高くはない。その理由として、二〇一一年に購入した電熱器のほうが使いやすいとのことと、温めの最中に中の様子を見ることができない点が不安であることを挙げている。実際に、残った食事を再加熱する際には電熱器を

表2　ある家庭の主な生活財の一部

生活財	年代、その他
テレビ	①1977年（白黒）／②1989年（以降、カラー）／③2001年／④2013年
扇風機	①1992年／②1999年（天井扇を除く）
掛け時計	1976年（都市へ買いに行った自慢の一品、当時村でも珍しい）
ソファ	①1994年（2001年表装張替）／②2015年
エアコン	2010年（娘から譲渡）⇒2年後村の親族へ譲渡
冷蔵庫	2012年（以前のエアコンの位置）⇒2015年隣部屋へ移動
ベッド	1）1986年村の職人作製、以前は「炕」／2005年／2015年 2）1986年村の職人作製／1990年（息子から譲渡）
電熱器	2011年
電子レンジ	2015年
衣装棚サイドボード	1990年／2015年
応接テーブル	1990年／2002年／2014年
枕（木製）	祖母の所有物、語りでは嫁入り道具の一つ
衣装箪笥（嫁入り道具）	1）祖母の嫁入り道具、語りでは100年くらい経っている、正房に配置 2）母の嫁入り道具　古着入れ、道具入れ（物置に配置） 3）妻の嫁入り道具　古着入れ、道具入れ（物置に配置）

※数字は、購入、入手年をあらわす

中心に使い、ときには、この電熱器を使って調理もおこなっている。この使い勝手の問題は、以前の所作との連続性に起因すると考えられる。すなわち、電熱器も電子レンジもなかった時点では、この主婦は、冬場、（排気をする煙突をヤオトン正面の上部窓に通すため）ヤオトンの入り口付近に引き込んだ練炭ストーブで簡単な調理と、残り物の加熱をおこなっていた。練炭ストーブの上での加熱や調理と、電熱器を用いたそれは、ほとんど同一の所作でおこなうことができ、なおかつ、調理中は常に目視することができる。一方で、買ってみたら思ったより不便だったと評される電子レンジは、加熱の加減は、時間をあらわすダイヤルの数値に変換されており、ここには身体技法上の大きな飛躍が認められる。「慣れ」を要する、技術的に高位にある器具よりも、以前の身体化された経験を流用できるシンプルな器具が生活の文脈に取り込まれ、このことが、電熱器と電子レンジという類似の用途をもつ調理具の使用頻度の差となって表れている、と考えられる。

この主婦が長く購入を希望していたもう一つの品である冷蔵庫は、一年を通じて利用されている。その利用の仕方は、主に食材を保存するよりも、調理した料理およびその残りを保存する用途にある。そのため、鍋や皿ごと冷蔵庫のなかに入れることから、縦方向の仕切り板の多くは取り外されている。例外的に、肉類については購入後すぐに冷蔵庫に保存されるが、現在のところ、肉類の購入頻度は低く、かつ、かつての肉の保存法である醤油と大量の脂で煮る方法も併用されていることから、やはり、冷蔵庫の用途は、料理の保存が中心となっている、といえる。

新たな生活財に置き換わらないもの、生活感覚

我々の先入観では、高い技術によって製造された高機能なモノは、従前の低機能なモノを駆逐して、置換する、と考えている。しかし、生活のなかでは、必ずしもこうした置換がおこらないこともある。次に、もう一つこうした事例をとりあげよう。

この家庭の、居住の中心となる「正房」（パブリックな空間）兼寝室には、一年を通じて、一九九二年に購入された年代物の扇風機が置かれている。一方、二〇一〇年に都市で暮らす娘からエアコンを譲り受け、それもこの一日のほとんどを過ごす部屋に置かれていた。エアコンはわざわざ都市からトラックで運び込んだものの数回使用したのみで、その後はコンセントを抜かれ、二年後には村内の親族に譲渡されている。エアコンが定着しなかった理由として、夫婦は、実際に家で使ってみると「冷たい風が気持ち悪い」と評している。興味深いこととして、製品としてみれば、電気を用いて涼をとる点では同じ機能を持つエアコンと扇風機であるが、その製造に必要な技術程度の面では大きな差異がある。この事例は、より「先進的」で高い技術に支えられるエアコンであっても、技術的に低位な扇風機にその地位を譲り、生活の文脈へ導入されなかった事例であるといえ、必ずしも生活財が技術的に優位な製品に置換されてゆくわけではないことを示している。

この扇風機は、部屋の改修に合わせて購入した、沿岸部で製造された「蝙蝠ブランド」の品であることを強調する語り口から考えて、扇風機本体と一体化しているピンク色の電灯はすでに故障して点かないにも関わらず、部屋に置かれ続ける理由には、この家具への「思い入れ」も含まれていることが考えられる。

不均衡に付与されるモノの意味

この「思い入れ」について注目するために、最後に、数多の家具のなかでも特別な意味を付与された事例をとりあげる。

この家の主人は、村内でも珍しくなった木製の枕を使用しており、妻や子供、客が使う枕と比べるとき、その異質性が際立っている（**写真8**）。これは、現在の主人の祖母が嫁入りの際に持参した品である、とされている。もう一つの残された彼女の持参財は、胡桃木製の衣装箪笥であり、これは一九五〇年代に当家が階級決定の際に、「富農」に認定され、村

人に分配されてしまったものを、当家の主人が文化大革命終了後に得た最初のまとまった給与を使って買い戻した品である（**写真9**）。作りの重厚さ、下部の装飾の美しさが目を引くが、家族にとっての意味はその審美的な部分によるものではない。実際、この家には、主人の母、妻の嫁入り道具の衣装箪笥も現存するが、これらは古着や古道具をしまう道具として物置に置かれてほこりをかぶっており、祖母のそれだけが生活空間に鎮座している。機能上ではまったく変わらない、三つの衣装箪笥の扱いと配置空間が異なるのは、モノの意味が生活者によって付与される点にかかっている。当家の祖母は、県令を務めた人物の娘と伝えられており、一九四九年以前には北京に居住したこともある、という。祖母の枕や衣装

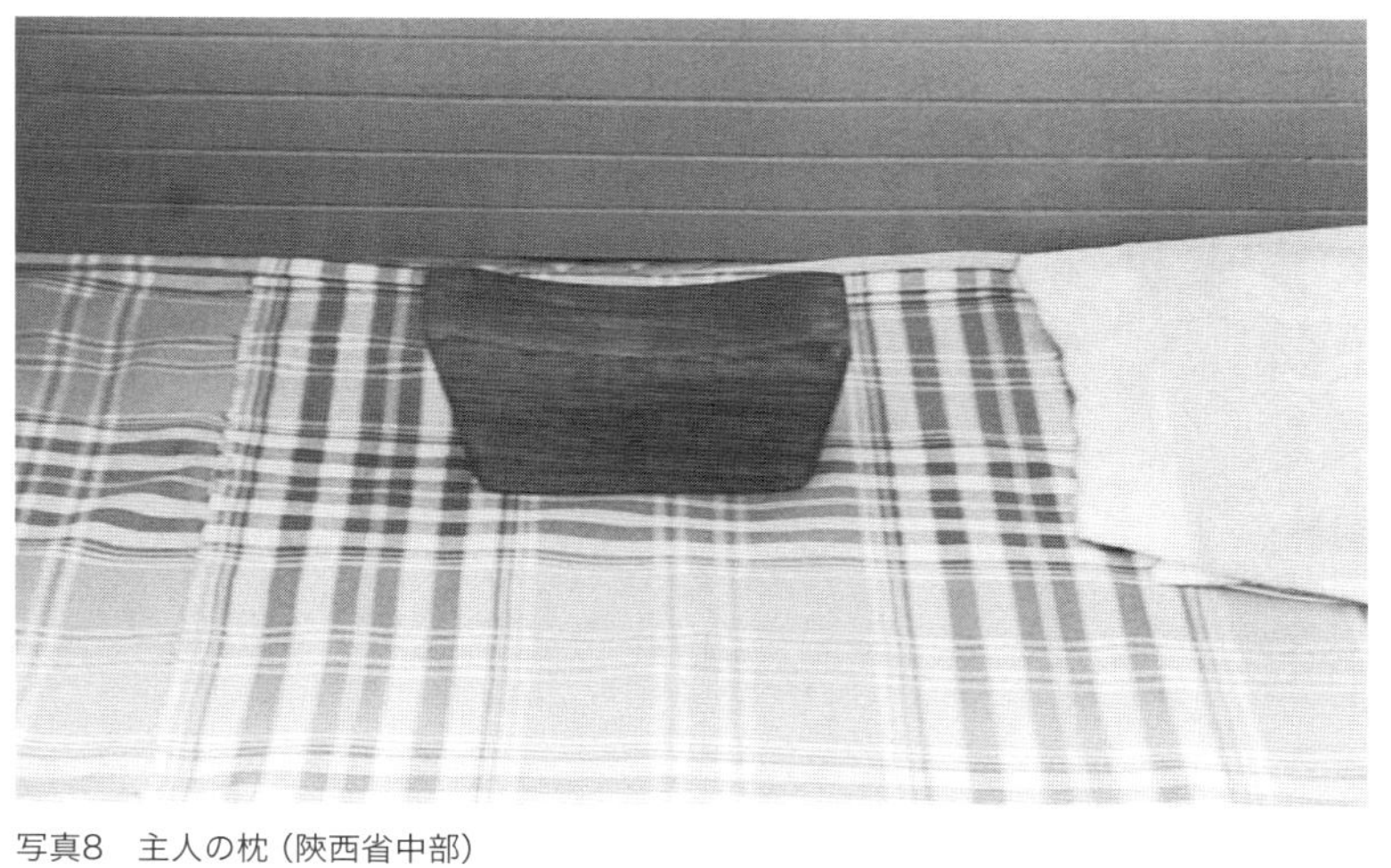

写真8　主人の枕（陝西省中部）

写真9　祖母の箪笥（陝西省中部）

箪笥は、家庭の来歴を示す物質文化であり、自らを位置づける際に意義をもつと思われるグッズであるために、特別な思い入れ、換言すれば大きな意味を付与された家具として、その他家具とは差異化されていると考えられる。

ひととモノから考える民俗学

以上、本章では、二〇〇〇年以降継続しているある一つの家庭の生活財調査から、いくつかの興味深い事例を取り出して示した。ここに示した事例は、フィールドワークをおこなう研究者であれば、それぞれのフィールドで見聞するごく普通の風景であろう。ただ、これらは、ありふれている現象であると同時に、日本と中国の民俗学研究のなかでは、決して中心的なテーマとはなってこなかった問題系であることも間違いない。電子レンジや電熱器、冷蔵庫や扇風機は、民俗学研究ではほとんど顧みられないし、従来は、こうした製品に関する事柄は、しばしば科学と文化という誤った二項対立の科学側に配置され、等閑視されてきたのではないだろうか。モノの生産過程について注目してきた民俗学は、それが工業的に生産され、人々がもっぱら消費に回るモノについては、十分考察してこなかった。家電についていえば、数世代にわたって「伝承」されてきた対象ではなく、たとえ、民俗学的な食文化や住居の研究のなかで触れられたとしても、現代化の結果として、最後に附記される程度の存在である。しかし、このわずかな事例からも予想されるように、生活財を意味付けし、生活の文脈のなかで組み合わせて、それらを配置した空間のなかで生きてゆく生活のあり方は、モノそのものを網羅的に収集、記録してゆく研究視野からは零れ落ちる問題系であり、生活者の「モノについての語り」に目を配ることで初めて姿を現す研究地平といえよう。この、物質文化とそれに重複しつつ拡がる意味世界の相互交渉のなかで、我々の「生活感覚」を研究してゆく方向性もまた、民俗学にとって重要な研究領域であろう。少なくとも、モノに溢れかえる現在の日本と中国の民俗学にとって、こうしたアプローチが今求められている。

このように言うと、トイレや生活財の変化や生活の中での位置づけ、そして、それらの語りが、極めて個人的な事項であって、民俗学では扱えないと考える人々もいるかもしれない。しかし、いわゆる「民俗」もまた、人によって創造、模倣、工夫、調整され、伝達された結果であることを考えれば、問題は、対象にあるのではなく、その記述、考察の仕方にあるのであって、例えば、個別の語りを前景に、その意味を明確にするより大きな文脈を後景として描くなど、研究者側の方法が問われるべき問題である。

結びにかえて

本稿では、日本と中国で影響を与え合いながら形成されてきた民俗学にあって、今なお欠けている視点として、生活の問題があることを指摘した。そして、科学技術に支えられた大量の物質と消費の時代を生きる我々が、民俗学を通じて交流することが可能な問題系として、従来の交流の中心であった共通する文化要素としての「民俗」ではなく、おそらくは多くの民俗学者がそれぞれに経験的に思い当たるであろう、あるいは、フィールドで目の当たりにしてきた生活の変化を焦点化すべきであることを主張した。その具体例として、中国のある村での屋内水洗トイレ普及に関する出来事と、ある家庭の消費財の増加とそれに伴って顕在化した選択性と生活者によって付与された意味と、その不均衡性との事例について述べてきた。

本稿で扱った事例はごくわずかなものにすぎないが、筆者の考える、日中民俗学の交流に求められる大枠を示すことはできたと考える。すなわち、モノと語り、経験と身体の所作とを手掛かりに、現在の、我々の生活感覚を構成する諸局面を民俗学的に考察すること、そして、それらを持ち寄り、一方で均質化し、他方でそれぞれの文脈のなかに位置付けられている様子を明らかにする。この作業から、より広汎な学的交流と議論の深化、あるいはより良い生活、そして、未来の選択が期待できるのではなかろうか。

注

(1) もちろん、こうした文化要素レベルの検討そのものは重要であり、個人的には、文化の「受容」の問題として、新たな要素が生活の文脈のなかで取捨選択され、再定置されてゆく過程を、共通する文化要素の位置づけの差異から照射する手法には、大きな魅力を感じている。しかし、ここで問題とするのは、交流のあり方が文化要素の共通性にのみ依拠する点である。

(2) 中国民俗学において、「生活世界」概念が導入されたのは、一九九四年の高丙中『民俗文化与民俗生活』を嚆矢とすると思われる。その後、現象学を背景とするこの概念が重視されることはなかったが、戸暁輝の『返回愛与自由的生活世界』(二〇一〇年)はこの忘れ去られた概念を民俗学理論の舞台へと呼び戻した。近年では、これら哲学的素養に基づく研究志向でなくとも、緩やかに関連する問題系として「生活」や「日常生活」が論文やシンポジウムのテーマとして取り上げられつつある。例えば、二〇一六年九月には日中韓の民俗学者による「メディアと日常」(日常と文化研究グループ)と、翌日の「北京大学民俗学与人類学〝日常生活〟専題講演」(午前中の岩本通弥、周星による講演に続き、午後は中国各地からやってきた民俗学者による発表と討論)がおこなわれ、十一月には中国人民大学で「日常生活研究」フォーラムが、同じく十一月に中山大学で「民俗学〝日常生活〟転向的可能性」フォーラムが開かれるなど、中国民俗学では急速にこれらの概念を検討する機運が形成されている（「日常生活研究」フォーラムについては、筆者は参加しておらず、華東師範大学民俗学ポストドクターの中村貴氏より当日の論集および資料の提供を受けた。記して謝意を表します）。

（3）スマートフォンと人間関係が踊りという身体運動の場を介して相互作用する状況については、すでに論じたので、ここでは携帯電話やスマートフォンについては触れない（田村　二〇一六）。

（4）今和次郎の発想と、生態学的な手法を組み合わせた、疋田率いるCDIによる「生活財生態学」は、その独創性と綿密な調査から、日中の民俗学にとって大きな参考となるものと思われる（商品科学研究所＋CDI　一九八〇）。なお、学術書ではないが、写真家ピーター・メンツェルによる写真集は、美しいビジュアルとともに、我々の生活とモノの関係の当たり前さを相対化してくれる良書である（メンツェル　一九九四）。

（5）民俗学は、新規の、事物の起源に関心を寄せるものではなく、生活における当り前で、平凡なものへと着目し、人々の感覚や観念が変化してきた／ゆく道筋を記録、考察し、人々の「生きる」ことそのものを対象とする学問である。

（6）当該村落では、人糞は主に最も良い肥料として扱われ、豚小屋との連携はほとんど見られないが、中国全体でいえば、家畜としての豚とトイレは結びついている地域が多い（中国のトイレに関する先行研究は極めて少ないが、詳しくは『トイレ・環境・まちづくり――中国と日本の場合』（高橋　二〇〇五）を参照されたい）。この場合も、糞尿は有益物であり、ゴミのカテゴリーではないといえる。同じく、専門業者の商品文脈に移行しない例として、二〇〇〇年代後半には、中国の農村地域の一部で、エコロジカルな取り組みとしてメタンガス・トイレが導入され、ここで発生したガスが生活に利用される仕組みも推奨されている（横山　二〇〇七）。これを用いた中国の施設について筆者は未見だが、比較的小規模なガス発生装置と思われ、ドイツ北部で観察した売電まで視野に入れた、家畜の排泄物を用いたバイオガスのプラントとは異なるようである。貴重な情報を教えていただいた、愛知大学の周星先生、国立民族学博物館の横山廣子先生に感謝申し上げます。

（7）費孝通の指摘するように、かつては、家具や調度の変化は、結婚を契機とすることが多かった（費　一九八六［一九八一］）。村の家電についていえば、リーマンショックによる家電製品の輸出低迷への対応として中国政府がとった政策である「家電下郷」（二〇〇八年十二月～、農村戸籍の人々がテレビや洗濯機、冷蔵庫を購入する際に、一定程度を政府の補助とする制度）によって、買い替え、新規購入が進み、また近年は都市部に居住する子女が家具を買い替えるたびに、古い家具、家電、携帯電話などを両親に譲る現象がみられ、農村部の生活財に大きな変化が起きている。

（8）現代日本の生活からは、こうした、移動を前提とした洗濯機は意外に思われるかもしれないが、一九二〇年代に輸入販売が開始された高価な円筒型洗濯機や、一九五二年頃の小型免税型洗濯機にはキャスターが付いていたことや、回転翼が備えられ、白物家電の普及に貢献した一九六〇年代の洗濯機には、キャスターは消えたが、両側に手をかけて持つ部位が設けられていたことを想起すれば、決して不思議な現象ではない（東芝科学館編　二〇一六）。

（9）生産隊の凝縮力の低下を示す興味深い出来事として、同時期に起ったほかのインフラ整備を挙げることができる。この時期に、当該村落では、大型トラックの購入ブームがあり、重量のある車両の往来によって非舗装であった村内道路が寸断されたことから、書記らが中心となり各生産隊と各戸が出資して道路の舗装をおこなうよう呼びかけた。だが、意見がまとまらず、利害関係の対立が表面化したのち、大型トラックを所有する一部の家屋の前のみ舗装されるという事態が数年にわたって続いた。

参考文献

咸陽市秦都区地方志編纂委員会編『咸陽市秦都区志』(陝西人民出版社、一九九五年)
戸暁輝『返回愛與自由的生活世界』(江蘇人民出版社、二〇一〇年)
高丙中『民俗文化与民俗生活』(中国社会科学出版社、一九九四年)
高丙中『中国人的生活世界――民俗学的路径』(北京大学出版社、二〇一〇年)
高橋正明『トイレ・環境・まちづくり――中国と日本の場合』(晃洋書房、二〇〇五年)
田村和彦「メディアを取り込む日常生活分析のあり方について」(日常と文化研究会編『日常と文化』三号、二〇一六年)二九―四二頁
田村和彦「トイレ――さまざまな工夫と変化」(中国文化事典編集委員会編『中国文化事典』二〇一七年、丸善出版)六五〇―六五一頁
東芝科学館編『東芝1号機ものがたりIII』(二〇一六年)三七―三八頁
商品科学研究所+CDI編『生活財生態学――現代家庭のモノとひと』(リブロポート、一九八〇年)
バウジンガー、ヘルマン(河野眞訳)『科学技術世界のなかの民俗文化』(文楫堂、二〇〇五［一九六一］年)(Bausinger, Hermann "Volkskultur in der technischen Welt")
費孝通「三訪江村」(『江村経済：中国農民的生活』江蘇人民出版社、一九八六［一九八一］年)
疋田正博「住まいと生活財」(石川実、井上忠司編『生活文化を学ぶ人のために』世界思想社、一九九八年)一七―三三頁
メンツェル、ピーター/マテリアルワールド・プロジェクト『地球家族――世界30カ国のふつうの暮らし』(TOTO出版、一九九四年)
横山廣子「循環的活用――中国」(国立民族学博物館編『月刊みんぱく』三十一巻十号、二〇〇七年)六―七頁

［II　文化が遺産になるとき――記録と記憶、そのゆくえ］

国家政策と民族文化――トン族の風雨橋を中心に

兼重　努

近現代中国においては、民衆の風俗習慣（各民族の文化）に対する改革政策が一貫して施行されてきた。中国政府は各民族の文化のうち、何をどのように評価し、いかなる政策を施行してきたのだろうか。それにより地元の民族文化はどのような影響を受けてきたのであろうか？　本稿では広西チワン族自治区三江県のトン族の事例をもとに、国家政策と「風雨橋」（屋根つきの橋）の関係について、一九三〇年代から現在までの約八十年間を対象に通時的に素描する。

はじめに

近現代中国においては、民衆の風俗習慣に対する改革政策が施行されてきた。こうした政策は漢民族だけでなく非漢族（少数民族）も対象とされた。

中国政府は各民族の文化のうち、何をどのように評価し、いかなる政策を施行してきたのだろうか。それにより地元の民族文化はどのような影響を受けてきたのであろうか？　本稿ではこれらの問いにかんして、少数民族に注目し、広西チワン族自治区三江県のトン族の事例をもとに、国家政策と民族文化の関係を通時的に素描してみたい。

中国は漢族と少数民族から構成されている多民族国家であるため、国家とそれに包摂される諸民族の間の関係性が問題となる。漢族は人口の約九二パーセントを占める圧倒的多数派であり、中華民国以降、政治権力の中枢も彼らが握っている。そのため少数民族の風俗習慣のうち、漢族の価値観にあ

かねしげ・つとむ――滋賀医科大学教授。専門は文化人類学。主な論文に「西南中国における功徳の観念と積徳行――トン族の橋づくりの事例から」（林行夫編著『〈境域〉の実践宗教　大陸部東南アジア地域と宗教のトポロジー』京都大学学術出版会、二〇〇九年）、「文化資源としての民間文芸――トン族の演劇『秦娘梅』の事例から」（武内房司、塚田誠之編『中国の民族文化資源　南部地域の分析から』風響社、二〇一四年）、「遺産登録をめぐるせめぎあい――トン族大歌の事例から」（飯田卓編『文化遺産と生きる』臨川書店、二〇一七年）などがある。

わないものは国家からの批判の対象となることが少なくなかった。その場合、国家と各民族の関係は、漢族と少数民族の関係におきかえることが可能となる。

国土が広大な中国の場合、中央から下された政策は省ごとに実施された。本稿が対象とする広西省（一九五八年三月十五日以降は広西チワン族自治区）においては、一九三〇年代から改良風俗政策が行われた。塚田が指摘するように、広西における改良風俗政策の研究は手薄で、概説的なものにとどまっている。塚田は広西のチワン族を対象に、先行研究で等閑視されてきた一九三〇年代の改良風俗政策と一九五〇年代の移風易俗政策を中心に検討している。(1)

筆者が調査地で出会うトン族の年配の方々の中には、「私は国民党の子だ」と述べる人もいる。現在七十歳以上の方は中華民国期に生まれ、毛沢東時代そして改革開放の時代を生きてきたのである。彼／彼女らが、これまで経験してきた国家政策はどのようなものなのか？　こうした問題意識を踏まえ、本稿では一九三〇年代ごろから現在までの約八十年間を対象としたい。

国家が繰り出す政策や政治運動と民族文化の関係の変遷を丁寧に跡づけた研究は中国ではほとんどみかけない。トン族にかんしては皆無である。地元の研究者にとっては、まさに自身の回りで起こったあまりに卑近なことがらで、とりたてて論じる必要はないものと捉えられているのかもしれない。だが、民族文化に対する国家政策を時系列で丹念にたどることは、我々外国人研究者にとっては、必須の基礎的作業である。国家政策の流れを追うことにより、各時期の民族文化をとりまく政治的状況の機微、ならびに時期による差異も捉えることができるのみならず、現行の政策を相対化することもできるからである。

本稿ではトン族の民族文化のうち公共建築物――とりわけ「風雨橋」（屋根つきの橋）を対象とする。トン族の公共建築物は風雨橋とならんで鼓楼（トン族の集落にある集会所。原義は太鼓を備えた楼閣建築物）が著名であるが、紙幅の制限があるため、風雨橋を主体としてとりあげることとする。

トン族の風雨橋

現在の風雨橋について簡単に紹介しておこう。風雨橋は多機能であり、渡河の機能の他に多くの役割を担っている。風雨橋には屋根がついていることから、夏の太陽の日差しを避けたり、雨宿りしたりできる。腰掛も設置されていることから、人びとが座って休憩したり、談笑できる空間でもある。また、関帝を中心とする神々が祀られている祭祀の場でもある。

風雨橋は単なる建築物（物質文化）ではない。トン族と近接する六甲人（漢族の支系）の集落には風雨橋は存在しない。風雨橋はトン族の集落景観を他の民族と差異化し特徴づけるメルクマールとなる場合もある。一九八〇年代からは、風雨橋を鼓楼とともにトン族を象徴するエスニック・シンボルとしようとする動きが貴州や広西などの地方エリートの間でおきている。(2)

風雨橋は中国における国家政策と民族文化の関係をみる場合重要である。近年は鼓楼とともに、風雨橋は国家の繰り出す文化政策や観光政策により文化財、観光資源、そして文化遺産として位置づけられるようになっている。一方、地元では風雨橋に対して風水思想、関帝信仰、功徳の思想などの意味づけも付与されている。それらに対しては、国家の文化政策、宗教政策やさまざまな政治運動によって負の評価が付されてきたという経緯がある。

トン族と調査地の概況

本論に入る前にまず、トン族の概況について紹介しておこう。トン族（侗族Dong zu）とは漢語による他称であり、自称はカムあるいはチャムという。トン族は言語の系統からみるとタイ系民族に属する。

トン族の人口は約二九六万人（二〇〇〇年）であり、五十五少数民族のうち第十一位の数である。主に貴州省（約一六三万）、湖南省（約八十四万）、広西チワン族自治区（約三十万）の三つの省にまたがって分布している。そこから少し離れた湖北省にも約七万人が居住する。人口の半分以上が生活を営む貴州省がトン族の中心地とみなされることが多い。

中国では、総人口の約七五パーセントを農業戸籍保持者（農民）が占め、漢族であれ少数民族であれ、人口の大部分は農民からなる。トン族の場合、約九割が農民で占められている（以上すべて二〇〇〇年の統計による）。

生業は水稲耕作中心である。またトン族居住地域は雨が多く広葉杉の生育に適しているため、がんらい森林資源にも恵まれていた。トン族は広葉杉を使って高床式住居や鼓楼、風雨橋などの公共建築物を建設することで著名である。

筆者は広西チワン族自治区北部の三江トン族自治県（以下三江県と表記）の林渓郷で一九八九年以来、断続的に調査をおこなっている。風雨橋はトン族居住地域に広く分布するが、三江県内はとくにその数が多く、林渓郷の平岩村には程陽橋（別名永済橋）という著名な風雨橋がある（**写真1**を参照）。一九一一年に着工し一九二四年に完成したこの橋は、(3)民国『三江県志』（一九四六年刊）にも記載されている。一九六三年に自治区の重要文化財に指定され、一九八二年には国家の重要

写真1　程陽橋の遠景（橋の後は平岩村馬鞍集落）

文化財に指定されたこともあって、さまざまな文献に記録が残されてきた。そこで本稿では程陽橋を中心に三江県内の風雨橋を対象に通時的に追うこととする。

一、民国期（一九一一―一九四九年）における風雨橋

民国期、国民党政府は風俗習慣にかんするさまざまな規則を公布した（**表1**を参照）。それをもとに各省では風俗習慣にかんする規則を定めた。

三江県における改良風俗

一九二五年に広西省を統一した新桂系軍閥は、改良風俗政策を実施した。一九三一年、「広西各県市取締婚喪生寿及陋俗規則」を公布し、各県に改良風俗委員会を設立し、風俗の改良を進めるように命令を発した。(4)

民国『三江県志』(5)（巻二・社会・改良風俗述略）をもとに三江県の動向をみておこう。三江県は翌一九三二年に三江県改良風俗委員会を作り、民衆に風俗改良を命じた。省で定めた規則は各県の裁量で変更することができた。三江県は「三江県改良風俗委員会補充規則」（一九三二年十一月）において婚姻、葬儀、少数民族の服装、男女の恋愛などについて処罰規定を設けた。続いて、一九三三年に広西省は「広西省改良風

表1　民国期における風俗習慣にかんする国民党の主要法令一覧

公布年月日	法令名	内容
1928年9月22日	廃除卜筮星相巫覡堪輿弁法	各地方の卜法占い、筮法占い、星占い、人相占い、カンナギ、風水の廃除にかんする規定
1929年4月16日	服制条例	制服にかんする条例
1936年9月14日	婚喪儀仗暫行弁法	各地方の婚礼葬儀典礼にかんする暫定規定
1939年9月5日	加強査禁社会群衆神権迷信弁法	邪教淫神崇拝などの取り締まり強化規定
1945年3月9日	倡導民間善良習俗実施弁法	民間の婚礼葬儀その他の礼儀の改善にかんする規定

出典：楊森（編著）『貴州辺胞風習写真』（貴州省政府辺胞文化研究会印行、1947年）76-91頁

俗規則」を定めた。三江県改良風俗委員会が県の状況にあわせて規則を補充し、同年三月三江県政府がそれを印刷し各郷村に配布した。

その後一九四二年六月、三江県政府は従前の改訂規則にもとづき、当時の世相を斟酌し、シャーマニズム、奢侈な婚姻や葬儀などに対する処罰規定を盛りこんだ「三江県改良風俗実施弁法」を制定した。

トン族、ミャオ族など少数民族の場合、特に槍玉にあがったのは、婦人の衣服（とくにスカート）であり、それらを一律に漢人の衣服に改めることが定められた（三江県改良風俗委員会補充規則第十五条）。官憲が武力を用いて、鈎でスカートを引っ掛けて破ることもあった。(6) 漢族の価値観が強要されたのである。

民国期における風雨橋

風雨橋という建築物自体は、風俗改良政策の直接的な標的とはなっていなかったが、橋に付随する習俗は、まったく無関係というわけではなかった。

民国期における三江県の風雨橋にかんする史料は民国『三江県志』以外にはほとんど見あたらない。民国『三江県志』は、その巻頭に孫中山の写真と「国父遺嘱」が掲げられていることに象徴されるように、当時の国民党政権の立場から執筆されている。以下、当時の風雨橋の状況およびそれに対する民国『三江県志』の論評を確認することにより、国家政策と風雨橋との関係を明らかにしていきたい。なお、民国『三江県志』の記述を引用参照する場合、巻名・項目名のみの表記とする。

トン族の橋づくり

民国期において県内のトン族居住地域には屋根つきの大型橋=風雨橋が多かったこと、またその多くは民国期に新たに建設されたものであった（巻三・津梁）。さらに、トン族は橋梁（風雨橋）の建設に特徴を有すると述べられている（巻二・

民族・侗人）。

民国時代における三江県のトン族の人びとが公共建築物の建設にとりくむ姿勢について、以下のような記述がある（巻三・津梁・永済橋）。

そもそも橋や鼓楼、あるいは廟宇を建てることについては、みな喜び勇んで先を争い、裕福な者は寄付した金が二―三百元に至り、あるいは百元前後、少ない者でも数十元であり、また材料を提供するのには貧富の差はなく、工事に従事するのに月日を問題とせず、老若男女、ただひたすらに力を尽くし、絶対に人任せにせずやり遂げた。その公益に熱心な精神は、まことに尊敬し心に留めて忘れないだけの価値がある。

県内トン族の、橋や鼓楼をはじめとする公共建築物づくりは、「公益に熱心な精神」によるものとして高い評価が与えられているのである。

風雨橋と風水

見逃してはならないのは、この直後に続く、「惜しむらくは、風水に偏りすぎており、迷信に関連することは免れない」という批判的な記述だ。

国民党政府は一九二八年に「廃除卜筮星相巫覡堪與弁法」（卜法占い、筮法占い、星占い、人相占い、カンナギ、風水の廃除規定）を制定し、堪與（＝風水）を迷信として禁止していた。三江県では、トン族は六甲人、ヤオ族とともに堪與家（＝風水の専門家）を迷信している。これまで禁止してきたものの、なかなか改めることができない（巻二・迷信）との旨が記されている。

前記の批判的な記述に続けて以下のような要望が記されている。「もし最善の方法をとることができ、その特性と特徴をうまく使って文化の建設や生産事業へと拡大するならば、文明物質が日に日に発展することだろう。賢い官吏や村の先進的人物にこのことを所望する」。風水に向ける熱意を近代化促進の方面に振り向けるべきだ、というのがお上の意向だったのである。

では、風雨橋は風水とどのように関連しているのであろうか？　この問いについては、「（三江）県でトン族の住む場所の水口には、すべて橋亭（引用者注：屋根付きの橋）が設けられている」という記述（巻三・津梁）に注目するべきである。「水口」とは一般の辞書的意味では、「水流の出入り口またはその付近」[7]、「水流が固い岩石からなる山嶺を横切ってできる狭くて深い河谷」[8]である。だがこうした意味では現地における風雨橋の実際の設置場所と合致しない。ここでの「水口」は風水用語として用いられていると解釈すべきである。

おもに風水経典の記述を読み解くことから風水の研究をすすめている三浦國雄は、風水における水の重要性について、以下のように指摘している。風水において、「水は、気の流れを止めて拡散を防ぐとともに、気を誘導するという二重の役割を担っている」。さらに水は財物を支配し、人びとに財物をもたらすものとみなされている。

「穴」（気が凝集する地点）ないし「明堂」（穴を囲む区域）から水が流れ出てゆく出口のことを風水用語で「水口」といい、そこは風水の重大なポイントのひとつである。水口にかんしては気が漏れ出ないようになっていることが重要である。水口の両岸に山が迫り、あたかも犬の上下の牙が咬み合っているような地形、あるいは、ヒョウタンの喉のような狭くて締っている地形が望ましい。周辺にある山は流れ出てゆく水を関鎖するものでなくてはならない。水口周辺にある樹木や橋や寺院や祠廟などの人工建造物も関鎖の作用と関係する。[9]すなわち、水口に公共建築物を建てたり、樹木を植えたりすることにより、水とともに流れ去る財物をせきとめようとするのである。

無量の功徳としての橋づくり

民国『三江県志』では「公益に熱心な精神」を風水に結びつけて論評していた。しかし、その他の資料をみると「公益に熱心な精神」の背景には功徳の観念があったことも明らかになる。永済橋（程陽橋）の序文（一九二五年立）には「狭くて険しくて曲がりくねった道に、昔の人は広くて平坦な道を開き、急峻な流れに先達は渡るための橋を建設したことを考えると、架橋修路の善心は誠に無量の功徳であることを知る」と書かれていた。[10]また、『苗荒小記』（一九二八年刊）には、「三江の苗（引用者注：トン族をさす）は橋をつくることを無量の功徳としている」という記述がある。[11]橋づくりを無量の功徳とみなす考え方は、程陽橋のみならず、県内のトン族居住地域で一般的であったとみてよいだろう。

林渓郷の老人たちを対象とした筆者のききとり調査から、民国期には、程陽橋の架かる林渓川で多くの風雨橋が建設され、橋の完成後に「探橋」という儀礼がおこなわれたことが明らかになった。探橋とは、橋建設に協力することによって人びとがこの世（陽間）で積んだ功徳をあの世（陰間）の神に知らせるために執行される功徳報告儀礼であり、功徳に対して神が見返りを与えてくれることが期待されているのである。[12]

以上のことから、民国期の三江県トン族居住地域において、橋づくりは功徳を積む行為＝積徳行として捉えられていたとみて間違いないだろう。しかし、この件にかんしては民国

『三江県志』には記述されなかったのである。

風雨橋に鎮座する神々

風雨橋は関帝信仰の場でもあった。民国『三江県志』には、程陽橋の真ん中で関帝を祀っている、というきわめて簡単な記載（巻三・津梁）しかない。別の資料と聞き取りで補っておこう。当時程陽橋に祀られていたのは関帝だけではなく、文昌、魁星、判官、土地などの神々も一緒に祀られていた。[13] 筆者の聞き取りによると、程陽橋に限らず、付近の風雨橋でも関帝を中心とした神々が祀られていたことがわかった。

二、毛沢東時代（一九四九―一九七六年）における風雨橋

政治運動と農村社会

一九四九年の共産党政権樹立後、中国農村社会は大きく変化する。中生勝美は以下のように指摘している。

中国大陸の農村社会を語る場合、革命以降の政治的要素による社会変化は避けて通れない。それは、社会主義の計画経済がもたらした、中国共産党の末端にある村内の基層政権が強力な権力を持ったことにより始まる。中国大陸の農村社会を人類学的に研究するためには、政治権力による社会の枠組の把握が不可欠になるであろう。[14]

革命後の中国農村社会を「政治権力」という枠組みで捉えることは、漢民族、少数民族を問わず有効である。農村社会内部の権力関係を考える場合は、中生のいうように、農村社会における基層政権の権力の強化という側面がきわめて重要であろう。

しかし、農村に住む人びとの民族文化（風俗習慣）が、国家権力から被った影響について考える際には、共産党政府が、全国各地へ向けて発動した一九五〇年代から七〇年代末にかけての度重なる政治運動が重要となる。農村社会への政治運動は工作隊と呼ばれるワーキングチームを外部から派遣することにより、辺鄙な農村にも深く浸透している。それは少数民族地区においても例外でない。政治運動は農村においても時には暴力的な強制を伴い徹底的におこなわれたことも多く、民族文化（風俗習慣）はそのたびに負の影響を受けた。

筆者の調査地付近でも、政治運動は激しいものであった。集落の中に一部残っている大躍進の時に書かれた「総路線万歳！」「大躍進万歳！」「人民公社万歳！」などのスローガン（**写真2**を参照）や文化大革命時期の毛主席語録の痕跡などは、その激しさを彷彿とさせる。

現在、トン族文化の象徴、文化財、観光資源、そして文化遺産という、肯定的な評価を与えられている風雨橋も一九五

写真2　林渓郷に残る大躍進期の政治スローガン

〇年代から七〇年代にかけて繰り返されたさまざまな政治運動の際には、当局から「封建迷信」や「四旧」という名でくくられ、否定的な評価を受け、なかには破壊された場合もあった。現在六十歳以上の人びとは風雨橋に対する負の記憶をもっている。

新中国の政治は右と左の間でゆれてきた。極端な政治運動をおこなう時期とそれが緩和される時期が交互に訪れていた。緩んだ時期に奨励されたことが後で厳しく批判されることも多かった。改革開放政策実施後、四十年近くの時間がたつが、中にはゆれ戻しの恐怖感を持っている人もいる。

筆者は、毛沢東時代に農村で展開されたさまざまな政治運動にかんして地元の人びとから聞き取りを試みようとした。しかし、二つの理由で、あまりうまくゆかなかった。一つは、それらは地元民の多くにとって思い出したくない負の記憶であり、積極的に語ろうとしないことである。もう一つは、風雨橋と政治運動とのかかわりの変遷を細かく再現して語ることができるインフォーマントにめぐりあえなかったことである。以上の事情より、以下紹介する内容のほとんどは新聞や雑誌の報道に依拠したものとなってしまった。

中国では新聞や雑誌などのメディアは官制であり、その報道はお上の意向を代弁・宣伝するのが原則だ。本稿でこれから参照する『人民日報』は中国共産党中央の機関紙、『広西日報』は広西省（現在は広西チワン族自治区）の中国共産党の機関紙である。そのため、報道内容から、国家がトン族の風俗習慣などに対して、どのような評価、スタンスをとっていたのか、について読み取ることができる。

合作化から大躍進の時期（一九五六―一九六一年）

三江県全域が中国共産党勢力により「解放」されたのは一九五一年五月のことである。その後、共産党政権により、諸改革がおこなわれた。三江県では一九五三年の十二月から一九五四年の四月にかけて土地改革が実施された。土地改革にあたって農民の階級区分がおこなわれ、人びとは地主、富農、中農、貧農、雇農、その他の階級にわけられた。[15]

合作化

土地改革終了前後、徐々に生産の私有制から公有制への移行、すなわち合作化（集団化）がはじまった。三江県では、一九五四年七月から互助組が作られ、翌年春には全県に普及した。一九五五年末ごろには初級農業生産合作社が、五六年春には高級農業生産合作社が全県に普及した。さらに、一九五八年十月に十の人民公社が成立した。[16]

以下、一九五六年から五七年にかけての、三江県におけるトン族の風雨橋にかんする新聞報道や書籍の記述をみておこう。

広西省共産主義青年団の機関紙『広西青年報』（一九五六年五月十九日づけ）の記事では「風雨橋は橋亭とも呼ばれるが、三江県のトン族地区の民族文化遺産であり、歴史上、高度な芸術の建築物である」[17]と報じられている。『広西日報』（一九五六年十月四日づけ）の記事では程陽橋にかんして、「この橋はトン族人民の建築の才能を十分に表現している」[18]と述べている。『侗族人民的家郷』という単行本（一九五七年刊）では風雨橋の修理に対する地元のトン族の人びとの寄付行為を「積徳」という言葉を使って記述し、「トン族人民のこうした公共事業に熱心な精神には非常に感動させられる」[19]と述べている。これは先にみた民国『三江県志』の「公益に熱心な精神」にかんする記述を彷彿とさせる。

これらが示すように一九五六―五七年に出た書籍や新聞報道では、風雨橋はおおむね肯定的に評価されていた。

大躍進

一九五八年に全国的に始まった大躍進においては、民族文化（風俗習慣）に対する抑圧が厳しいものとなった。

三江県における大躍進は同年の春から展開された。三江県の大躍進では、食料の大増産のために灌漑水利の建設が奨励され、県内各地の山や墓地が昼夜を問わない労働により切り拓かれた。また鉄鋼生産を支援するために多量の樹木が伐採され柳州へ供出させられた。

大躍進が始まると、程陽橋に対して批判的な論調が目立つようになる。

程陽橋をめぐるトラブル（一）

『広西日報』（一九五八年七月二十六日づけ）は、合作社が設立されたばかりの一九五六年に、程陽橋をめぐって以下のようなトラブルが発生したことを遡及的に報じている。

もともとこの橋の片側は灌漑水に恵まれていたが、対岸はそれに恵まれていなかった。そこで一九五六年の夏、合作社が成立したばかりの時に、青年隊が竹で水管を作って橋の上に敷き、水のある側からない側へ水を引こうとした。しかし、以前この橋を建設した時に寄付金集めのリーダーをつとめた男は、「この橋に水管を通すならば、神霊を怒らせ、人と財が損なわれる」（傍線は引用者による）と主張して反対した。この男とその息子は「もし橋の上に水管を敷くのならば、それをたたき切ってやる」といって青年隊の隊長を脅し、青年隊が敷設した水管を切断してしまった。その結果橋の片側の多くの田んぼは減産した。[20]

橋の上に水管を通すことは、どうして神霊を怒らせることになるのであろうか？　この記事では言及されていないが、『人民日報』（一九五九年一月八日づけ）の記事が説明してくれている。

旧暦の一日と十五日に多くの人が風雨橋にやってきて、こうべを垂れて線香を燃やす。人びとは大橋（引用者注：程陽橋をさす）を渡る際には神をびっくりさせてしまうことを恐れて、音をたてないようにする。解放後、神に線香をあげに来る人はだんだんと減ってきたが、多くの人の心の中では、この大橋は今なお万事がタブーとされる場所だ。橋の上に水管を設置するのに反対する、迷信思想をもつ人は「木のタンクから水がポタポタ滴って響いて、うるさくて橋の上の神さまが日夜不安になり、災いが引き起こされたら、どうしよう」というのである。[21]

程陽橋をめぐるトラブル（二）

一方、程陽橋の上に水管を通すことに地元の人びとが反対した理由として、風水との関連を指摘する報道も多い。

中国共産党三江トン族自治県委員会は、橋の上への水管の設置にかんして「程陽風雨橋はひとつの龍脈であると伝えられており、誰もあえてそれを動かそうとしない」と批判的に論評している。[22] 地元の人びとは、橋の上への水管の設置が風雨橋の龍脈を冒すことを恐れていたのだ、という報道もある。[23]

風水思想では、気の流れる山並みを龍にみたて「龍脈」と呼ぶ。地元では程陽橋も龍脈に連なるものであり、水管の敷設は龍脈に悪影響を与えるとして地元民は反対していたという主旨の報道がなされていたのである。

表2　六改運動（1958年）

	改革の対象	処置
1	風水	風水タブーを改め、墓地や山を開墾する
2	舞龍	虫害に対して草龍舞をして神に祈っていた方法を、薬で対処する方法に改める
3	忌日	忌日（忌戌日、忌寅日）は労働を禁じる日なので、勤労日に改める
4	ウエイエ	村同士が集団で訪問しあうウエイエの習俗は金銭と食糧の浪費、労働力の損失なので、勤労日に改める
5	ラオチャン	参加者が1-2万人と大規模で、生産活動に悪影響を与えるので、勤労日に改める
6	花炮節	漢族とトン族の花炮節は生産に悪影響を与えるので、勤労日に改める

出典：広西壮族自治区編輯組『広西侗族社会歴史調査』（広西民族出版社、1987年）19-20、169-171頁

『広西日報』（一九五八年七月二十六日づけ）の記事では、程陽橋は「風水橋」と表現されている。(24)『広西日報』（一九六一年六月十七日づけ）では「風雨橋は、またの名を風水橋という。その名称には風水をせきとめ、龍脈を保つという含意がある」(25)と報道されている。以上の報道で用いられた「風水橋」という表現には、明らかに否定的な意味が込められている。

大躍進の開始に伴い、程陽橋への水管の敷設が再び提議された。今度は一九五六年の時とは大きく異なり、計画どおりに水管を敷設できた。しかし、その際にまたトラブルが生じた。

（程陽橋の上に敷く）水管の材料が足らないので、（程陽橋付近の馬鞍村の人たちが）隣の平陽村に木を伐りに行った時のことである。平陽村の老頭子は迷信し、「これは風水樹、龍の髭なのだ、切らせはしない」（傍線は引用者による）と言って、その伐採に反対した。馬鞍村の群衆はすぐに、自村の風水樹を切ることを提案した。平陽村の年配男性を教育し覚醒させた結果、平陽村の風水樹を切らせてくれることになった。伐採された風水樹を用いて長さ五〇丈（約一七〇メートル）の水管は完成した。(26)

傍線部にかんしては若干の解説が必要である。風水樹とは風水において重要な役割を果たす樹木を指す。平陽村のこの風水樹は龍脈のうえに茂っていたため、龍の髭にみたてられていたようである。

程陽橋への水管敷設をめぐるトラブルは、地元の人びとが「思想を解放し、迷信を打破した」出来事であるとか(27)、「新旧の思想の曲折した闘争である」(28)といった論調で報じられた。

六改運動

三江県における大躍進では六改運動が発動され、生産増産の障害となるとみなされた六つの民族文化が不良な風俗習慣

として強制的に改革させられた（**表2**を参照）。六改以外にも「坐夜」（夜若い男性が女性の家に行き交遊すること）や、「清明節」に墓参りすることも禁止され、生産のための労働にふりかえさせられた。[29]

その一方、肯定的な評価を得た民族文化もあった。トン族がもともと持っている集団観念、たとえば橋を架け、道を開くこと（架橋舗路）、鼓楼を建設すること、集団で節句を祝い芦笙を吹いて踊りを踊ることは、優良な伝統なので発揚すべきだ、と評された。[30]

トン族の集団観念が優良な伝統として評価されたのは、農業の集団化を促進しようとする当時の国家政策と合致するため、かつ、道路や橋梁を積極的に建設するトン族の習慣は、大躍進で国家が目指す飛躍的な増産に役立つと判断されたため、と推測される。

風水景観の破壊

六改運動で、改めるべき六項目の筆頭にあげられたのは、風水であった。風水は、龍脈や墓地の開墾や樹木（風水林）の伐採を禁じる。農地や水路の開発、木材の供出を求める大躍進運動にとって多大の障害とみなされたのは風水なのである。

先に示した一連の記事が示すように、地元では反発する人もいたが、当時の政治的圧力は強大で、結局風水樹は伐採され、龍脈も掘り返され、風雨橋にかんする風水タブーも破られた。当時、三江全県で一五三〇余箇所にものぼる、風水にかかわる山や墓地が掘り返された。七箇所の有名な龍脈も断ち切られた。[31]

地元の人びとはがんらい龍脈と風水樹を保護し、水口に風雨橋を建設することにより、風水景観というべき景観を形成していた。大躍進を契機にそれは大きく損なわれてしまった。

運動のエスカレート

大躍進運動は少数民族の民族文化（風俗習慣）への否定へとエスカレートした。三江県のある地方では、婦人に対する強制断髪、スカートの着用禁止とズボン着用の強制、首飾りの着用禁止ならびに国家への強制的売却までおこなわれた。[32]林渓郷の冠小村では村の門が破壊されたという。

大躍進という極端な食糧・鉄鋼増産政策は失敗に終わり、三年間の経済困難（一九五八―一九六〇年）に見舞われ、中国全土で多くの餓死者がでた。三江県でも人口が十八万人から十六万人に減った。[33]筆者の調査村でも多くの死者がでたばかりか、栄養失調により、出生数が激減したという。

調整期（一九六二―一九六五年）

一九五九年四月に劉少奇が毛沢東にかわって国家主席に就

任した。劉少奇は一九六二年から経済調整政策をとり、自留田の分与、自留地の拡大、農業生産の請負制を実施した。この時期は民族の民族文化（風俗習慣）に対する規制も緩められた。大躍進時代に否定され一時途絶えていた「ウエイエ」などの伝統行事が復活し、風雨橋づくりなども再開された。調査村の農民たちは、劉少奇時代は良かったと回顧する。

一九六二年から一九六五年にかけての時期、程陽橋の知名度をあげる三つの出来事が生じた。

第一に、一九六二年五月十五日に発行された郵便切手「中国古代橋梁―橋」四種のうちのひとつに程陽橋が選ばれた。

第二に、一九六三年二月二十六日に、三江県の程陽橋と馬胖鼓楼が広西チワン族自治区の重点文物保護単位（重要文化財）に指定されている。トン族の鼓楼や風雨橋を民族文物（少数民族関係の文化財）と捉える見方は一九五〇年代から存在していたが、[34]実際に文化財に指定されたのはこの時が初めてである。

第三に、一九六五年十月二十日に著名な文化人である郭沫若が「程陽橋」と題する詩を詠んだ。直接行って見たわけではない程陽橋を詩のなかで賞賛していることより、当時中国社会のなかで、この橋がある程度著名になっていたことが窺われる。

以上の三項目は新聞や書籍が程陽橋を紹介する際、繰り返し言及されるようになっていく。

この時期に書かれた三江県のトン族居住地域を対象とした紀行文[35]では、程陽橋が郵便切手の図案に選ばれたこと、重要文化財に指定されたことに言及しつつ、きわめて肯定的に風雨橋が紹介されているが、風水との関係についてはまったく言及されていない。

調整期は長くは続かなかった。毛沢東は巻き返しをはかり四清運動（一九六五年八月から一九六六年八月）を発動し、その後十年にわたる文化大革命（一九六六年から一九七六年）へと進んでいったからである。

四清運動（一九六五年八月―一九六六年九月頃）

四清運動の四清とは清政治、清経済、清組織、清思想をさす。政治・経済・組織・思想の四つを清めることがこの運動の目的であった。この運動は共産党の中における「走資派」（資本主義の道を歩もうとする一派）を標的とした階級闘争であった。[36]

ここでは林渓郷楓木村の事例をみることにする。一九六五年八月中央民族学院と中南民族学院の教師と学生ら十五人が工作隊として村にやってきた。彼らはまず村幹部のなかに四不清幹部がいないか探した。当時の村幹部は無理やり四不清幹部と認定され、激しい批判を受けた。また、工作隊は村人の階級を画定しなおし、「走資派」と目された人びとにたいして激しい階級闘争をおこなった。この村の党支部書記は、一九六三年に楓木風雨橋の建設を指揮し村人を動員したこと、劉少奇時代に個人経営と封建迷信をおこなったことなどを理由に「走資派」と認定された。彼は厳しく批判され、村人の前で吊しあげられ、党籍を剥奪された。

その後、「走資派」の攻撃から「封建迷信」「牛鬼蛇神」（ブルジョア階級や右派の総称）の攻撃へと運動は拡大していった。一九六六年七月、工作隊は楓木村管轄の大培山村にある廻龍寺の和尚を批判、逮捕した。続いて同年八月、廻龍寺の仏像八十数体を焼却、村々にある土地公（土地を守る神）を破壊した。同時に、一九六三年に建設されたばかりの楓木風雨橋が解体され、その際に出た木材は林渓供銷社に売却された。また、橋の中にあった神像やそれを安置する神台も破壊された。

この時期は旧来の民族文化（風俗習慣）の多くが禁止された。たとえば婦人の耳環の着用が禁止され、さらに民間の書籍も迷信の種とされ、家捜しにより没収され焼却された。

文化大革命が始まったため、同年九月に工作隊は村を去った。(37)

四清運動は楓木村に限らず、付近の村々でも展開された。筆者の行った聞き取り調査によると、林渓郷坪地棉村でも建設されたばかりだった風雨橋の屋根の部分が破壊された。林渓郷皇朝村では鼓楼の屋根の形が迷信的だという理由で屋根をカットさせられ、一般の家と同じ屋根の形にされた。(38)皇朝村は村の名称まで「朝陽」（北京にある地名）に変更させられた。

文化大革命（一九六六—一九七六年）

四清運動に引き続き一九六六年に文化大革命が始まった。文化大革命の初期には「破四旧」、すなわち旧思想、旧文化、旧風俗、旧習慣を打ち壊すことがスローガンとして掲げられ、四旧は紅衛兵の攻撃目標となった。(39)

文化大革命の初期、中国大陸は一種の内戦状態に陥り、各地で武力闘争が発生した。三江県もその例外ではなかった。三江県では、三江無産階級革命派連合指揮部と三江革命造反大軍の二つの派に分裂し、一九六八年には林渓郷でも両派の間ではげしい武力闘争が起こった。また、トン族の村のなかからも紅衛兵となる人びとが現れ、村内の地主階級や「反革命分子」に対して激しい闘争をおこなった。筆者が住みこんでいた村では、あわせて十一人が処刑されたという。

文革の十年にわたる動乱の間、トン族の風雨橋や鼓楼が

「四旧」という理由で批判され、一部が破壊されたのは、広西に限らず貴州省や湖南省でも同様であった。[40]建物本体の破壊を免れた場合でも、それらの建設に協力した人びとの功徳を顕彰した石碑の破壊や撤去がおこなわれた。

文化大革命の時には、重要文化財であっても破壊される場合が多く、全国で重要文化財六八四三点のうち四九二二点が破壊された。[41]そのようななか一九六三年に広西チワン族自治区の重要文化財に指定されていた程陽橋は、橋本体の破壊は免れたが、橋の上に祀られていた神像は破壊されてしまった。[42]橋建設の協力者の「無量の功徳」を顕彰した石碑も撤去されてしまった。

文化大革命の時期も一九五八年と同じように婦人の髪の切りおとし、スカートや首飾りの禁止、没収などがおこなわれた。多数者（漢族）による少数者（少数民族）の文化の否定、あるいは中心地（首都北京は中国の北方に位置する）の価値観による地方文化の断罪もおこなわれた。トン族の楽器である琵琶、芦笙、笛なども「四旧」として批判され、焼き捨てられた。また、一九七四年と七五年の旧正月期間中、三江県の中心地ではモチ米食品の作成や摂食までもが批判・禁止の対象となった。それはモチ性食品の摂食習慣をもたない北方出身者（＝漢族）の価値観の強要であった。北方の人びとが餃子を作ったり、マントウを食べたりすることや漢族の胡弓などの楽器も四旧にあたるのではないのか？（トン族が多数を占める）三江県の人びとは以上のような反感をもったという。[43]

一九六九年頃から一九七二年頃にかけての時期は、「農業は大寨に学べ運動」が推進され、大規模な新田開発がおこなわれた。そのさい、墓地の農地への転用が進められ、先祖の墓地まであばいたという。

一九七三年秋からは林彪と孔子をあわせて批判する政治運動である批林批孔運動が始まった。批林批孔運動は、社会主義の前進と後退、革命と反革命にかかわる重要な階級闘争であるという論調が氾濫した。その運動の余波は七六年の文革終結まで続いた。[44]

批林批孔運動のなか、程陽橋はどのような評価を得ていたのであろうか。運動の最盛期であった一九七四年時点の論評[45]をみておこう。まず第一に、程陽橋は広西革命委員会（文革中の臨時権力機構。一九八二年に廃止）が資金を拠出して保護すべき文化財として明確に位置づけられていた。さらに、「過去の反動的な階級の抑圧のもと、極端に後進的な生産条件のもとで、トン族人民は程陽橋のような高度な技術の建築物を建造した」と論評されている。注目すべきは、これに続く「このことは『卑しい人が最も聡明であり、高貴な人が最も愚かである』（引用者注：毛沢東の言葉）という真理を説明し、林彪が宣揚する孔子の『上智下愚』という唯心史観への有力な批判となる」という記述である。当時の批林批孔運動の政治的な文脈に沿うように、程陽橋の評価も操作されていたのである。

なお、文化大革命の最末期の一九七六年頃において、風雨橋は（資本家階級の手によるものではなく）、プロレタリアート階級たるトン族労働人民の文化の結晶であるという位置づけであった。[46] 文化大革命初期に破四旧の対象だった風雨橋は、批林批孔運動を経てプロレタリアート階級の文化の結晶と捉えなおされたのである。

三、ポスト毛沢東時代（一九七六年―）における風雨橋

一九七六年九月の毛沢東の死去を契機に十年にわたる文化大革命が終了した。一九七八年十二月に三中全会が開かれ、中国共産党の政策路線が階級闘争から改革開放へと大転換した。改革開放政策の進展により、生産請負制度の実施、人民公社の廃止など一連の政治・経済改革が実施され、中国には大きな変化の波が押し寄せた。三江県の農村で家庭聯産承包制（生産請負制度）が施行されたのは、一九八一年末のことである。その後一九八四年八月に行政機構改革がおこなわれ、人民公社は廃止され郷政府へと改組された。人民公社の下にあった生産隊大隊は村民委員会へと改組された。

民族文化の再評価と復興

ここで重要なのは、極左政治運動の時代に「封建迷信」「四旧」などとして国家が否定・禁止した民族文化や伝統文化が再評価され復興したことである。破壊・改築された鼓楼や風雨橋の再建・修理も始まった。[47]

しかし、再評価と復興はあくまで条件つきであったことに留意しなければならない。以下、広西チワン族自治区民族研究所が編纂した『広西民族問題理論論文集』（一九八三年刊）に収められた、トン族の風俗習慣にかんする呉浩と陸徳高の論考をみることとしたい。

呉は三江県出身、陸は三江県に隣接する龍勝県の出身。二人はともにトン族で、当時、出身県の文化部門の役所に所属していた。二人の身分（立場）とこの論文集の性格から判断すると、これから紹介する二人の見解は当時の国家政策に沿ったものとみるべきであろう。

呉は、トン族の風俗習慣を①優良なもの、②不良なもの、③良くも悪くもないもの、の三種類にわけて、悪いものだけ改革するべきだと述べている。[48]

その場合の良し悪しの判断基準とは、陸が述べているように、社会主義の道徳規範であった。民族文化（風俗習慣）のうち、それにあうものは、社会主義精神文明の建設に役立つものとして発揚すべきであり、それにあわない封建迷信は改変すべきである、と陸は述べている。[49]

呉の見解は以下のとおりである。「架橋鋪路」はとても良い伝統的習慣だが、迷信的な色彩も帯びている。「架橋」は交通の便を良くすることだが、集落内の財源が外に流出しないようにするために、橋を集落の下流側に架けることは、（風水の考え方にもとづいており）迷信の要素を含む。また「鋪路」（路を作ること）は陰功（功徳）を積むこと（＝積徳行という迷信）と結びつくものである。集落のまわりに「風景樹を植えること」は、景色を良くすることだが、樹木に精霊が宿ると考えること、風景樹を焼くと（その影響で）一族が死滅するので焼却を禁じる、というのは迷信の色彩を帯びている。[50]

トン族が行う公益事業（「架橋鋪路」）と社会主義道徳との関係性について、陸は以下のように述べている。

社会主義道徳の主要内容は集団主義である。（中略）良いことを多くなし、公益事業に熱心であるという優良な習俗は、その中に「今世に陰功を積めば、後世によい報いがある」という封建迷信の要素を含んでいる。我々は群衆を注意深く導いて迷信思想の要素を取り除き、公のために己を捨てるという健全な要素を発揚することにより、社会主義の道徳規範に合致させなければならない。[51]

一九八〇年代においても、風水や積徳行は依然として封建迷信、すなわち改良すべき不健全なものとみなされていたのであった。

迷信的なものとそうでないものを分け、前者を否定・排撃するという方針はその後も踏襲された。筆者が滞在していた村では一九九五年に村公所の建物が新築された。新しい建物の中には「総治（総合治理）目標」として村の治安維持にかんする目標が数項目掲げられていたが、その中には「無封建迷信活動」（村内の封建迷信活動を根絶させる）という項目があった。二〇一七年現在、地元の村々に掲示されている官制の「村規民約」には、封建迷信に反対し、社会主義精神文明の新しい風潮を提唱する、という主旨の条文が盛り込まれている。

文化財としての風雨橋

改革開放政策後における民族文化復興の動きのなかでもうひとつ重要なことは、鼓楼、風雨橋の文化財指定件数が増加したことである。三江県では一九八七年に亮寨橋、平寨鼓楼、亮寨鼓楼（以上林渓郷）、八闘大橋（八江郷）、琶団大橋（独洞郷）が、県の重要文化財に新たに指定された。

一方、程陽橋は一九八二年に広西チワン族自治区の重要文化財から国家の重要文化財へと昇格した。それを契機に、程陽橋は自治区から国家へと移管された。ところが、翌一九八三年大洪水にあって倒壊してしまう。一九八四年に始まった修理の際には国家文物局が三十二万元を投入し修復にあたった。修復を指揮したのは地元の人びとではなく、関連する役所であった。[52]

国家によって程陽橋は修復されたが、かつて橋の上に鎮座していた神像は一切復元されることなく二〇一七年現在に至っている。これは、国家の方針によるとみてよいであろう。四清運動や文化大革命の際、風雨橋上の神像は破壊されてしまったが、改革開放後、多くの風雨橋ではそれらが復活している。神像が再建されていない場合は、紙に神々の名を記したものが設置されている。ところが、程陽橋では神々の名を記した紙すら眼にすることはない。皮肉なことに、程陽橋は国家の重要文化財に指定されているがゆえに、神々の復活が叶わないままなのである。

観光資源となった風雨橋

鼓楼や風雨橋の文化財への指定は、市場経済振興の一環として三江県政府が推進する県内の観光開発にリンクしてゆく。三江県において観光化の動きが強くでてくるのは一九八〇年代後半である。それは国内観光客のみならず、外国人観光客も視野にいれたものであった。三江県は一九八六年に対外開放県（外国人が特別な手続きなしに旅行できる県）となったが、これは広西チワン族自治区の中では異例の早期の対外開放であった。三江県における観光の最大の目玉は国家の重要文化財に指定された程陽橋であり、自治区の重要文化財に指定されている馬胖鼓楼がこれにつぐ。文化財は観光資源へと転換したのである。

三江県では程陽橋とその周辺のいくつかの村を観光スポットとして重視し、「程陽景区」と銘打って観光開発をすすめている。中国における観光開発は政府主導、トップダウンで進められる場合が多い。観光資源を集中させるために、県の指導のもと、一九八九年に普済橋という風雨橋を林渓川の上流側から下流側の程陽大寨集落の傍らへとわざわざ移築させた。[53] また林渓郷の冠小村では観光開発のため、二〇〇五年に鼓楼の集落内移築が行われた。[54]

無形文化遺産時代の風雨橋

二〇〇〇年代に入り、中国国内では無形文化がにわかに脚光を浴びることとなった。中国政府が、自国の無形文化のユネスコ無形文化遺産リストへの記載をめざし、国内リストへの記載制度を整え、積極的な申請活動を始めたからである。

三江県のトン族関係では二〇〇六年に「トン族木造建築営造技芸」が「民間手工技芸」の分野において国家の無形文化遺産リストへの記載を果たした。

「トン族木構建築営造技芸」の申請にあたり、三江県を管轄する柳州市の文化局と三江県人民政府が連名で国家文化部に提出した「国家級非物質文化遺産代表作申報書」（二〇〇五年印刷）には木造建築物に付随する風俗習慣や観念について、風雨橋、鼓楼などの公共建築物を中心に、積極的に記載されている。注目すべきは、風雨橋と風水との関係が強調されており、しかもそれが批判的な論調ではないことだ。

「トン族建築における風水観念」のなかの「深くて厚い歴史文化の蓄積」という項目には風雨橋と龍脈や水口との関係について以下のように記載されている。

風雨橋の建設場所の選定は、念入りにおこなわれる。第一に、必ず集落の下流側の河の上に架けられなければならない。それで河の上流の財気をせきとめて集めることの象徴とし、集落を財を集め宝を入れる地にする。第二に二つの山脈が互いに接する河の水口に建てなければならない。二つの龍脈がつながって、共同して集落を守るという意なのである。

これまで封建迷信として批判の対象となっていた風水が歴史的、文化的な価値をもつものとして記述されているのである。

さらには「主要な価値」のなかの「民族文化価値」という項目に「河にかかる風雨橋は虹を象徴し、それは龍の化身であり、人類霊魂の通り道であり、財気を集める風水である」という記述がなされている。[55]

このような文言を盛り込んだ申請書が、地方政府の役人たちによって書かれ、国家文化部に提出されているのである。民国期から連綿と続いてきた風水に対する国家からの批判的な評価や禁令に鑑みると、状況が大きく変わったと言わざるを得ない。

中国政府はユネスコ無形文化遺産リストへの記載を積極的に推進している。国家の無形文化遺産リストの延長線上に、ユネスコ無形文化遺産リストがある。そうした状況をふまえ、中国政府は、無形文化遺産リスト記載への申請という局面に限って、民族文化（風俗習慣）に対する従来の国内基準よりも、ユネスコの定めるグローバル・スタンダードの方を優先させざるを得ない、という判断を下していると考えられる。

風水をめぐる民間の動き

二〇〇六年六月、風水文化をユネスコ無形文化遺産リストへ記載させようという運動が上海の民間団体によって始められた。韓国と日本も風水文化の申請活動を進めているというわさも中国国内で流れ、風水文化のユネスコ文化遺産リストへの記載は、風水文化を共有するライバル国家に対する、中国の「文化主権」にかかわる問題だという意見も民間人から出されている。中国政府はこうした民間の動きに対して、二〇〇七年の時点では「支持はしないが反対もしない」という慎重な態度をとっている。(56)

おわりに

民国期から現在に至るまで、中国政府は各民族の文化のうち、何をどのように評価し、いかなる政策を施行してきたのだろうか。それにより地元の民族文化はどのような影響を受けてきたのであろうか？　本稿では、広西三江県のトン族の風雨橋の事例を中心に、国家政策と民族文化の関係を約八十年間にわたって通時的に素描することにより、これらの問いに答えてきた。

その結果、以下のような示唆が得られた。ユネスコ無形文化遺産リスト記載制度への中国の参加は、民国時代以来続いてきた中国政府の、民衆の風俗習慣、民族文化に対する政策の流れの大きな転換点と捉えてよさそうである。中国政府にとって望ましくないもの、すなわち改良の対象であった民衆の風俗習慣や民族文化の一部が、ユネスコの無形文化遺産リスト記載の基準に照らすと、むしろ高い価値が認められ、記載の可能性も十分ありうるという状況のもと、中国政府は、リストへの自国の記載数を増やしていく方針を選択したとみることができる。地方政府や民間団体はそうした国策の変化にいちはやく反応して、地元の風俗習慣や民族文化の無形文化遺産リストへの記載をめざして、積極的な動きを起こしていると捉えることができよう。

最後に、トン族の風雨橋、鼓楼にかんする最近の動きと今後の展望を示して稿を閉じることとしよう。自国の有形文化の世界遺産リストへの記載にかんしても、中国政府はきわめて積極的である。中国政府が世界遺産リスト記載候補として二〇一三年一月にユネスコに提出した「暫定リスト」（各国が五年から十年以内にユネスコに推薦する予定の遺産のリスト）に「トン族村寨」が記載された。「トン族村寨」は湖南、貴州、広西三省（区）による共同申請で、全部で二十五の村落が対象となり、三江県からは五村落（平岩、高友、高秀、高定、車寨）が入っている。そのうち、平岩、高友、高秀は林渓郷に属し、平岩村は程陽橋の所在地でもある。二〇二〇年の世界遺産リスト記載を目指して、柳州市は目下準備中であるという。(57)

中国政府が提出した「暫定リスト」には文化遺産だけで三十件前後が記載されているため、「トン族村寨」が順調に世界遺産リストに記載される保証はないが、成功すれば、二十五の村落に存在する風雨橋、鼓楼は世界遺産の一部分となる。国家の重要文化財として中国政府から管理・保護されてきた程陽橋。晴れて世界遺産となれば、中国政府が文化の価値づけのユネスコ版グローバル・スタンダードを念頭において、新たな施策を講じる可能性も無きにしも非ずであろう。程陽橋の真ん中に関帝を中心とする神像が復活する日が来るかもしれない。

トン族の風雨橋、鼓楼に対して、中国政府は今後長期的にどのような政策を繰り出し、地元の民族文化にいかなる影響を与えていくのであろうか。それは、文化の価値づけのユネスコ版グローバル・スタンダードに、中国政府が今後も長期にわたって迎合していくべきか、それとも一過性あるいは部分的な迎合にとどめるべきか、という政治的判断のいかんによって、大きく左右されると予想される。今後の動向を注視していく必要がある。

注

(1) 塚田誠之「広西における『改良風俗』政策について——近現代中国における文化政策の一齣」(韓敏編『革命の実践と表象 現代中国への人類学的アプローチ』風響社、二〇〇九年)一五七—一八二頁。

(2) 兼重努「エスニック・シンボルの創成——西南中国の少数民族トン族の事例から」(『東南アジア研究』三十五巻四号、一九九八年)一三二—一五二頁。

(3) 三江侗族自治県文管所編『程陽橋史料』(一九八八年)。

(4) 譚肇毅「民国時期新桂系治理郷村的模式」(『広西文史』第一期、二〇〇六年)九—一五頁。

(5) 姜玉笙編纂『三江県志』(成文出版社、一九七五年、初出は一九四六年)。

(6) 言茂仁『侗族人民的家郷』(上海少年児童出版社、一九五七年)二四頁。

(7) 漢語大詞典編輯委員会、漢語大詞典編纂処編『漢語大詞典:縮印本』(漢語大詞典出版社、一九九七年)三〇九六頁。

(8) 辞海編輯委員会編『辞海(一九七九年版):縮印本』(上海辞書出版社、一九八〇年)一六〇一頁。

(9) 三浦國雄『風水講義』(文藝春秋、二〇〇六年)一八七—一八八、一九八頁。

(10) 三江侗族自治県文管所編『程陽橋史料』(一九八八年)八頁。

(11) 劉介『苗荒小紀』(商務印書館、一九二八年)一九頁。

(12) 兼重努「西南中国における功徳の観念と積徳行——トン族の橋づくりの事例から」(林行夫編著『〈境域〉の実践宗教 大陸部東南アジア地域と宗教のトポロジー』京都大学学術出版会、二〇〇九年)六三一—六七六頁。

(13) 三江侗族自治県文管所編『程陽橋史料』(一九八八年)三頁。

(14) 中生勝美「村の派閥争い」(『文化人類学8』アカデミア出

版会、一九九〇年）五三―六二頁。

(15) 熊振鋒「三江土改情況」（政協三江侗族自治県委員会編『三江文史資料』第三輯、一九九一年）八三―九一頁。

(16) 広西壮族自治区編輯組『広西侗族社会歴史調査』（広西民族出版社、一九八七年）九五―九六頁、三江侗族自治県概況編写組『三江侗族自治県概況』（広西民族出版社、一九八四年）七〇―七六頁、三江侗族自治県志編纂委員会編『三江侗族自治県志』（中央民族学院出版社、一九九二年）一五、二四一―二四二頁。

(17) 唐兆民「侗族人民的風雨橋」（『広西青年報』一九五六年五月十九日）。

(18) 張谷「秋到侗家」（『広西日報』一九五六年十月四日）。

(19) 言茂仁『侗族人民的家郷』（上海少年児童出版社、一九五七年）二二頁。

(20) 唐振真「人変了、庄稼也変了」（『広西日報』一九五八年七月二十六日）。

(21) 程競明、李進挺「侗家村寨変化多」（『人民日報』一九五九年一月八日）。

(22) 中共三江侗族自治県委員会「三江県糧食増産的主要経験」（『広西農業科学』第六期、一九五九年）六―一〇頁。

(23) 本刊記者「少数民族地区大躍進的一面紅旗――三江侗族自治県」（『民族研究』第三期、一九五八年）九―一四頁。

(24) 唐振真「人変了、庄稼也変了」（『広西日報』一九五八年七月二十六日）。

(25) 饒韜「侗寨素描」（『広西日報』一九六一年六月十七日）。

(26) 唐振真「人変了、庄稼也変了」（『広西日報』一九五八年七月二十六日）。

(27) 唐振真「人変了、庄稼也変了」（『広西日報』一九五八年七月二十六日）。

(28) 饒韜「侗寨素描」（『広西日報』一九六一年六月十七日）。

(29) 広西壮族自治区編輯組『広西侗族社会歴史調査』（広西民族出版社、一九八七年）一九―二〇、一六九―一七一頁。

(30) 広西壮族自治区編輯組『広西侗族社会歴史調査』（広西民族出版社、一九八七年）二〇頁。

(31) 広西壮族自治区編輯組『広西侗族社会歴史調査』（広西民族出版社、一九八七年）一九頁、天英「侗族」（『民族団結』四期、一九五九年）、四一―四二頁。

(32) 呉浩「談談侗族的風俗習慣」（広西壮族自治区民族研究所民族問題理論研究室編『広西民族問題理論文集』第一輯、一九八三年）三二五―三三三頁。

(33) 曹積尭「五八年大躍進是怎麼搞起来？」（政協三江侗族自治県委員会編『三江文史資料』第五輯、二〇〇〇年）一一六―一三〇頁。

(34) 井鴻鈞「応注意保護少数民族文物」（『文物参考資料』十二期、一九五四年）一一六―一一八頁。

(35) 鄭光松「美麗的侗郷」（本社編『広西遊記』広西僮族自治区人民出版社、一九六四年）五六―六四頁。

(36) 王機先「四清運動在楓木」（政協三江侗族自治県委員会編『三江文史資料』第五輯、二〇〇〇年）一三三―一四三頁。

(37) 王機先「四清運動在楓木」（政協三江侗族自治県委員会編『三江文史資料』第五輯、二〇〇〇年）一三三―一四三頁。

(38) その後一九八二年に鼓楼の屋根の形は一般家屋の屋根の形と異なる形に改築され、高さも高くされた。

(39) 土田真靖「四旧打破」（天児慧ほか編『岩波　現代中国事典』岩波書店、一九九九年）四三二頁。

(40) 普虹「車寨鼓楼修復　三宝侗家歓慶」（『貴州民族研究』二

期、一九八四年）一七四―一七六頁、杜若「侗寨鼓楼」（『民族文化』一期、一九八六年）一一頁、石庭章「談侗寨鼓楼及其社会意義」（『貴州民族研究』第四期、一九八五年）一一五―一一九頁、呉佺新、陳春園「優秀的伝統建築芸術――従江鼓楼群」（『貴州民族研究』四期、一九八五年）一二〇―一二三頁。

（41）土田真靖「四旧打破」（天児慧ほか編『岩波現代中国事典』岩波書店、一九九九年）四三二頁。

（42）楊保願「談談侗寨建築芸術」（『広西民族学院学報（社会科学）』二期、一九八二年）一〇〇―一〇三頁。

（43）呉浩「談談侗族的風俗習慣」（広西壮族自治区民族研究所民族問題理論研究室編『広西民族問題理論論文集』第一輯、一九八三年）三二五―三三三頁。

（44）吾妻重二「批林批孔」（天児慧ほか編『岩波現代中国事典』岩波書店、一九九九年）一〇七二頁。

（45）鄭剣、朱焱「程陽橋畔創新天」（『地理知識』第五期、一九七四年）一九頁。

（46）群智「風雨橋」（広西軍区政治部編『殲窮冦　広西民兵革命闘争故事集』広西人民出版社、一九七六年）一九七―二〇二頁。

（47）普虹「車寨鼓楼修復　三宝侗家歓慶」（『貴州民族研究』二期、一九八四年）一七四―一七六頁、杜若「侗寨鼓楼」（『民族文化』一期、一九八六年）一一頁、石庭章「談侗寨鼓楼及其社会意義」（『貴州民族研究』第四期、一九八五年）一一五―一一九頁、呉佺新、陳春園「優秀的伝統建築芸術――従江鼓楼群」（『貴州民族研究』四期、一九八五年）一二〇―一二三頁。

（48）呉浩「談談侗族的風俗習慣」（広西壮族自治区民族研究所民族問題理論研究室編『広西民族問題理論論文集』第一輯、一九八三年）、三二五―三三三頁。

（49）陸徳高「浅談侗族習慣与精神文明建設」（広西壮族自治区民族研究所民族問題理論研究室編『広西民族問題理論論文集』第一輯、一九八三年）三三四―三三八頁。

（50）呉浩「談談侗族的風俗習慣」（広西壮族自治区民族研究所民族問題理論研究室編『広西民族問題理論論文集』第一輯、一九八三年）三二五―三三三頁。

（51）陸徳高「浅談侗族習慣与精神文明建設」（広西壮族自治区民族研究所民族問題理論研究室編『広西民族問題理論論文集』第一輯、一九八三年）三三四―三三八頁。

（52）三江侗族自治県文管所編『程陽橋史料』（一九八八年）。

（53）普済橋のたもとには、移築の際に地元民と県の間で取り交わされた「程陽普済橋維修工程協議書」と題された石刻碑文が置かれてある。

（54）兼重努「民族観光の産業化と地元民の対応――広西三江トン族・程陽景区の事例から」（『中国21』二十九、二〇〇八年）一三三―一六〇頁。

（55）楊永和主編『風情三江』（広西民族出版社、二〇一〇年）一四九―一六七頁。

（56）欧陽海燕「風水申遺：前景不明」（『新世紀周刊』三十期、二〇〇七年）七三―七五頁。

（57）柳州日報記者練冰、梁莎莎「三江五個侗寨有望列入二〇二〇年国家申報世遺計劃」（http://www.lzxw08.com/lzhj/2016-08-03/1850.html　二〇一六年八月十八日取得）。

台湾における民俗文化の文化財化をめぐる動向

林承緯

りん・しょうい——国立台北芸術大学副教授。専門は民俗学。主な著書に『宗教造形与民俗伝承——日治時期在台日人的庶民信仰世界』（芸術家出版、二〇一二年）、『台湾的吉祥文化』（五南出版、二〇一四年）、『信仰的開花——日本祭典導覧』（遠足文化、二〇一七年）などがある。

無形文化遺産は二十一世紀の今日において、観光、経済、文化などの目的から世の関心を集めるだけでなく、各国政府機関が積極的に推進する国際的な文化芸術を競う対象とまでなっている。台湾政府も二〇〇五年に文化資産保存法を改正し、民俗を文化資産保護の対象として組み入れた。新法施行以降の民俗文化資産の現況と継承の実態を述べ、さらにいくつかの代表的な保護例を取り上げ考察する。

はじめに

台湾の文化資産保存法は一九八二年に施行されてから現在まで三十年余りになる。二〇〇五年に改正される以前は、主に有形文化資産の保護を主軸とし、特に古跡、歴史建築、自然地景、文化景観などに対し行政が積極的に取り組んだ。これに対して、近年脚光を浴びている無形文化資産の伝統芸術、民俗文化および関連文物（民俗文化資産）、保存技術などは当時軽視されていた。このような状況は文化資産保存法が改正されると、過去の有形文化資産偏重から、次第に有形、無形双方に配慮する文化資産保存体制に移行していった。七、八〇年代、台湾社会は文化資産保存法制定以降、各種の文化保存に関する具体的措置および思惟を生み出した。当時先ず「古跡」が注目され、歴史、芸術などの価値を具える建築物は、多くの地方有識者の関心を集め、彼らが最初に接触した文化資産の語彙となった。また、この頃は台湾文化の主体意識が芽生えた時期でもあり、行政機関は地方がもつ特色の発展を推進し、郷土意識や郷土教育に力を入れた。そのうち各地で伝承される伝統工芸技術、芸能文化、祭典儀式は地方文化の特色の象徴であると見なされていたものの、当時は法令を通じての保護保存の措置は展開されなかった。

けれども、文化資産保存法第二版（全面改正）が施行されると、これらも文化保護の対象に組み入れられ、今年で十年目に入る。目下のところ、民俗文化資産は計十七件二十一項目の国指定重要民俗文化資産および一三七件の県市登録民俗文化資産である。[1] 文化資産の中央主管機関である文化部文化資産局および地方県市政府による指定登録のもと、法的身分をもつ文化資産となった。このように文化保護を目的とし、民俗文化に焦点を当て展開された行政保護措置は、台湾文化資産保存の歴史上かつてなかったことであると言えよう。そして伝統的かつ世代間で伝承されてきた祭典が次々に視察、調査、審議などの行政過程を経て、国指定や地方登録の文化資産に加えられた。このような新たな身分の授与は、外部からの力がこれら民俗文化の伝承に介入することを意味し、関連経費の補充、研究調査の実行、活動推進、伝統教育の導入などが挙げられよう。このような文化資産保存に関する方案の出現は、民俗文化資産にどのような影響を与えたのだろうか。本文において台湾の民俗文化資産の保存の現況と伝承の実態を紹介し、いくつかの代表的な保存例を取り上げ、考察を試みたい。

一、台湾の民俗文化資産保存の現況

民俗文化資産が文化資産保存法の保護対象となったのは、前述の二〇〇五年に法改正された文化資産保存法第二版からであり、当該法は無形文化資産の伝統芸術と民俗および関連文物について明確かつ具体的に定義している。伝統芸術を「各族群と地方に継承される伝統技芸と芸能を指し、伝統工芸美術および表演芸術を含む」と定義し、民俗および関連文物を「国民生活に関連する伝統的かつ特殊な文化的意義をもつ風俗、信仰、節慶および関連文物を指す」と定義している。風俗、信仰、節慶の概念については『文化資産保存法施行細則』において、風俗は「出生、成年、婚嫁、喪葬、飲食、住屋、衣飾、漁猟、農事、宗族、習慣など生活方式を含む」とし、また信仰は「教派、諸神、神話、伝説、神霊、偶像、祭典など儀式活動を含む」、節慶は「新正、元宵、清明、端午、中元、中秋、重陽、冬至など節気慶典活動を含む」としている。このほか、文化資産保存法は個別の文化資産の登録基準について、民俗および関連文物を「伝統性、地方性、歴史性、文化性および典範性」（傅朝卿他　二〇〇六：五の三―五、林承

緯　二〇一二：七三）と定めている。文化資産保存法は文化保存、保護を目的としたものであり、数多くの民間に伝承される文化資産の中から設けた基準に合致する文化資産を抽出し、指定、登録の過程を経る。文化資産保存法第五十七条において「直轄市、県（市）主管機関は悉皆調査または個人、団体からの伝統芸術、民俗および関連文物の保存的価値をもつ項目、内容、範囲についての申請を受け、法で定められている段階的な審査をおこない、リストに入れ追跡しなければならない」と規定されている。この膨大な時間、資本が必要な作業の中で、適切な選別、審査が必要不可欠であるのは確かである。しかしながら、このように法令を通じて文化資産への評価を加えるということは、つまり文化資産保存法で規定伝統性、地方性、歴史性、文化性、典範性をもって評定基準とすることであり、選出、登録された県市級民俗文化資産、国家級重要民俗文化資産は法的身分および権利、義務が付与されるということである（林茂賢　二〇〇九）。

このような行政による文化保存処理には相反する評価が存在する。とりわけ、筆者が専門とする民俗学の立場から民俗文化に向き合うと、文化には高低も優劣もないと認識させられる。いかなる地域もしくは時代に生まれた文化であろうと、皆それに取って代わるものがない価値を有しており、一つの基準によってその価値の高低を評定するのは極めて困難である。けれども、文化資産保存法に基づく選定方法は、各々の文化資産を相互比較したのちに評定基準に符合する民俗文化を抽出し、ほかとは異なる地位と栄誉を付与する（大島暁雄　二〇〇六：五〇―五二）。二〇〇八年、鶏籠中元祭が台湾における最初の国家級重要民俗文化資産に指定された。当該祭は歴史、文化面を見れば、全国の習俗祭典の中から選出されるのは何ら不思議ではない。しかし、文化資産保存法第一条における「多元文化を発揚させる」との規定に鑑みると、伝承の危機に直面している文化資産を保護することこそ、途絶える恐れがなく伝承されている民俗文化を指定、保護するより差し迫った責務であろう（林承緯　二〇一二：七四）。

台湾の各県市政府は文化資産保存法第二版（全面改正）が施行されると、先ず悉皆調査を通して当地の無形文化資産の保存状況を把握し、文化資産保存法に規定される審査基準に基づいて登録を推し進めた。ほかに先んじて宜蘭県政府が文化資産保存法第二版施行当該年末（二〇〇六年十二月）に一挙に「頭城搶孤」、「利澤簡走尪」、「冬山八宝掛貫」、「礁溪二龍競渡」の四件の民俗文化資産を登録した。翌年、基隆市が「鶏籠中元祭」（二〇〇七年）、台東県が「炮炸肉身寒単爺活動」（二〇〇七年三月）、「福農宮土地公石碑」（二〇〇七年三月）

と、法令施行の一年目に県市が相次いで民俗文化資産の登録をおこなった。宜蘭県は、四件の民俗文化資産を登録し、そのうち一件は信仰に分類され、三件は節慶に分類され、台湾において率先して民俗文化資産の登録を完成させた。次に宜蘭県の隣県である基隆市が一〇〇年以上にわたって伝承されてきた農暦七月中元普渡を「鶏籠中元祭」の名称で登録した。同時期に台東県が「炮炸肉身寒単爺活動」、「福農宮土地公石碑」を登録し、福農宮土地公石碑は最初に「文物」として登録された法定民俗文化資産である。興味深いのは、現在までの十年間、文物で登録された民俗文化資産はこの一件のみである。当時の登録処理と法令が認識する民俗の範疇に対する食い違いがあったのか、あるいは文化資産保存法が物質的な民俗文化の処理に対して明確な主張、対策を示すことができなかったのか、これは深く検討しなければならない問題である。文化資産保存法第二版が施行されてから十年後のこんにち、施行当初は宜蘭、基隆、台東と東部地域が率先して民俗文化資産を登録したが、現在では西部地域がその登録数を上回っている。初期に現れた民俗文化資産登録の状況は、地域の面積、族群、文化の複雑性が西部より比較的単純で、鶏籠中元祭および宜蘭県が登録した民俗文化資産は、まちづくりの機運に乗って地方の文化振興のために注目された面をもつ。このことから無形文化に関心が集まり始めた当初、短時間でその価値や特色が理解され、審査制を経て文化資産保存法に基づく保護対象となった。

二〇〇八年に入ると、各県市が悉皆調査を終え民俗文化資産の登録が増加した。高雄県による「傀儡戯拜天公及謝土儀式」（二〇〇八／二〇一〇年四月）、彰化県「鹿港魯班公宴」（二〇〇八年四月）、「花壇白沙坑迎花燈」（二〇〇八年四月）、台北県（現新北市）「平溪天燈節」（二〇〇八年五月）である。現在最多の民俗文化資産を有するのは台南市で、「七娘媽生、作十六歳」（二〇〇八年六月）、「鹽水蜂炮」（二〇〇八年七月）「学甲上白礁暨刈香」（二〇〇八年七月）、「西港刈香」（二〇〇八年七月）、「大内頭社太祖夜祭」（二〇〇八年七月）、「東山吉貝耍夜祭」（二〇〇八年七月）の計六件である。また、現在国指定重要民俗文化資産の中で、三件が媽祖信仰に関する文化資産であり、「北港朝天宮迎媽祖」（二〇〇八年七月）、「大甲媽祖遶境進香」（二〇〇八年七月）、「白沙屯媽祖進香」（二〇〇八年八月）が挙げられ、それぞれ雲林県、台中県（現台中市）、苗栗県によって登録された。このほか、新北市「野柳神明浄港」（二〇〇八年九月）、台中市「旱溪媽祖遶境十八庄」（二〇〇八年九月）、「犂頭店穿木屐鑽鯪鯉」（二〇〇八年九月）、澎湖県「澎湖伝統蒙面」（二〇〇八年十月）、屏東県「東港迎王平安祭典」

(二〇〇八年十一月)、「恆春搶孤及爬孤棚」(二〇〇八年十一月)、「大路関石獅公信仰」(二〇〇八年十一月)、雲林県「口湖牽水車蔵(状)」(二〇〇八年十一月)などがある。二〇〇八年の全台湾における登録状況を見ると、民俗文化資産の登録は各県市に広がり、なかでも西部の人口集中地区が占め、「西港刈香」、「北港朝天宮迎媽祖」、「大甲媽祖遶境進香」、「白沙屯媽祖進香」、「東港迎王平安祭典」、「口湖牽水車蔵(状)」は、登録されて間もなく次々に文化部の審議を経て国指定民俗文化資産となり、その件数は国指定民俗文化資産の総数の三分の一余りを占める。

二〇〇九年から現在まで、台湾国内の民俗文化資産に対する認識および行政業務は徐々に成熟し、この七年間で県市登録された民俗文化資産の数は三倍に達した。その上、民俗文化資産の審議の方向性が定まり、継続して各地の民俗文化資産の指定基準に合致するだけでなく、ほかの族群や伝承が危機的状況に陥っている文化に対して重視し始めた。たとえば花蓮県「花蓮県吉安郷東昌村阿美族里漏部落巫師祭儀」(二〇〇九年十二月)、「花蓮県豊濱郷豊濱部落阿美族伝統製陶」(二〇〇九年十二月)、「紋面伝統」(二〇〇九年十二月)は、花蓮県の原住民族に伝承される民俗文化である。ほかに苗栗県「賽夏族巴斯達隘(矮霊祭)」(二〇〇九年十二月)、嘉義県「鄒族戦祭(WAYASVI)」(二〇〇九年六月)、南投県「邵族年祭」(二〇〇九年六月)などが挙げられる。これらは原住民族に伝承されている祭りであり、すべて数年ののち続けざまに国家重要民俗文化資産に指定され、多元文化の発揚を目的とした文化資産保存法の重要な意味合いを持つ。また、豊富な伝統文化が残る地方に比べ、大都市である大台北地区は前期の民俗文化資産行政において登録申請はわずかであった。しかしながら、民俗は伝統文化が色濃く残る地方の村落のみに存在するのではなく、都市の生活文化もまた民俗文化である。二〇一〇年、新北市政府が「淡水三芝八庄大道公輪祀」、「新莊地蔵庵文武大衆爺祭典」を登録し、台北市もまた「台北霞海城隍廟五月十三迎城隍」、「艋舺青山宮暗訪暨遶境」を登録した。この台北市の二件は一〇〇年以上の歴史を有し、今なお現地の民衆生活に密接につながっている祭典儀式であり、都市の民俗文化の様相を呈している。

二、民俗文化資産保護と宗教信仰をいかに並進させるか

前章の台湾民俗文化資産の保存について引き続き述べると、近年各県市が登録した民俗文化資産のうち、ほかにも代表性をもつものがある。屏東県の「天主教萬金聖母遊行」

（二〇一二年二月）、澎湖県「澎湖小法祭祀科儀」（二〇一三年七月）、高雄市「林園鳳芸宮媽祖海巡」（二〇一四年二月）、台南市「新営鹽水学甲放粉鳥（紅脚笭）」（二〇一四年九月）、雲林県「馬鳴山五年千歳吃飯担」（二〇一四年十一月）などが挙げられる。屏東県の天主教萬金聖母遊行（パレード）は台湾では稀な天主教の祭典であり、この民俗文化の伝承の由来は文化資産登録資料によると以下のとおりである。「聖母遊行は天主教会の世界各地で見られる祈福遊行である。萬金聖堂は一九七〇年十二月八日に落成し、無原罪のお宿りの聖母を信仰するもので、教会の各教区の祭日に聖母遊行が催される。主として国家、社会に対する祈福をおこない、人心を浄める。ゆえに、教徒が天使祝詞を唱える、もしくは聖歌を歌い、銅鑼、太鼓や爆竹の音の代替とする。」屏東県政府文化資産審議委員会は「1、西洋宗教と現地の民俗文化が結合した活動で、歴史性、伝統性、地方性、文化芸術および典範性をそなえている。2、全台湾における最大規模の天主教の活動であり、現地の族群の歴史発展が見え得る。3、多族群を表している。」を登録理由とし、台湾の大多数の地区で登録される漢人民俗とは異なる民俗を当該県は民俗文化資産に指定した。台湾の西南に位置する離島澎湖県は、都市化、現代化の影響が些少なことから、現在に至るも完全な伝統的な社会構造が残っている。なかんずく当地で伝承される民間信仰の文化的特色は最も際立っている。「小法」は「法師」、「法官」とも呼ばれ、台湾の民間信仰における道士とは別の宗教職能者である。澎湖県の小法は廟に属し、一般的に集団で存在する。彼らは所属する地域の廟を中心とした宗教活動を担い、定期的な「請壇」、「召放営」、「犒賞」および「鎮符」、また、ほぼ定期的に近い「操営」、「結界」、「献敬」、「造橋過限」、非定期的な「出火」、「入火」、「安宮」、「迎送王」、「打船醮」、「安辟邪物」などの儀式を執り行う（林承緯 二〇一一：三六）。一方、地域住民の個人的な求めによる「栽花換斗」、「安暦」などの儀式は近年では極わずかである。

澎湖県の小法は今なおアマチュアとして存在し地域に従属しており、台湾本島における道士、法師のようにプロの生業として発展してきたのではない。このような民間の伝承モデルは近年の社会構造や生活環境の劇的な変化によって元来盛んに普及していた小法の伝承の存続が危機に直面している。澎湖県政府文化資産審議会が提出した登録理由は以下の四点である。1、澎湖小法祭祀科儀は中国大陸から渡ってきたもので、澎湖各地の廟に存在し、年月を重ねるにしたがって固定化した祭祀および廟の各種活動との連係はすでに数百年伝承され、普庵派、閭山派あるいは疑似摩尼派の三種の派がある。一つ一つ継承され、祭祀科儀を通じ澎湖小法は依然として完全にその伝統を留めており、その上、廟の文化における相当高い地位を占めている。2、澎湖にある廟は数が非常に多く、小法の派は上述の三派であるが、各々の発展過程において特色を持ち、各種の法事と大型の祭典上で地方色を呈している。たとえば王爺信仰の迎王、送王、廟の建設の際の入火、出火などである。伝統的な科儀を伝承するだけではなく、運営上の特殊な作法をも併せ持つ。法服の着方から法器の応用まで、その地方色と価値は論じるまでもない。3、「澎湖小法祭祀科儀」は発展した背景をもち、各派は各村においてその脈絡をもつが、訳あって途絶えた場合は別の村の別の派に教えを請うて習う。ゆえに、淵源が深く、遥か昔から伝承されてきた廟の小法祭祀科儀以外に、途中で改変したことから変化に富んだものもあり、一種の単純でありながら時に変化してきた現象をも有している。その歴史性は探究ならびに記録するに値する。4、「澎湖小法祭祀科儀」は広範な信者と彼らが信仰する神祇に奉仕し、その伝承と科儀には定則があるが、澎湖の廟の変遷と廟の祭の多様性が結合して豊かな文化的特質をもたせている。送王であろうと廟の入火であろうと大型の祭祀における複雑な儀式と豊富な解釈を具え、一見の価値がある「澎湖小法祭祀科儀」文化を構築している。

この「澎湖小法祭祀科儀」の民俗文化資産への登録は、現在残る澎湖地区の小法祭祀科儀を保護し存続させるのが目的であり、この宗教信仰文化は決して少数ではない特定の宗教職能者が保有し、ほぼ澎湖全域の村々の廟はそれぞれの伝承体系をもっている。この点が極めて貴重であり、民俗文化資産の核心的価値と言えよう。

民俗文化資産保護の課題に触れるならば、文化と宗教の関係を思考することは絶対に避けられないのではなかろうか。我々は貴重な文化資産を発展、継続させていくのか、あるいはただ特定の宗教の祭祀儀礼の伝統のみを残しているだけなのか。これについて無形文化資産の指定、登録などに従事する者として、筆者は冷静かつ厳粛に検討しなければならない。台湾の民間に存在する各種の宗教職能者は、さまざまな建醮法事で活動する龍虎正一派、霊宝派、禅和派などの道士、道長がおり、さらには各地の異なる信仰伝承のもとで生まれた法師、乩童、尪姨、巫師などが存在する。「澎湖小法祭祀科儀」が民俗文化資産に法定登録された意義は非常に深遠であり、文化保存と宗教間の関わりを実証するものである。同様に前述の屏東県「天主教萬金聖母遊行」は、その文化保存の核心は何なのか、聖堂で神父がつかさどるミサの典礼儀式か、もしくは信徒が隊列を組んで聖母像を担ぎ、聖歌を歌いながら教区を練り歩く遊行であるのか。宗教と文化間の問題を如何に明確に整理するか、如何に有効的に民俗文化資産の保護、存続を推し進めるのかについて必ず向き合わなければならない。特に十七件の国指定重要民俗文化資産および本章で取り上げた「澎湖小法祭祀科儀」、「天主教萬金聖母遊行」のほか、件の民俗文化資産保存法の法定身分を持つ文化資産の内包を検討すると、多数の文化資産が宗教信仰に関連しており、文化資産保存法に照らして民俗および関連文物に分類されたものの、風俗、信仰、節慶および関連文物に分けることができる。ただ、これらの民俗資産の大多数は風俗、節慶として登録された文化資産であり、金門風獅爺（風俗）、太陽公生及猪十六羊祭品（風俗）、鹽水蜂炮（節慶）、頭城搶孤（節慶）、宜蘭放水燈（節慶）、同安寮十二庄迎媽祖（節慶）、台東元宵神明遶境活動（節慶）など、基本的に現地の宗教信仰と密接につながっている。この分析から、文化資産保存法民俗および関連文物に登録指定された法定民俗文化資産の属性は、多数が宗教信仰に関わるもので、その比率は九割以上にのぼる。

上述の現況は、台湾の周辺国家の日本、中国、韓国など全力を傾注して無形文化遺産登録を推進する国家では見られない。かつて筆者が発表した「信仰は保護し得るのか？『信仰』を無形文化遺産とする申請と対象保護の検討」[2]で、文化資産保存法の概念に潜む問題を分析した結果、法定身分をそなえる民俗文化資産は、その多くが宗教信仰の要素に関わっていると認められる。これについては上の論文を引用し考察したい。台湾の現行の文化資産保存法における「信仰」は、この信仰という言葉の概念が文化資産保存法の中で表れているだけでなく、民俗および関連文物の範疇下に設けられた保護の対象としても定められており、その定義は文化資産保存法第三条第五項に次のように明確に示されている。「信仰：教派、諸神、神話、伝説、神霊、偶像、祭典などの儀式活動」このほか、二〇〇七年行政院文化建設委員会が編集した『文化資産執行手冊』[3]の中で、「信仰」の概念を次のように更に細かく分別している。1、宗教信仰：宗教教派、民間信仰の諸神。2、祭典儀式：地方の祭典、神誕遶境、法会祭儀、醮典科儀。3、民間俗信：占卜巫術、民俗禁忌、民俗療法、風水。これらには概念の属性が不明確なものが混じっており、そのため、文化資産保存法民俗および関連文物における「信仰」は、概念が曖昧で、各分類間の観念の不対等さが存在する。この点について阮昌鋭「文資法中『民俗』内涵的探討」[4]のなかで、次のように指摘されている。「この法律の内容には深刻なロジックの問題が存在する。我々は、信仰は思想であり、無形であり、信仰の実践は儀式行為であり、祭祀典礼であると認識している。これは一般的な理解である。」このように「信仰」ということばに対する理解の落差および各分類の含意に現れる属性の相違問題が保護対象を充分に把握し難くさせている。このほか、宗教信仰の自由と法律間の関係も法令施行時に配慮しなければならない。加えて、文化と宗教、文化保存と地方振興、観光事業などの課題についても、無形文化資産保護（伝統芸術、民俗および関連文物）の実施が正式に施行されてから満十年の節目を迎えたこんにち、積極的に検討する必要があるだろう。

十年におよぶ運用を経てきた台湾の無形文化資産保護事業は、本文で述べた民俗文化資産の成長が最も顕著である。各地に残る民俗文化の把握理解、価値の検討、指定審議、法定身分付与後、保存、保護、推進、研究などの文化資産保存事業をおこなう。八〇年代、民間劇場、重要民族芸師、芸文補助、郷土教育などを通じて推し進められた伝統芸術の保存に比べ、民俗および関連文物の保護は二〇〇五年に改正、二〇〇六年、文化資産保存法第二版が施行されて初めて体系的な民俗文化資産の保護が推進されるようになった。このような歴史的背景と台湾学術界に民俗学専門教育機関が今なお存在しないという問題を併せ見ると、この十年間の民俗文化資産事業の大半が模索と整理の過程で混在してしまっていることが看取される。けれども、登録指定の現況を見てみると、文化資産保存法の国民の精神生活の充実と多元文化の発揚という目的が、近年の民俗文化資産保護事業において着実に実行されていることが見て取れる。二〇一四年に高雄市が登録した「林園鳳芸宮媽祖海巡」（二〇一四年二月）、台南市の「新営鹽水学甲放粉鳥（紅脚）笭」（二〇一四年九月）、雲林県の「馬鳴山五年千歳吃飯担」（二〇一四年十一月）などが挙げられよう。「林園鳳芸宮媽祖海巡」の登録は民間が自己の生活形式に基づいて発展してきた宗教文化の表現であることを裏付けている。四方が海に囲まれた台湾は、海、川にまつわる豊富な民俗文化が存在している。また、「北港朝天宮迎媽祖」、「大甲媽祖遶境進香」、「白沙屯媽祖進香」などは陸路の徒歩という形態をとって宗教の巡行、移動をおこなう。風俗と節慶は信仰以外に台湾の現行法下における重要な民俗文化資産の保護対象であるが、県市登録あるいは国指定であろうと、この二種類および未だ着手されていない民俗文物は軽視されがちである。

上述のことから、娯楽、飲食習慣も事実上文化資産保存の対象として意識すべきであろう。台南市によって登録された「新営鹽水学甲放粉鳥（紅脚）笭」は、今に至るも台南、嘉義の農村地帯に残る伝統娯楽である。民俗はただ宗教祭典、信仰儀式にとどまらない。娯楽とは人間生活に必要不可欠な潤滑油であり、社会の維持安定と活力を生み出す重要な文化的行為である。「新営鹽水学甲放粉鳥（紅脚）笭」は、「1、伝統性：遅くとも日本統治期に形成し、代々伝わっており、一地域の風習となっている。2、地方性：嘉南の農村地帯にのみ存在し、台南で十組十六庄残っており、新営、鹽水、学甲に分布する。3、文化性：一つの鴿笭文化を形成し、農村地帯の年中行事の主な農閑期の娯楽となっている。4、典範性：勝ち負けのみを問い、栄誉を求める。庄内の向心力の凝集と隣の庄との親睦、交誼に対して深い意義をもつ。」とする以上の審査理由により、第一件目の文化資産保存法の法定身分をもつ娯楽民俗となった。同年、雲林県が登録した「馬鳴山五年千歳吃飯担」は、現地の迎王祭りが形成した集団性の飲食風習である。飯担の準備は各庄がこの祭りへの参加者を接待するためである。このような集団性の飲食風習は、宗教祭典にとどまらず、宗教祭典が保存環境を提供することによってこの民間習俗が完全な姿で法定民俗文化資産に連なり、保護を受けることができるのである。以上に挙げた二件の「新営鹽水学甲放粉鳥（紅脚）笭」、「馬鳴山五年千歳吃飯担」は、ちょうど「風俗」と「節慶」に類別される。信仰とは異なる民俗文化資産が、多元的属性の民俗事象が法定身分を付与されるにともなって、民俗文化資産の保護事例がさらに均衡がとれるよう期待したい。

おわりに
——全面改正後の民俗文化資産保存の未来

民俗文化が県市登録あるいは国指定を受けると、政府行政資源および外部資源を一挙に獲得し始める。これらの外からの力の介入は、民俗文化に対し如何なる影響を及ぼすのか。貴重な無形文化資産を保護し、普遍的価値とすることについて、全面改正から十年目に入った台湾の文化資産保存法は、どのように法令と関連事業を通じて台湾に残る民俗文化資産を保存するのか。民俗文化資産を文化資産保存に対する議題の起点とすると、八十年代の『文化資産保存法』制定期間の討論にさかのぼることができ、当時の公文書から民俗資料、民俗および関連文物の言葉と概念を見出すことができる。ただ、このような保護の類別は、正式に法令施行後は採用されておらず、二〇〇六年『文化資産保存法』第二版施行時、民俗文化ははじめて法令保護下の文化資産となった。この法令施行は今年で十年目を迎えたばかりであるが、この十年の発展が台湾の今後の民俗文化資産保存事業の土台となった。個別の県市登録と国指定の民俗文化資産を論じると、初期のいくつかの重要な観光化された祭りである「鶏籠中元祭」、「頭城搶孤」、「炮炸肉身寒単爺活動」などは各県市が続々と悉皆調査、申請、審議を経て、一件、一件、国指定重要民俗文化資産、県市登録民俗文化資産となった。これらの肩書きと法定身分を付与されると、社会からの認知度が高まった。多数の保存団体はこの文化資産の肩書きを栄誉としてとらえている。一体、文化資産とは何なのか、政府が認定した文化資産にはどのような利点があるのか、補助金が得られるのか、何か都合がよいことがあるのか。文化資産の法定身分の出現によって社会から以上のような理解、疑問、期待が出てきた。文化資産保存の主旨、法定身分の付与にどのような目的と使命があるのか、この十年間の民俗文化資産保存事業を展開しながら、社会は試行錯誤し一歩一歩成熟してきた。その一方、政府による指定登録は民俗文化を破壊することにつながり、補助金の授与が民俗を破壊していると声高に叫ぶ人々も存在する。また、積極的に政府の補助金を獲得して、文化資産の身分を社会的に向上させようと考える人々も存在する。このような価値観の相違がこの十年間の各種の文化資産保存事業の現場で度々浮上した。この現象は意外ではなく、文化資産保存事業における民俗文化は最も人々の生活と密接につながっているため、このような論争は決して止むことはないだろう。

本論では、各年代の代表的な民俗文化資産の登録、指定状況、台湾各地の民俗保存状況とそれらが抱える問題を取り上げた。文化資産保存法の全面改正から二年後の二〇〇八年、「西港刈香」、「北港朝天宮迎媽祖」、「大甲媽祖遶境進香」、「白沙屯媽祖進香」、「東港迎王平安祭典」、「口湖牽水車蔵（状）」など、のちに国家重要民俗文化資産となる民俗文化資産が次々と登録された。全台湾の民俗文化資産保存事業の展開を総合的に見ると、この一年における文化資産の指定、登録は各県市に及び、とりわけ西部地域の人口密集区での登録が最も著しい。これは法令施行下での登録、指定のための文化資産に対する悉皆調査が機能を発揮した結果といえよう。民俗文化の文化財化の意義はどこにあるのか、栄誉を付与し各地の文化的特色を生み出すことなのか、それともある種の官から民への褒賞なのか、政府による基層文化への救済措置なのか。はたまた文化資産保存法第一条に明示されているように「国民の精神生活の充実と多元文化の発揚」なのか。さまざまな理解、認識と文化資産保存法の目的との間には、存在する隔たりを埋める時間が必要である。これは法令施行後の十年間が築き上げた十余りの国指定重要民俗文化資産と一三七件の県市登録民俗文化資産を土台とした台湾民俗文化資産発展への次のステップである。そうであるがゆえに、文化保存と観光振興、そして文化保存と宗教の発展など、常に民俗文化資産ともつれ合う難題を冷静に思考しなければならない。

行政処分によって民俗文化を保護する行為は、人類文明の発展過程からすると非常に歴史が短い。台湾の八〇年代に公布された総合的文化保護の法令『文化資産保存法』は、施行から数度の改正を経てきた。本論で度々触れた第二版から無形文化資産保存の着実な遂行が実現した。また、近い将来、さらなる法令内容の改正が実行される予定であり、民俗文化資産については、行政院による暫定版によると、新たに「民俗芸能」、「製作技術」が導入され、並びにこれまで混同されがちだった「民俗および関連文物」を「民俗」と改め、同時に「関連文物」は取り除かれる予定である。各項目の内容は法律によって定義できるが、この結果、「伝統表演芸術」と「伝統工芸美術」に及ぼすだろう連動的な影響を必ず考慮しなければならない。「民俗芸能」を例にとると、民俗芸能は日本の文化財保護法における定義によれば、民俗行事の中に伝承された各種の民間主導による芸能を指し、その多くは地域社会の祭りや寺社の行事に関連している。なおかつ人々の生活、習俗、信仰とも緊密につながっており、一般的に民俗芸能は非営利という形で伝承がなされている。この点が、表演芸術との最大の相違である。もしも改正版が日本の文化財保護法が定めた民俗芸能の範疇をそのまま採用するのであれば、将来浮かび上がるであろう問題を一つ一つ克服していかねばならない。台湾の多くの「陣頭」の団体はアマチュアとプロフェッショナルの判別がし難いこと、民俗芸能と現行の伝統表演芸術の伝承の保存形式は如何に区別すべきか等が現時点で予想し得る問題である。これに加えて、「文物」は完全に民俗から離脱してよいのか、民俗文化は有形と無形の両面があり、現行法が用いる「関連文物」の類別の実際の実行についてはさておき、憂慮されるのは物質的な民俗文化資産の保存システムを喪失したのちの民俗文化資産の保存は、民俗文化を保存し健全に伝承する力が更に弱まるのではないかという点である。これが台湾の民俗文化資産保存事業が次に向き合わなければならない課題であろう。

注

（1）本文に提示した民俗および関連文物（民俗文化資産）の数は、文化部文化資産局の「文化資産綜合査詢」データベースを参照した。また、文化財保護事業については文化部文化資産局傳藝民俗組担当方からご教示をいただいた。ここに感謝の意を申し上げる。

（2）林承緯「信仰可以保護嗎？『信仰』作為無形文化遺産申

報與保護對象的檢討」は、台湾で最も盛んである媽祖信仰と王爺信仰の祭典について文化財化を受けたのちの変化について論じている。

（3）傅朝卿等『文化資產執行手冊』（文化建設委員会、二〇〇六年）。

（4）阮昌鋭「文資法中「民俗」內涵的探討」（『文化資產保存學刊』二十三、二〇一三年）。

参考文献

大島暁雄「無形の民俗文化財の保護について――特に、昭和50年文化財保護法改正を巡って」（『國學院雑誌』一〇七(三)、二〇〇六年）
文化部文化資產局編『文化資產法規彙編』（文化部文化資產局、二〇一三年）
中華世界遺產協會編「2009―2010非物質文化遺產年鑑」（『世界遺產』十二、二〇一一年）
王嵩山總編『2005―2008年臺灣無形文化資產保存年鑑』（文化資産総管理処籌備処、二〇〇九年）
江韶瑩「守護、傳承――台灣無形文化資產概說」（『日韓無形的文化資產保存制度』台湾伝統芸術総処籌備処、二〇〇八年）
阮昌鋭「文資法中「民俗」內涵的探討」（『文化資產保存學刊』二十三、二〇一三年）
林茂賢「延續台灣民俗文化的生命力」（『守護、傳承：台灣無形文化資產特展』文建会文化資産総管理処籌備処、二〇〇九年）
林會承『台灣文化資產保存史綱』（遠流出版、二〇一一年）
林保堯、林承緯『淡水地區無形文化資產普查計畫報告書』（台北県立淡水古跡博物館、二〇〇九年）
林承緯「法教與民俗學：從民間傳承的視野出發」（『2009法教與民俗信仰學術研討會論文集』文津出版社、二〇一一年）
林承緯「民俗學與無形文化資產：從學科理論到保存實務的考察」（『文化資產保存學刊』二十、二〇一二年）
林承緯「信仰可以保護嗎？「信仰」作為無形文化遺產申報與保護對象的檢討」（『文化資產保存學刊』三十二、二〇一五年）
植木行宣「世界の無形文化遺産の保護制度のこれから」（『月刊文化財』四九七、二〇〇五年）
植木行宣監修／鹿谷勲、長谷川嘉和、樋口昭編『民俗文化財保護行政の現場から』（岩田書院、二〇〇七年）
洪孟啟「文化資產保存的世界潮流――從有形到無形」（『美育』一五四、二〇〇六年）
鈴木正崇編『アジアの文化遺産　過去・現在・未来』（慶応義塾大学東アジア研究所、二〇一五年）
菅豊／陳志勤訳「何謂非無質文化遺產的價值」（『文化遺產』二、二〇〇九年）
傅朝卿等編『文化資產執行手冊』（行政院文化建設委員会、二〇〇六年）
文化部文化資產局ホームページ「文化資產綜合查詢」データベース：http://www.boch.gov.tw/boch/frontsite/cultureassets/CultureAssetsAction.do?method=doEnterTotal&menuId=310&siteId=101

「奇異」な民俗の追求

――エスニック・ツーリズムのジレンマ

徐贛麗（翻訳：馬場彩加）

じょ・かんれい――華東師範大学民俗学研究所副教授。専門は文化遺産、観光・応用民俗学。主な著書に『民俗旅游与民族文化変迁――桂北壮瑶三村考察』（北京：民族出版社、二〇〇六年）、『文化遺产在当代中国――来自田野的民俗学研究』（北京：中国社会科学出版社、二〇一四年）などがある。
ばば・あやか――華東師範大学社会発展学院修士課程。

人間は天性として、強い好奇心と奇異性探求の衝動とを備えもっている。民俗の独自性を保つ多くの地域では、観光開発者は、民俗文化の奇異性を発掘し文化資源とすることで、観光の発展を図っている。しかしこの行為は、現地の人びとの私生活を公の目に曝すこととなり、悪影響をもたらしてもいる。また、観光開発で民俗学の研究成果が乱用されるなど、学者が倫理的ジレンマに直面している場合もある。

はじめに

中国では、エスニック・ツーリズムは少数民族地域の発展を模索する重要な手段として急速に発展し、広範な影響をもたらしている。エスニック・ツーリズムの競争は次第に激しさを増し、「大々的に特色の旗を掲げる」ことが開発の策略と化し、エスニック・ツーリズム界ではいかに特色を創造しどのような文化を特色とするかについて、既に共同の認識が生まれている。すなわち、観光客から見て「奇異な」特色が文化となるのだ。観光開発者は奇異性を創造しセンセーショナルに売り出しており、エスニック・ツーリズムは想定していなかった結果をもたらしている。

この十数年、グローバル化とポストモダン社会の発展に伴い、世界各国でエスニック・ツーリズムのブームが巻き起こり、社会学者や人類学者の関心をよんでいる。(1) エスニック・ツーリズムの関心は、一九七七年、観光人類学の代表的著作が出版されたことに端を発する。主編のバレーン・L・スミス（Valane.L.Smith）は五種の観光の類型のうち第一類型を「エスニック・ツーリズム」（ethnic tourism）とした。エスニック・ツーリズムとは、「観光客が地域の奇異性および他郷の民族風習に魅了され、異郷へ赴き現地人を訪ね、民俗歌舞と儀式を鑑賞し、お土産を買う」[2]ことを指す。また、一九八一年春、アメリカのワシントン大学で開かれたエスニック・ツーリズムのシンポジウムでは、エスニック・ツーリズムは「現地人の文化の奇異性及びその手工芸品を主要な観光対象物とする観光形式」と定義され、「観光客は民族の奇異性を追い求める」とされた。[3]これらの観点は、学界での一般認識を代表しており、以降多くの研究が影響を受けている。しかし、研究の大部分は文化の商品化および文化のオーセンティシティ（真正性）の問題に関する検討に集中しており、エスニック・ツーリズムにおける民俗の奇異性そのものについての学問的関心はいまだ低い。また中国国内では、エスニック・ツーリズムの基礎的理論についての研究が明らかに不足していることを指摘する声もある。[4]「エスニック・ツーリズム」の特徴が、「原住民、風変りな少数民族の奇習を大衆に売りさばく」[5]ことである以上、原点に回帰し、エスニック・ツーリズムにおける文化の「奇異性」を検討する必要があると考える。以上のことに鑑み、本文では、主にエスニック・ツーリズム開発において多発する奇習の押し売りという現象を論述し、その背景にある原因と結果を分析する。

一、エスニック・ツーリズム開発はなぜ「奇異な」民俗を創造する必要があるのか

奇異とは、「特異であること」、「奇妙であること」、「風変りであること」、「目新しさ」、「珍しさ」、「独特さ」、「特別さ」などを指す。奇異な文化現象は、しばしばある民族もしくは地域の、文化を描写する際に用いられる。珍しい文化は、その独特さ、珍しさゆえ、物は少なきをもって貴しとなすという経済学の原理どおり、確かな価値があるようにみえる。文化資源は豊富だが、経済が立ち遅れている少数民族地域では、奇異な文化を売り出すことで観光開発し、旅行客を招こうとすることがしばしばある。

異文化の魅力

いわゆる奇異は、当然観光客の側から見たものであり、他者にとっての奇異な文化は、その文化の主体にしてみればまったく正常な現象である。言い換えれば、外部の人にとっての奇習は、本来現地および現地の民族内部に固有のものにすぎず、異文化間の差異と誤読によって生じるものである。よって、奇異性は、ときに「他者」の文化的特徴を代表して

いるとみなすことができる。奇異性の追求は人の天性である。人間は好奇心を生まれながらに持つが、学術研究もまた往々にして好奇心を起点としている。その顕著な例は人文社会学である。たとえば人類学は、ヨーロッパ社会による異文化探検と奇習の採集とに由来する学問である。早期の人類学者は異文化の研究を中心としており、かのマリノフスキーもまた好奇心を胸に異郷へ赴き調査を行ったのである。(6) そして中国の少数民族に対する「伝統民俗研究もまた「奇風異俗」研究に焦点を当てており、民俗学者は民間歌謡の採集へ赴き、奇習に対し特別な思い入れがある」(7) と指摘されている。これに類似して、中国の少数民族研究の大部分が文化間の差異に関わるものであり、特色のある文化が民族性を代表すると考えるものまである。(8)

「他者」への関心について、ヨーロッパ人は古来、自身の社会と違う異郷と原始社会を探すために、異国に関心を向ける傾向があったと指摘する学者もいる。ヨーロッパの童話のなかには、故郷から遠く離れた異郷で、思いがけなく富を築く物語があり、当時の人々は、異国を幻想上の空中楼閣になぞらえていたというのである。(9) エスニック・ツーリズムの多くは、東南アジア地域で成立しているが、これは西洋文化と東洋文化の差異により自然と生じる距離がもたらす美感、もしくは補助効果であるといってよいだろう。まさに、「私たちが異郷で発見した異国情緒は、おそらく私たちが本国で懸命に探しても得られないものであろう」(10) との指摘のとおりである。また、エドワード・サイード (Edward Said) はかつて、「オリエントはヨーロッパ人の頭の中でつくり出されたものであり、古来、ロマンスやエキゾチックな生きもの、忘れがたい記憶や風景、驚くべき経験などであった」(11) と指摘している。

同様に、「オリエントのなかでも他のオリエントを、原始的あるいは落ちぶれた「他者」とみなす現象がある」(12)。すなわち、ヨーロッパが「オリエント」に対してそうであったように、国内のある少数民族地域を、ロマンと思いがけない素敵な出会いの待つ特別な場所としてみなす現象である。一九八〇年代中国文学が振興した時期、一部の作家は、かつて注目されなかった、統一された均質な文化とは異なる他者文化に視線を投げかけた。例えば、馬原(ばげん)、馬麗華(ばれいか)などの作家はかつてチベットへ赴き、そこで「異」なるものを発見した。彼らの作品は、ある種の特殊な神秘的雰囲気、幻想的味わいを醸し出しており、人びととの広範な注目を得ることとなった。

「新」と「異」を追求する観光の本性

観光とは、本質的には一種の未知を探索する過程であり、かつて、「奇異性を求め国外へ赴く大衆の休暇的移動」(13)と定義づけられた。一方、エスニック・ツーリズムは、民族文化の奇異性を強調することによって人々を魅了するため、奇習は、主要なセールスポイント、もしくは観光消費の対象とされる。よって観光者は、特殊な民族および地域の独特な民俗文化に強い関心を示し、他者の生活様式を体験してみたいと思うのである。現代社会は人々に未知の世界の探索を絶えず後押ししてきたが、好奇心が満たされることでこの種の旅行はますます推進されるのだ。

　観光目的地の奇習は、現地の人びとの内部では、習慣であり、少しも珍しいことではない。外から来た観光客は珍しく思っても、内部の人にとってはまったく当然のことである。観光開発のなかで奇異性を強調することは、独特の文化により資源の稀少さを体現することである。これを通して自身の観光上の優勢をアピールするのだ。観光客は、新鮮さを探求することで、単調で鬱屈し、退屈で見慣れた日常を抜け出すのである。よって、観光客の好奇心を満足させることと、観光開発が奇異性を創造することとは、必然的・論理的に結びつく。地域的および民族的特色を豊富に兼ね備えた民俗は、観光客をさらに強く魅了するが、民俗と観光との自然な結びつきもまた、ここにある。

　旅行の動機の大半を占めるのが奇異性の追求である。人々が旅行に出かける主要な心理的動機は二つある。それは異国情緒と好奇心である。(14)観光の歴史のなかで早い時期には、旅行の大半は好奇心によって動機づけられていた。多くの人々が、遠方と他者にロマンを抱き、別種の生活もしくは奇習をイメージした。これが人々を旅行へと駆り立てたのであった。

　また、旅行は一種の審美実践の活動であるという観点と、距離が美感を生むという美学の原理に則れば、旅行の目的地のイメージと観光客が置かれた時代、空間及びその文化的差異の距離が、大きければ大きいほど美感が生じる。なぜなら、時間と空間の開きによって多くのイメージの可能性がもたらされるためである。観光客はしばしば、よく知り尽くした環境を離れ、他郷へ赴き刺激的な情景を鑑賞し、他民族・異郷の生活を体験し、異国情緒を堪能しようとする。これらの差異に自己を照らし合わせることで自分の世界を再認識するのである。差異の体験とは、人々の旅行の動機であり、エスニック・ツーリズムの目的地は他でもなく、差異の体験に最も適した場所なのである。世界各国の旅行を参照してみると、奇異な文化を見せることで、観光客を呼び込むのが最もよくある方法である。例えば、観光を経済の柱としているタイでは、豊富な海洋資源と仏教文化資源を除けば、ニューハーフによるパフォーマンスという奇異な文化が、観光客をひきつける主要な要因となっている。

エスニック・ツーリズムの資源としての奇異な風習

エスニック・ツーリズムでは、旅行客の大部分は、現代化が進んだ大都市から来ているので、伝統的で古い歴史のある珍しい民俗文化に魅了される。観光地の民俗文化と観光客の現代的生活様式の差異が大きければ大きいほど、奇異な文化は魅力を増す。

中国の少数民族地域では、奇異の創造は観光開発の主な特徴であり、少数民族の民俗文化は、すでに観光化される傾向にある。[15] ポストモダンとポストコロニアルの時代、辺境地帯の少数民族地域は多数の現代消費文化の象徴を背負う異郷および他者として、旅行客の広範な関心と歓迎を受けてきた。

一方、地方政府と観光開発者は、国内の大都市と国外の旅行客市場に狙いを定め、故意に奇異性を演出してきた。中国各地の民族文化のテーマパークでは、各少数民族はそれぞれに異なる特徴を持つものの、ある共通の原則をもっている――それは即ち、少数民族の「奇」と「異」を演出することで観光客を呼び寄せることである。[16] 例えば、深圳に民俗文化村が設立されたとき、全国各地から二十一の少数民族が展示対象として選出されたが、入選の基準は該当民族の文化と風俗習慣が奇異であるかどうか、ならびに高いパフォーマンス能力と観賞価値をそなえており、旅行客の奇の採集の欲求を十分満足させることができるかということにあった。[17]

ポストモダンの時代に入って、辺境に位置する地域の経済は落ちぶれ、その伝統文化は独特であるだけでなく、保存状態も比較的良好なまま維持され、自然に観光開発の対象となっていった。まさに馬翀煒（ばちゅうい）が指摘したように、「経済資本の巨大な威力が全世界を席捲している時、「土着民たち」に残されているのはおおかた「文化資源」くらいしかない。ある意味では、観光は観光地の「文化資源」に現金引換えの機会を与えているともいえる」。[18] すでに開発された観光の実践を例にとってみると、すでに多くの地域で、観光は現地人の生活に全面的で多大な影響を及ぼしている。まさにこれらの背景の下では、エスニック・ツーリズムの開発は、少ない投資で速やかに利益が得られる新興産業となり、いかにして他の民族、地域及び観光プロジェクトと顧客を奪いあうかが、真っ先に考えるべき問題となっていく。なかでも、奇異性を突出させるための現地文化の誇張、パッケージ化、脚色は最もよく見られる手法である。

好奇心を十分に満たすことのできる観光地こそが観光客を魅了することができる。よって多くの地域は、文化の奇異性光開発の資源となっている。中国の少数民族の風情を求めてである。これまでのところ、各地の奇特な民俗は、次第に観の言葉は、速やかに観光客の心を捉え、旅行を動機づけるのと、「絶」は二つとないこと、「奇」は珍しいことを指す）、これらである。「怪」・「絶」・「奇」（中国語で「怪」は風変りであるこ怪」、「東北三怪」、「西北八大怪」、「青城四絶」、「海南奇」等その地方の特徴を概括することである。例えば、「雲南十八あり、最もよく見られるのが、以下のような言葉を用いて中国各地の奇習に対する観光宣伝と創出は極めて一般的でけられさえする」[20]。こうしてその魅力は強化されるのである。ロマンチックで神秘的、さらには野蛮で低俗であると方向づ少数民族の風習は改造・誇張され、奇異で古めかしく原始的、集の欲求を満足させるために、エスニック・ツーリズムでは、いるものでなければならない。それゆえ、「観光客の奇の採なるだけでなく、観光客の期待に応える独自性を兼ね備えて愛・結婚の風習である。これらの風習は、単に他の地域と異理、特色のある建築、珍しい服飾文化、および現地特有の恋るのが、祝日の行事、歌と踊りのパフォーマンス、伝統料として開発された少数民族の風習のなかで、最もよく見られもしくは民俗の奇異な民俗を発掘することである。観光資源エスニック・ツーリズム開発の最も普遍的な方法は、地域

な宣伝文句もしくはキャッチコピーとなっている。[19]味」、「神秘」、「原始」、「伝統」はこの種の観光で最も一般的た意味の付与と創造に加担している。昔ながらの「原汁原に、観光物に「原始的」、「歴史的」、「独特」、「奇妙」といっ光客の「好古趣味」や「異を求める」心理を満足させるため光商品の生産者は、いつも意識的であろうとなかろうと、観されていることに注意を喚起した。彼が指摘したように、観数年前翁乃群（おうだいぐん）が、奇異性は観光のなかで意識的に押し売り地域が、容易に観光客の関心を集めることができるのである。鎖的で隔絶された地域と、より良好に伝統文化を保っている時空上の距離を体現することとなる。つまり、より辺鄙で閉この概念を適用するならば、古さと異郷を表現することが、は「異」を通して空間的距離を表現することである。観光につは、「異」を通して時間的距離を表現すること、もう一つ「異」に関する概念には二つの哲学的観点が存在する。一

二、エスニック・ツーリズムにおける奇習の資源化現象

の関心を集める俗っぽい風習を新たに発明しさえする。を面白おかしくパッケージ化する。それだけでなく、人びとの創造もしくは発掘に尽力し、惜しむことなく歴史ある奇習

行く一大観光省である雲南は、独特の地理風景と自然環境を有しており、多彩な民族風情と珍しい風俗習慣を生みだしてきた。そのため観光開発では、奇異な文化を絶えず推しだすことで市場を占有してきた。また、ある中国の文化地理に関する書籍は以下のように紹介してすらいる。「滇雲文化（雲南文化）といえば雲南十八怪だといってよい。中国の多くの地域が奇妙な風習・文化を数え上げると、一般には八から十までしかない。しかし雲南のみが十八まで数え上げることができる。だからこそ雲南十八怪と呼ばれる。雲南は奇習が豊富であり、外部の人々にとって奇妙な事実が多く存在する」[22]。早期の雲南観光は「雲南十八怪」を看板としていた。彼らは「十八怪」をテーマにテレビ番組を撮影し、写真展・絵画展を催し、文章や本を執筆し、ポストカードを制作したりなどしている。また、「十八怪」の名で食堂を開いたり、工芸品を製作したりした。「「雲南十八怪」は雲南の輝かしい名刺代わりとなり、商業的強みを豊富に備えた雲南の特色文化となり、雲南の特殊なイメージとなった」[23]と感嘆する声もある。一方、この多数の「怪」は、実際には雲南各民族の飲食、服飾、婚恋などの地方的特色を備えた習俗の現れにほかならない。当然、「雲南十八怪」の言葉は全国に広まり、廉価で効果的な雲南観光の宣伝文句と化した。一部の観光ガイドブックのなかでは「雲南十八怪」の特集が組まれ、人々の旅行に対する興味を刺激している。逆にみれば、「雲南十八怪」は雲南特有の文化現象を代表しており、外部の観光客が雲南を理解するための手がかりとなってもいる。

エスニック・ツーリズムでは奇習によって観光客の奇を求める心理に迎合するが、これはたびたび、展示される民族の文化的自尊心をなおざりにするとともに、明らかな自己優越感を抱いてすらいる。例えば、首が長いことを美の基準としているミャンマーのパダウン（padaung）族の女性は、幼い頃から首に銅制の輪をつけ始め、絶えず追加される首輪によって首を長くするのであるが、それゆえに彼女らは人々から「首長族」、「キリン女」と呼ばれている。彼女らはタイの北部に移民し、観光の売りとして宣伝に利用され、現地で最も人気のある部族観光の目玉商品となった。現地では某雑技団が、ある演目を「世界最奇観　ミャンマーのキリン女まで」と題し、彼女らを動物のような扱いで展示したのであった[24]。この民族の珍しい首長の文化は、彼女らを観察される対象へと位置付けるものであった。観光客が彼女らを凝視してやまないのは、奇の採集の欲求によってにほかならない。

ほかにも中国西南地方の苗族・侗族が、牛癟を好んで食べる習慣を観光宣伝の売りとすることで、故意に異質性を誇張しているのは、現代人とは種を異にするものと見なしているに等しいと言えよう。いわゆる「牛癟」とは、牛の胃袋および小腸から完全に消化されていない食物を取り出し、絞り出して液体にしたものに牛の胆汁を加えて煮たものである。観光宣伝では、現地人の好きな「牛糞火鍋」グルメとうたっている。「もう原始人になったも同然だ」とコメントした旅行客もいる。ある地域の衛星放送は、観光番組で特集を組み、さらにこのために外国人観光客を招き、最後に視聴者に向かってこれは「とてもおいしい牛糞」[25]だと伝えた。しかしこれらの宣伝と販売の本質は、異質性と後発性を関連付けたものであり、奇異性を押し売りする際に、その民族の「原始性」もまた売り出しているということが分かる。

近年、江西三江侗族自治県で、「坐妹（ズオメイ）——三江風情」（「坐妹」または「坐夜（ズオイエ）」は侗族の伝統的な恋愛風習を指す。その村もしくは隣接する村の成年男性が、夜に未婚女性の家に行き歌を歌うことによって愛を告白する。中国語で「妹」は若い女性を指す）と題する珍しいセンセーショナルな演技が行われた。これはもともと、現地民族の伝統的恋愛・結婚習俗に由来し、この演目は当初、「坐夜」と名づけられていた。のちに、風習の奇異性を強めることを期待し、故意に「坐妹」に変更した。観光客からは、「坐妹とはどういう意味か？　まさか直接女の子の足の上に乗ることか？」という声が聞かれた。たとえ、民間に「坐妹」の風習が実際にあったとしても、公然と公開するパフォーマンスの名称として、故意に男性観光客の興味を引き、彼らのイメージを刺激しようとしている疑いは避けられない。たとえパフォーマンスの内容が、字面の示す意味の通り派手で俗っぽいものだとしても、独特な民族恋愛・結婚風習の名の下に、確実に観光客をひきつけることができる。

エスニック・ツーリズム開発の多くは、等しく民俗の奇異性追求の路線をたどっており、「他者」の構築と異郷のイメージに対する実践である。趙玉燕（ちょうぎょくえん）は、観光のなかで創造された湘西（シャンシー）三怪、すなわち「趕尸（ガンシー）」、「放蠱（ファングゥ）」、「落洞花女（ルオドンホアニュー）」（「趕尸」、「放蠱」はシャーマニズム文化に属する民俗風習である。前者は他郷で客死した人物の遺体を故郷へ持ち帰ることを指し、後者は育てた毒虫を使って身を守ったり攻撃したりすること等を指す。「落洞花女」は若く綺麗な女性が急死した際、洞神に嫁いだとする風習を指す）は、観光の重要な売りであることを発見した。これらの民族風習は、コミュニティの生活で果たしている役割を変えることで、民族の独自性を表す特徴的な内容物へと変容する。[26]私は、北京の「中華民族園」と桂林の「世外桃源」等の観光地では、経営者たちが、珍しい原始文化によって旅行客を招致したいと考えていることを発見した。彼らは、雲南の山地から民族集団の外見的特徴にぴったりと符合する佤族の青年を連れてきて歌舞のパフォーマンスを催したが、募集要件では皮膚の色が最も浅黒く、髪の毛は最も長いことを条件に掲げている。何故ならこの条件が最も佤族らしく、「原始」的イメージをかなえてくれるからである。

雲南永寧県瀘沽湖(ルーグー)周辺に居住する摩梭族(モースオ)は、母系家族制度を実施し、独特の通い婚風習をもつことから、「女児国(ニューアルグオ)」(小説や伝説などで登場する女だけの国)として知られる。一九九二年、瀘沽湖は国外の観光客に開放され、先進諸国の主要メディアは相次いで摩梭文化についてセンセーショナルに報道した。「最後の母系社会」、「神秘の女の国」、「走婚」(通い婚)など人目を引くフレーズで人々の強烈な好奇心を掻き立て、既に観光開発された摩梭族の住む落水村では、「女の国阿夏園」、「女神楼」、「母系世家」、「摩梭エデンの園」等の名前を付ける民宿は少なくない。性の解放を暗喩するこれらの字面は、摩梭風情として構築されてきた。観光客に迎合するために、ガイドはどのように走婚するかについて多く語り、観光客の興奮を掻き立てる。観光宣伝サイト上の書き込みは未だ、潜在的観光客に摩梭の走婚風俗を体験するよう煽っている。これらのすべてが、外部の人々に観光を促している。かつて現地で調査研究を行った香港の学者周華山は以下のように指摘している。

走婚にたいする誇張と奇の採集は、すでに共同で重層的に構築された悪性循環をつくり出している。まず、「走婚」は無制限に誇張され、摩梭文化の核心と化された。一方都市部の人々は、自身の感情と生活のストレスにより、遠く離れた山奥の少数民族地域で思う存分リラックスしたいと考える。逆に言えば、摩梭族たちもまた、走婚風習を利用して観光客を招致している。ある者は無責任に、「鉤手心」を摩梭族の伝統と言いふらし、観光客の奇習採集の欲求を満足させようとしている。観光業に従事しているある人物は、公然と観光客に「摩梭族美女を抱きながらの写真撮影」を強く勧め、さらには男性観光客に摩梭族女性をいやしい性の対象とみなすよう仕向けている。落水村で毎晩かがり火の集いを催す旅館「摩梭エデンの園」は一方で、まずヨーロッパ文化の記号を摩梭家庭旅行社の名前にし、「性の放縦」、「裸体」、「性的羞恥心が欠如した」エデンの園を象徴する摩梭風情を構築し、最後に遥か昔の神話によって「原始」的、「前近代」的走婚観を強調している。(27)

四川甘孜(ガンヅー)チベット族自治州の雅江県と道孚(ダオフー)県でも県内に走婚風習が伝承されており、観光客を集めるための売りとしていた。かれらは、「雅礱江走婚大渓谷」および、「木雅文化」風情祭の催しを通して宣伝し、現地の「独特な服飾、珍しい婚姻風習、異質な飲食文化と神秘的な「木雅文化」の風習」[28]を紹介している。主に展示されているのは服飾、飲食、婚姻等に関する民俗文化だが、「異質」な風習と自ら主張し、奇習を借りて観光開発の主軸としようとしているのは既に明らかである。一方、近接する道孚県とそこで観光の推進のために催される民俗文化祭では、ラマ僧が創作した宗教観を反映する宗教舞踏もまた、「走婚」の象徴的文化コードとして突出させることが要求されたうえ、その踊りの名が「走婚鍋庄」(「鍋庄」はチベット族の三大民間舞踏の一つであり宗教的な内容をもつ)と改められたことで、演者は大いに不満を漏らした。[29] このように、多くの少数民族地域では観光開発のために故意に奇異性を製造し、自己の本来の文化に奇異的色彩をもつ名称を付け加えている。すなわち宗教的で神聖な儀礼やその意味もまた、この手法に従うほかないのである。関連する学術研究が私たちに伝えているのは、「走婚」風習は、現地の人々の生活のなかで秘密にして公表しない内容、すなわち「私生活」である。しかし観光においては、これらの風習を奇異であるとみなすだけでなく、公に取沙汰し、売り込み、観光業のパフォーマンスの根幹となす必要さえある。[30] 観光の目的地となった現地の人々の私生活がクローズアップされ展示されるとき、民族の自尊心は踏みにじられるのである。

三、エスニック・ツーリズムにおいて奇習を突出させることについてのジレンマ

奇異性を対象とした観光開発の結果、一方では特色を拡大し、新たに民俗文化を構築した。[31] 他方では、文化を歪曲し、少数民族を観賞される「異物」にしたてあげた。民族文化の奇異性の生産と販売のなかには、矛盾する二つの面が存在する。観光客は、奇異性に魅了され、少数民族を異郷の「他者」と見なし、憧れの目でまなざす。しかし、観光業の発展に伴い、観光地の文化は、次第に奇異性の輝きを失い、観光客はいずれだまされたことによる挫折に直面することとなる。一方、現地の人々は、外部の者が少数民族のイメージを珍しい景観と見なし見学にやってきて、さらにはその民族内部のプライバシーと恥の部分まで暴露しようとすることによって、自身の生活が侵犯されることを拒んでいる。ある学者が指摘したように、テーマパークでは、第三世界の文化は、野生動物やファンタジーの世界と並ぶ、娯楽として位置づけられている。[32] しかし、もう一方で現地の人々は、小額の投資で観光客が経済収入をもたらし、貧しい生活を直ちに改善してくれ

ることを望んでいる。

前述した通り、いわゆる「奇異」な民俗は、民族内部ではどこにも珍しいところがないだけでなく、強いアイデンティティを形成している。我々が瀘沽湖の調査研究で発見したのは、摩梭族の人々が共通して考えていたのは、走婚は他の民族の文化に較べて優れた文化であるということだった。一部の民族文化の奇異性は、観光開発によって故意に製造されたものである。本来、彼らの生活は「奇異」ではなかったのであり、後に観光客に迎合するために、自らをパッケージ化と誇張により奇異に仕立てあげたのである。

前述した摩梭族独特の「走婚」の風習は、観光によって過剰に宣伝され、誇張されたことで、この民族唯一の文化的象徴と化し、都市社会にはびこる「一夜の情事」とイコールとされてしまったのである。[33] 数多くの偏った宣伝は、人びとを瀘沽湖に赴かせ、一夜の関係を求めるよう仕向けた。このことに摩梭族たちは強い不安を覚え、強烈な不満をも生みだすこととなった。元雲南省寧蒗(ニンラン)県副県長の阿柱民(あちゅうみん)は汝独支(じょどくし)に以下のように語った。

> 摩梭族は原始の森から探し出されたばかりの山頂洞人と言われている。彼らは集団婚、近親相姦、妄りに性行為を繰り返しているという、この種のメディアの脚色の下、美しい瀘沽湖は不貞行為を図らんとする人々が逢引しようと目論む絶好の場所になりはて、摩梭文化は分厚い塵埃にまみれてしまった[34]

摩梭の学者もまた、外部の人々は摩梭族に対して「ロマンチックな誤解」をしていると考えている。摩梭文化の行き過ぎた美化と神話化は、神秘的で美しい想像を十分に可能にし、摩梭族が恋愛のほかには酒を飲み歌い踊ることしか知らないかのように思わせる。彼らの恋愛は雲の上の現象であり、俗世間とはかけ離れた生活をしているのだ、と。[35] このような結末を望まないのは文化の担い手だけではない。学者もまた深い憂慮を抱いている。

> 当地の観光開発は、摩梭文化を「走婚」という文化で定義づけ、観光客を「走婚」、「阿夏(アーシア)(阿夏とは、男性が恋人である女性に対して用いる摩梭語の呼称)」、「母系」に対しての神秘と憧れでいっぱいにし、まるで摩梭女性を性的欲望の対象として弄び、観光客が思いのままに走婚してもいいかのようである……。これらの行為は摩梭族の習慣に対しきわめて尊重を欠いており、観光客に摩梭文化は走婚を除いては何も内包するところがないという思いを抱かせる。[36]

これについて、地方政府の役人は以下のように表明しているという。「私もこの言葉（阿夏）に問題があることに同意しているが、我々は旅行客を集客する必要がある。確かに「阿夏」と「走婚」、これらの言葉は年配の者に気まずさと不安を与えるが、観光客をひきつけることができるのは確実である。これは文化と発展の間のジレンマに他ならない」[37]。麗江（リージャン）市の全人代代表楊雪梅は全国「両会」（人民代表大会と政治協商会議との二つの会議を指す）期間中、瀘沽湖摩梭民俗伝統文化に対する保護に力を入れ、迅速に《瀘沽湖摩梭民俗文化保護条例》に返答するよう呼びかけた。そのうえで「瀘沽湖摩梭母系文化景観」を世界遺産に申請し、メディア、学術団体を招き摩梭コミュニティに密着することで、摩梭文化の理解と研究を促進し、誤解を糾すよう呼びかけた[38]。

以上に見てきたように、奇異な文化は希少な資源として歓迎されてきただけでなく、その奇異性を目立たせるために誇張、捏造、パッケージ化されてきた。エスニック・ツーリズムにおいて奇異性の創造がもたらした結末は、文化の歪曲であり観光地の民族の感情を傷つけるものであった。

観光旅行中の旅行者と被旅行者との文化的身分に不均衡が存在するがゆえ、観光開発は、往々にして観光旅行の奇の採集欲求に迎合するために観光商品に刺激性を追加する。台湾の学者郭少棠は、かつて以下のように指摘した。

旅行者を喜ばせるために、被旅行者はしばしば自らの文化的身分を歪曲せざるを得ず、自らを風変りで粗野で野蛮な文化製品へと変貌させることとすらある。……これだけでなく、被旅行者は旅行者の好みに合わせるために、あれこれ手を尽くして旅行者の奇習採集の欲求を満たそうとし、惜しむことなく自らの文化をばらばらに解体して売り出すのである。若くきれいなフライトアテンダントから平身低頭のサービスまで、そして珍しく風変りな旅行記念品から関心を引く民族舞踊まで、いたるところに被旅行者の強烈な植民地意識が浸透している[39]。

それだけでなく、文化的差異を文明進化段階の差とみなし、少数民族は未だ後れている野蛮な段階であると誤解する者もいる[40]。中国を統制した王朝の版図のなかで、少数民族が居住した「辺地」は蛮夷の地とされ、「文明」の進化に追いついていないとみなされてきた。漢族と「辺地」の民の区別は「文明」と「野蛮」の差異だとされた[41]。グローバル化の進む今日、奇異性をいまだに残している「原始」文化は、世界中を見てもほとんどない。しかし、観光客の少数民族に対するイメージを満足させるため、観光目的地の人々は「土着」を引き続き演じざるを得ないのであり、これは現存文化にたいする歪曲に他ならない。

著名なチベット族作家阿来は、いまのところ少数民族の「奇習」を一方的に宣伝する方法を受けいれ難いとし、彼らの文化の伝統のなかに、主流文化との共同性を回復することを主張している。彼らは少数民族に属しているものの、過ごしているのは別種の異なる人生ではないからである。[42] エスニック・ツーリズムは、独特の民俗文化と立ち遅れた経済条件のもと保存されてきた生活様式によってひきつけようとすることであり、現地の民族が自身の文化の奇異性によって旅行客の奇習採集の欲求を満足させるのだが、一方で旅行客によって、時代に取り残された異質な「変わり者」と見なされ、外部の人々の目の前に内部の私生活をさらされることは望んではいない。プライバシーが消費されるという現代的コンテクストの下、奇異性の追求と他者を覗き見ることとは、既に普遍的な現象と化している。しかし、当該民族にとっては、プライバシーを資源化し、自己の奇異性または「プライバシー」を押し売りするのか、もしくは自己の民族的特性を美化するのか、または引き続き古く神秘的な「原始部落」を演じ続けるのか、について考えてみる必要がある。市場経済において、プライバシーは、他の一切のものと同じく、工業化の生産方式によって生産され、商品となり、供給・消費される。娯楽産業とメディアとの共犯のもと、プライバシーの消費は横行している。[43] しかし少数民族の奇習は、実際には彼ら内部の集団的「プライバシー」に他ならないのであり、外部がこれに対して好奇心を向け消費するというのは、多かれ少なかれ病的な傾向を帯びている。

観光業の立場からいえば、エスニック・ツーリズムのなかで奇異な風習がもたらしたジレンマは、民族文化が資源として開発されることと、それに伴う消極的影響の間の矛盾を明るみにし、観光客と現地の人々、および観光開発者の間の異なる動機と目的による差異を浮かび上がらせた。したがって、これからのエスニック・ツーリズム開発は、極端な結果をもたらさないために、そして観光の持続的発展に悪影響をもたらさないために、多方面の利益を総合して考慮する必要がある。

民俗の奇異性の押し売りがもたらした結果は、もちろん研究者も顧みなくてはならない問題である。上述したように、研究者もまた観光客と同様に異文化に対する好奇心をもっている。人類学、民俗学および民族学の研究者は、ある民族集団もしくは地域が有する独特な生活様式に高い興味を示しており、彼らの立場は、ときに旅行者と共通するものがある。[44] 現在も残る古い生活様式は観光開発の重要な資源になっており、地域の民俗知識に対する学者たちの調査研究は、大いに貢献している。我々が研究し理解しようと尽力している民族集団の文化と生活様式は、しばしば観光業によって収集・利用され、「奇習」として普及・売り出しが進められる。このことに対し、一部の学者は、自身の調査研究が経済の建設に役立っていることに満足しているが、他の学者たちは自身の研究成果が観光業に都合よく曲解されたことに失望している。何故なら、彼らが生みだした知識は、観光開発によって純粋に経済収益のために利用されているからである。これによってまた、学問の専門性と学者個人の品行に対する疑問を引き起こしており、研究対象である文化とコミュニティを守るために、学者はいかにこの状況に対処するか[45]、そして観光開発者が民族文化の特色を強調する際、それがもたらす消極的結果をいかに避けうるか、これらが今後に残された課題となっている。

注

（1） 杨慧ほか主編『旅游、人类学与中国社会』（昆明：云南大学出版社、二〇〇一年）。
（2） Smith, V. L, ed. *Hosts and Guests: The Anthropology of Tourism*, Philadelphia: University of Pennsylvania Press.,1977, p.4.
（3） Van den Berghe, Pierre and Charles Keyes, "Introduction: Tourism and Re-Created Ethnicity", *Annals of Tourism Research*, 1984, 11(3).
（4） 谭志喜、孙根年「近二十年国内民族旅游研究进展」（『西南民族大学学报』人文社会科学版、二〇一三年十二期）。
（5） 王嵩山『博物馆与文化』（台北：台北艺术大学、二〇一二年）一〇四頁。
（6） 赵旭东「从文化差异到文化自觉」（『民俗研究』二〇〇六年一期）一五頁。
（7） 黄永林「新时期民俗学研究范围与方法的探索」（『民俗研究』二〇一一年四期）五六頁。
（8） 周庆智「文化差异：对现在民族关系的一种评估」（『社会科学战线』一九九五年六期）。
（9） ［独］顾彬『关于"异"的研究』（曹卫东訳、北京：北京大学出版社、一九九七年）。
（10） ［英］德波顿（Alain de Botton）『旅行的艺术』（南治国ほか訳、上海：上海译文出版社、二〇一二年）八一頁。
（11） ［米］爱德华・W・萨义德（Edward Said）『东方学』（王宇根訳、北京：生活・读书・新知三联书店、一九九九年）八四頁。
（12） 范可「在野的全球化：旅行、迁徙、旅游」（『中南民族大学学报』二〇一三年一期）四五頁。
（13） 前掲注（3）、三四三頁。
（14） 前掲注（10）。
（15） Nicholas Tapp, "Romanticism in China? ——Its Implications for Minority Images and Aspirations", *Asian Studies Review*, 2008(4).
（16） 前掲注（12）。
（17） 倪伟『符号消费的文化政治、在新意识形态的笼罩下——九〇年代的文化和文学分析』（南京：江苏人民出版社、二〇〇〇年）。
（18） 马翀炜「民族文化的资本化运用」（『民族研究』二〇〇一年一期）二五頁。

（19）翁乃群『全球化背景下的文化再生产——以纳西文化与旅游业发展之间关系为例、茶马古道与丽江古城历史文化研讨会论文集』（北京：民族出版社、二〇〇六年）二二四頁。

（20）徐赣丽『民俗旅游与民族文化变迁』（北京：民族出版社、二〇〇六年）一三二頁。

（21）张少辉『中华怪怪游』（北京：中国物资出版社、二〇〇五年）一八四頁。

（22）胡兆量ほか『图说中国文化地理』（北京：北京大学出版社、二〇一三年）。

（23）但长春『常春札记』（北京：中国作家出版社、二〇〇八年）。

（24）［以］科恩（Cohen）「变动世界中的东南亚民族旅游」（杨慧ほか主編『旅游・少数民族与多元文化』昆明：云南大学出版社、二〇一一年）二八頁。

（25）《牛粪火锅、贵州一种叫牛瘪火锅的美食》、马蜂窝自由行网站、二〇一二年十二月十九日、http://www.mafengwo.cn/i/1086005.html（二〇一六年十一月二十日　閲覧）。

（26）赵玉燕『旅游环境下巫蛊文化的变异——以湘西凤凰山江苗族旅游开发为个案、旅游・少数民族与多元文化』（昆明：云南大学出版社、二〇一一年）二〇七—二一四頁。

（27）周华山『无父无夫的国度？』（北京：光明日报出版社、二〇〇一年）二九六—二九七頁。

（28）「雅江县旅游产业发展情况」（政协雅江县委员会編『雅江县文史资料』（六）二〇〇八年）二五九頁。

（29）瞿明安、施传刚主编『多样性与变迁：婚姻家庭的跨文化研究』（北京：知识产权出版社、二〇一一年）五二—五三頁。

（30）扬鬃、王良范主編『苗侗文谭』（贵阳『贵州人民出版社』二〇〇六年）一七四頁。

（31）前掲注（3）。

（32）［英］费瑟斯通（Featherstone, M.）『消费文化与后现代主义』（刘精明訳、北京：译林出版社、二〇〇〇年、訳者注）三二頁。

（33）《泸沽湖女儿国的摩梭文化》、中国民族宗教网、二〇一三年五月八日、http://www.mzb.com.cn/html/Home/report/399933-1.htm.（二〇一六年十一月二十日　閲覧）。

（34）前掲注（24）七頁。

（35）前掲注（24）三—四頁。

（36）前掲注（24）。

（37）前掲注（24）二九七頁。

（38）张文凌「神秘泸沽湖承受着被误读的重负」（『科学与文化』二〇〇七年一期）。

（39）郭少棠『旅行：跨文化想像』（北京：北京大学出版社、二〇〇五年）。

（40）Fabian, Johannes, *Time and the Other: How Anthropology Makes Its Object*, New York: Cambridge University Press, 1983.

（41）徐新建、「边地中国：从〝野蛮〟到〝文明〟」（『西南民族大学学报』二〇〇五年六期）。

（42）阿来、孙小宁「历史深处的人生表达」（『中国文化报』一九九八年）。

（43）汪静筠「没有隐私的年代：社会集体偷窥现象浅析」（『社科纵横』（新理论版）二〇一〇年三期）二二一—二二三頁。

（44）Dennison Nash. “On Travelers, Ethnographers and Tourists”, *Annals of Tourism Research*, 2001 (2).

（45）柯群英「人类学家如何成为旅游行业中的文化专家」（『旅游学刊』二〇一二年十二期）。

[II　文化が遺産になるとき——記録と記憶、そのゆくえ]

観光文脈における民俗宗教——雲南省麗江ナシ族トンパ教の宗教から民俗活動への展開を事例として

宗暁蓮

中国ナシ族の民間宗教であるトンパ教は、一時期、封建迷信として禁止されたが、現在では、「優れた伝統文化」としてナシの人々に受け入れられている。本稿は、現在の状況にいたる過程を整理し、常に、ナシのエリートたちによる自文化の選択と創造という文化の客体化による操作がおこなわれると同時に、このエリートたちが、政策と観光市場による大きな制御を受けている点を指摘した。

はじめに

一般的な認識によれば、トンパ教は、かつてのナシ族(1)の民間崇拝に起源をもち、その後、チベットのボン教や、ヒマラヤ周辺のシャーマン教および蔵伝仏教などの多くの文化要素が絶えず融合し、多元的な文化特性をもった民間宗教となった、と考えられている。この宗教は、主に雲南省、チベット自治区、四川省が境を接するナシ族の居住地区に分布している。トンパ教の司祭は「東巴」（トンパ）と称され、その意味は「知恵者」である。トンパ達は、独特で図画的な象形文字を用いて、その経典をトンパ自身が作製した紙に記し、父子間あるいはオジと甥の間といった血縁関係に基づいて家庭内において、口頭で授受、伝承されてきた。トンパは農耕などの生産活動から離れることはなく、要請を受けた際にのみ神をおろし魂を送り、卜占や病の治療、幸福祈願などの儀礼をおこなうことで、いくらかの現物あるいは金銭での報酬を受け取る。歴史的に、ナシの人々の生老病死、冠婚葬祭、生育

そう・ぎょうれん——元中央民族大学講師、福岡女子大学非常勤講師。専門は文化人類学（観光に関する社会文化現象研究）。主な著書に『旅遊開発與文化変遷——以雲南省麗江県納西族文化為例』（中国旅遊出版社、二〇〇六年）、論文に「中国における観光人類学の誕生と発展——論点の紹介を中心に」（白山人類学研究会編『白山人類学』十二号、二〇〇九年）、'Research on the localization and delocalization phenomenon of tourist souvenirs: With the tourist souvenirs market in Old Town of Lijiang of Yunnan Province as an example', *Tourism and Glocalization-Perspectives on East Asian Societies* (Min HAN, Nelson GRABURN eds) ,Senri Ethnological Studies No.76：205-219. 2010. などがある。

儀礼や家屋の建築などの人生儀礼のなかではみな、トンパによる儀礼活動がおこなわれた。このため、ほとんどどの村落にもトンパが存在した。清代の「改土帰流」(一七二三年より、現地居住民族の「土司」を利用した間接統治から、中央政府の派遣した官僚による直接統治への変更)の後、漢族文化が大量にナシ族地区に流入し、トンパ教は次第に農村や山地へと後退することとなった。歴史的にみて、トンパ教は宗教組織を形成せず、統一化された経典教義を保有せず、各地のトンパ同士には統括と隷属から成る関係性は存在しなかった。しかし、その他の成立宗教の影響のもとで、トンパ教はその影響範囲を縮小すると同時に、次第に、成立宗教の多くの特徴を備えるようになってゆく。たとえば、中華民国期に麗江各地に相次いで出現した儀礼祭祀活動に専従するトンパ祭祀の存在などがそれにあたる。また大規模なトンパ集会を開き、敬神活動を展開するなどの現象もあらわれていた(麗江納西族自治県志編纂委員会 二〇〇一:七八七—七八八)。だが、これらの現象が巨大な大文化の影響のもとでのトンパ教の衰退という大局的傾向を変化させることはなく、特に、社会主義中国の建国後に、トンパ教は壊滅的な打撃を受けることとなった。

一九五〇年代からの三十年間、トンパ教は「封建迷信」と看做され、禁止された。トンパ達は蔑視され、批判を受け、トンパ経典という文化財も大量に毀損された。当時、国家の意識形態は民間の伝統知識に対する評価が低く、このため、一九八〇年代にいたるまで、多くのナシの人々によるトンパ文化への評価もやはり高いものではなかった。しかし、今日では、トンパ文化はすでにナシ族の「独特」で「優れた」伝統文化のメルクマールとされており、ナシの人々によって広く受け入れられている[2]。近年では、トンパ祭祀の活動が民間で復興し、トンパ文字や絵画などを日常生活に取り入れるなど多くの新たな民俗が出現している。

このことと、八〇年代から九〇年代にかけてのナシの学者たちによるトンパ文化の豊かな内包と芸術的成果の発掘とには、大きな関係があり、また、九〇年代以降の観光開発のなかでのトンパ文化が麗江文化のブランドとなってナシの人々の文化的アイデンティティを喚起したこととも関係を有する。このプロセスにおける、知識分子を代表とするナシ族のエリートたちによるトンパ文化が時代の要請に応えるための創造と発展は、文化の客体化のプロセスという側面でもある。本稿では、これらのエリートたちを中心とするナシの人々が、国家による政策を遵守しつつ、政府と協力的な関係のもとで、トンパ文化の発展のために広大な空間を勝ち取ってゆき、民族文化の重視と民族アイデンティティを強化していった現象を考察する。また、八〇年代、九〇年代には政府の政策に順応するためにトンパ文化の宗教的性質を否定し、弱体化させる態度をとり、近年ではトンパ文化の宗教的属性を強調する傾向が現れていることを提示する。

一、「トンパ教」から「トンパ文化」へ

トンパ教への注目は、十九世紀半ばから後期まで遡ることができる。この時期、ヨーロッパの宣教師や探検家たちは、異文化に対する憧れと好奇心をみせ、トンパ経典の収集、翻訳を開始した。後に、「西洋でのナシ学の父」と称されるジョセフ・F・ロック (Joseph F. Rock) は二十七年の長期の「フィールドワーク」と、熱心な麗江への愛着から、上下二冊から成るトンパ象形文字字典を編纂した。また、この優美な文字を用いて、『中国西南古ナシ王国』を執筆した。同じく、トンパ文化への愛着から独自の分野を開拓し、ナシの人々から「麼些先生」(ミスター・ナシ)と称された李霖灿は、『麼些象形文字字典』などを出版し、のちに台湾故宮博物院の副院長に就任した時期にもトンパ文化研究をつづけ、多くの論文を発表した。トンパ文化が「異文化」として「他者」により発見、注目され、研究が進められたことは、ナシの人々にトンパ文化への関心を引き起こすこととなった。一九三一年に、ナシ人の楊仲鴻は、トンパ象形文字字典を出版した。一九三五年には、ナシの大学者であった方国瑜もまた『ナシ象形文字譜』を編纂している。一九五〇年代になると、麗江県委員会書記であった徐振康は、ジョセフ・F・ロックらの著作を通じてトンパ文化の価値を理解し、国家による民間、民族文学調査採集の機会を利用して、トンパ経の翻訳、整理の作業グループを組織した。

一九八〇年代におけるトンパ文化の内容の発掘と価値定位について

一九七〇年代末から、中国の民族文化政策はいくらか緩和されることとなり、多民族国家の協調的あり方を強調すると同時に、それぞれの民族の異なる文化を承認し始める。各民族は、その民族的特徴を強調するために、積極的に民族の独特な文化を発掘し始めることとなった。都市部のナシの人々はかなり高い漢文化の教育を受けていたけれども、ナシ族の特色は疑いなくトンパ教であることを示した。ただ、すでに三十年の歳月が流れ、ナシの人々とトンパ教はかなりの程度疎遠となっていた。当時の、「宗教」に対して依然として敏感な社会的雰囲気に鑑みて、麗江の一部の知識人たちは、まずは学術レベルでトンパ教を救うことを決定し、その中心人物は現在の当該地域の文献のなかで押しなべて「革命者、知識分子」と称

される和万宝であった。和万宝は、一九四九年以前に大学を卒業、ナシの伝統文化を熟知しており、文革中は誤って「地方民族主義分子」に区分され、一九七八年に仕事に復帰した。この和万宝の働きのもとで、一九八一年五月に「雲南省社会科学院東巴文化研究室」が成立した。これは、はじめて、公式かつ明確に「東巴文化」、すなわち「トンパ文化」という語彙が使用された例となっている。この概念は一度使われると、瞬く間に広がっていった。「文化」の範疇には、もともと「宗教」に属していた内容が含まれており、「東巴教」を「民族文化」として位置付けるこの試みは、当時においては大きな実際上の意義を持っていた。つまり、先に民族文化として位置付けたうえで、これを保護、研究することは理にかなうだけでなく、合法でもあり、このことから、トンパ経の翻訳と整理、トンパ文化の研究と解釈という作業が全面的に展開できる。つぎに、その明確で独特な名称はナシ族の民俗伝統文化のラベルとなり、その結果、全国の五十六に及ぶ民族の文化群のなかで抜きんでた存在となったのである。この意味での価値は、以下で述べるトンパ文化の商業化のなかでも十分に展開されている。(3)

トンパ文化研究室が成立したのち、十数名の老トンパたちを招き、また若い大学生を招聘して、トンパ経の翻訳、編纂作業を開始した。二〇〇〇年までに、トンパ文化研究室の作業従事者は、一〇〇〇冊近いトンパ経やトンパ文、国際表音、直訳、意訳の四つの対照させた一〇〇巻本である『納西東巴古籍譯注全集』を整理、翻訳しており、これらはトンパ教がユネスコの「世界記憶遺産」リストに登録される重要な基礎となった。当然、こうした高度な漢文化教育を受けた学者がトンパ経を中国語に翻訳する過程では、漢文化の基準に依拠した選択や修飾といったプロセスを避けることは難しい。

これ以降の十年余りは、トンパ文化研究の成果が最も豊富であった時期となる。トンパ文化を研究する若手研究者が続々と現れ、多くの論文が世に問われ、『東巴文化論集』(郭大烈、楊世光編、一九八五年)や『東巴文化論』(郭大烈、楊世光編、一九九一年)などの論文集が出版された。トンパ文字や宗教信仰の側面で従前の研究がより深く、継続的に研究されたほか、音楽や舞踏、筆法や絵画などのトンパ文化の芸術的側面およびトンパ経の含む哲学的な思想にも研究が拡大した。近代化の進行にともなって、民族地域の雰囲気や自然環境が急速に変化するなかで、トンパ経にみられる人間と自然との融和と親睦、人と社会の調和のとれた発展などの思想が重視されるようになってゆく。このプロセスには、トンパ文化の思想内容は、社会の思想傾向の変化にともなって、繰り返し発見され、解釈されてゆき、トンパ文化の価値もますます高められることを見出すことができる。かつて封建迷信の伝播者と看做されたナシの知恵者たちは、民族文化の伝承者へと変わった。すなわち、古くは清代の「改土帰流」の時期から影響力を弱めはじめ、自然や精霊崇拝を主要な内容とすることから原始宗教の代表とされたトンパ教は、「文明的な」文化と看做され、トンパ経も「ナシ族の古代社会の百科事典」と看做されるようになったのである。

一九九〇年代以降のトンパ文化の内容に対する解釈と発展

一九八〇年代からのナシの人々によるトンパ文化研究は、トンパ文化の膨大な内容とその芸術的な成果を十分に示すものであった。観光産業の発展を背景として、一九九〇年代以降、トンパ文化の含蓄は、当然のように、さらなる解釈と発展を遂げることとなった。一九九九年におこなわれた「中国麗江国際東巴文化芸術フェスティバル」はその典型例である。

一九九九年になると、麗江の観光業はすでに急発展をはじめており、さらに国内外に麗江の知名度を高める必要との兼ね合いから、ナシの学者と現地政府の協力のもと、この芸術フェスティバルが準備された。芸術フェスティバルの盛大な開幕式、会場の配置から演出するプログラムにいたるまで、トンパ文化の輝かしさを意図しないものはなかった。演台の真ん中に掲げられたシンボルマークは、大きく書かれた「東巴」の文字であり、地球、蒼天、金色の枠縁のもとに配置されたそれは、今まさに世界に向かうトンパ文化の価値をはっきりと示していた。獅子山の山頂から会場正門まで長さ一八〇メートル、幅九メートルの「世紀図」が掛けられたが、これは、トンパ教の「神路図」を模写したもので、巻物の長さと幅において従来のギネス記録を破った、といわれている。会場の周囲には、トンパ絵画が飾り付けられた。二省七県から招聘を受けた一〇〇名近いトンパが法服の正装で駆けつけ、演台左側の観覧席に配置された。全期間を通じて、彼らはナシ族の伝統文化の重要な伝承者と位置付けられて、厚遇された。トンパ文化の「優秀さ」「豊富さ」「独特さ」などの特徴が再び強調され、トンパ文化のいくつかの面に新たな解釈が施され、新たな内容が付与された。たとえば、『神路図』は元来トンパ教において世界の輪廻と人と自然界の神秘的な関係などの観点から描かれた巻物だが、「宗教は希薄化し、文化を突出させる」指導思想のもとで、名称は「世紀図」に変更され、「地界」の部分は巻き取られて見えなくなり、先端の全神坐像の部分も赤く、明るく輝く「太陽」の装飾で覆い隠された。翁乃群は、この開幕式での七対の陰陽柱がどのようにグローバリズムの背景のもとで創作されたのかを、詳細に論述している（翁　二〇〇二）。

芸術フェスティバルの後には、「恒久的な展示の形式で、トンパ文化の芸術を伝える」（白庚勝　二〇〇一）ため、麗江の県城北側にトンパ文化の豊かな内容を展示する園林である「トンパ万神園」が起工された。芸術フェスティバルで使われた「世紀図」や多くの装飾品はこの場所に運ばれ、そのほかに、トンパ経のなかの数百の神々も木造彫刻の形で再現された。二一〇〇年来、ずっと人々の意識のなかにあった神々が、実際の姿をとって観光客に展示されたのである。

もちろん、一九九〇年代にもっとも活発になり、精彩を放ったのは、やはり市場化した一部のトンパ文化である。この新しい時代の命題のなかで、書斎を出て市場に向かった一部のトンパ文化には、「新たな」発展が待っていた。

二、観光市場に入ったトンパ文化

一九九〇年代以降、観光業は、麗江の主力産業となった。麗江観光のイメージの創造者、麗江観光推進の主体として現地政府は早くから民族文化の観光開発への価値を認識していた。「伝統的」、「優秀性」、「独特さ」、「神秘性」などの特性でラベリングされたトンパ文化は、当然のこととして、麗江の魅力を増し、観光客を引きつける重要な文化資源となった。

トンパ文化の「ブランド」としての利用

九〇年代に麗江が観光業を開始したのちの、トンパ文化の「資源」としての「価値」は、そのブランド化がもたらした効果に反映されている。観光宣伝において、意識的あるいは無意識に「トンパ文化」は「ナシ文化」の代名詞となった。「トンパ文化」を記号に用いて大規模に宣伝をおこなう事例は、一九九〇年の北京ですでに表れている（楊礼吉　一九九八）。後に、トンパ文化をテーマとして麗江を宣伝し、ナシ文化を宣揚する各種活動が繰り返し北京や昆明などのナシ族の文化人のいる学校や都市でおこなわれ、雲南の片隅にあるナシの街が全国さらには世界の視野へと入りはじめた。

一九九九年の国際トンパ文化フェスティバルは、トンパ文化の発展と創造であっただけでなく、トンパ文化を主要な内容とする麗江文化の初めての大規模な宣伝と利用の機会でもあった。あるフェスティバルを計画したナシの学者がはっきりと述べているように、彼と当時の県委員会書記がこのフェスティバルを計画した重要な目的は、トンパ文化という精神財産を経済、社会の進歩を促進させる物質的財産へと転換させることだった。「我々の立場は、全面的にトンパ文化の芸術的に優れた品々を展示し、ナシ文化の精神をしっかりと提示し、麗江の知名度を高め、巨大な社会利益と経済利益を生み出すことにある」（景宣　二〇〇〇：一五）。芸術フェスティバルのそれぞれのプログラムはすべてこの目的に沿うものであった。例えば、開幕式は雲南省の衛星テレビを通じて世界に向けて放映された。三大トンパ儀式の展示は、トンパ文化の古さと神秘さを示すこととなった。いくつもの民族民間音楽と舞踏の演出も麗江の多彩で神秘的かつ独特な民族文化を示すものであった。「地方民族旅遊商品展銷会」はより直接的にこの芸術フェスティバルの経済指向性を明らかにしていた。

このあと、二〇〇〇年、二〇〇一年のゴールデンウィーク期間に、麗江は二回の「トンパ文化」と命名した観光フェスティバルを挙行する。しかし、観光フェスティバルの内容から観光の経路、行事の配置にいたるまで、トンパ文化と関連性があるものは少なく、ますます、いわゆる「トンパ文化何々」という名称のみのこととなってしまう。

観光市場において、「トンパ」の名称は、様々な場合に借用されている。具体的には、「トンパ何々」という名称を冠した商品が麗江の市場には溢れることとなる。当該地域と外地から持ち込まれた漢方薬は、「トンパ草薬」、「トンパ医学」などの看板のかかった商店で売り出される。トンパ文化の神々のイメージや神話、故事の内容でもって装飾した旅館やホテル、観光スポットが麗江各地に溢れている。なかには「トンパ焼き魚」、「トンパベーコン」、「トンパ火鍋」、「トンパ陶器」、「トンパ銀器」などといったものもあり、「トンパ民宿」、「トンパマッサージ」、「トンパ美容」など意味を理解しがたい名称すらあらわれるに至った。

トンパ書画とトンパ芸術工芸品

名前の借用を除いて、トンパ文化のうち、利用開発の容易なトンパ書画などの内容は真っ先に市場化し、経済価値を実現した。その基礎の上に、各種のトンパ文化工芸品を産出することとなった。

トンパ芸術が現代人のために用いられ、新たな時代の特色を付与されたのは、一九八〇年代に遡る。当時、一部のナシの芸術家を中心とする若者たちが「現代東巴書画研究会」を組織し、現代人の思考観念、芸術言語と表現手法を用いて、トンパ芸術のエッセンスを吸収し、時代の息吹を具えた芸術作品として、「現代トンパ画」を創作していた（卜金栄主編　一九九九：二三九―二四〇）。これらの作品は国内外で幾度も展示され、賞を獲得し、大きな影響力をもった。麗江の観光業が発展してからは、現地の芸術家と、外からやってきた芸術家たちがオールドタウンのなかに店舗を構え、トンパ書画を販売した。しかし、価格が高く、一般の観光客にはあまり購入されなかったことから、観光業が発展するなかで、麗江でさらに流行したものは、工業化され大量生産、販売が可能なトンパ文化観光記念品であった。

麗江の土産物市場の発展のなかで、トンパ文字画が木板に書かれたり、瓢箪やお面のような木製器具のうえに彫刻されたり、あるいは直接Tシャツに書かれているようなものが、「トンパ文化工芸品」と称されるようになってゆく。それらは廉価で、持ち運びが容易なことから、観光客に喜ばれた。同時に、観光客の需要に合わせるために、これらのトンパ工芸品の製作方法も変化し続けている。最初期の制作者たちは、自分たちの書や画を使用し、自ら彫刻しており、書画に一定のレベルを求めただけでなく、彫り刻む工芸の手法にもこだわりをもっていた。しかし、生産数の増加を追い求め、コストの低下を図る過程で、機械生産された、粗雑なトンパ文化土産が主流となってゆき、トンパ工芸品は「観光商品」となった。こうした、完全に新たに創造された土産において、トンパ文字はその「様相を一新」した。「見た目が良い」、「美しい」ものであるために、一部のトンパ文字は躊躇なく書き換えられた。トンパ経のなかのカラフルな色彩を好む特徴は、大げさに誇張され、もともとあった素朴で気品のある特徴は失われた。さらには、「歩歩高昇」(とんとん拍子に出世する)、「恭喜発財」(大儲けおめでとう)などトンパの経典にはなかった語彙まで新たに生み出すにいたった。その結果、一九九八年に現地政府がおこなった調査が示すように、観光マーケットでは八〇~九〇パーセントのトンパ文字や絵画に誤りや不適切な使用がみられるようになっている。

トンパ舞踏とトンパ祭礼

トンパ儀式で演奏する音楽舞踏はその形成において、一貫して、民間の音楽舞踏と緊密な関係を保持してきた。宗教儀式に用いられる音楽と舞踏ではあるが、トンパ音楽舞踏は強い生活性を保持している。麗江の観光業が発展するなかで、このトンパ音楽舞踏はもちろん観光市場の舞台へと押し上げられた。はじめに観光客と向き合い、観光業と結びついたトンパ音楽、舞踏パフォーマンス団体は「東巴宮」(トンパ宮)であった。その創始者は、かつて麗江地区の文化局局長、観光局局長を務め、トンパ文化の調査研究をおこなったことのある人物である。トンパ宮は、初めに四人のトンパを招き、毎晩、観光客に対してトンパの詠唱、トンパ舞踏、トンパ文字の書法などのパフォーマンスを実演させていた。これは、「学術性に富んでいる音楽と舞いの舞台」という趣旨のもと、一回に二時間近いパフォーマンスのなかにナシ文化の舞台化できるあらゆる注目点を盛り込んだ内容であった。しかし、二〇〇九年六月以降、激しい市場競争のなかで、パフォーマンスの内容は大きく変わり、へそを露出した少女による「トンパファッション」の成人向けの激しいダンスショーのプログラムまで現れるに至った。

一九九九年の国際麗江トンパ芸術フェスティバルのあとで建設されたトンパ万神園にもトンパが招かれて、観光客のためにトンパ舞踏や詠唱を披露し、園内の三〇〇以上に及ぶ巨大な彫刻とフェスティバルに際して作成された神路図の解説と結びつけられている。かつては、トンパたちは祭祀活動をおこなうたびごとに、必要に応じた泥製の神仙精霊の人形（泥偶、面偶）を作製するが、これは、祭祀が終了するとふつうすべて破棄していた。ここでは、展示の必要から、トンパ教の一万以上の神霊の塑像が巨大化され、一緒に集められている。二〇〇五年一月に開業したトンパ谷は、名称こそ「トンパ谷」だが、その内容はむしろ周辺地域の比較的特色のあるいくつかの少数民族の歌舞や手芸を展示している。

かつてナシの人々が生み出したトンパ教の信仰とトンパ儀式の挙行は、商業化スタイルで運営される観光でのパフォーマンスとなり、その目的は、観光客の異文化理解、場合によってはその猟奇的な好奇心を満足させるものとなり、迎合を重ねるなかで、観光客の歓心を買うパフォーマンスへと零落している。たとえ政府が主催する重要人物を迎えるための、あるいは民族の重要な行事でのトンパ儀式であっても、宗教儀式としての規則や禁忌をすでに失い、地域の特色を顕彰する文化的な盛り合わせになってしまっている。

トンパ紙

トンパたちがトンパ経を写す際には、特別な、自分たちで作製した紙を使用する。原料が希少であること、生産量が少ないこと、さらには、このトンパ紙は紙質が厚く書や画を描くのには向いていないため、大量に紙を使用する都市部ではその製紙法は使われなくなった。しかし、トンパ紙の原料には僅かながら毒性が含まれることから、作製したこの紙は虫害に遭いにくく、長期の保存が可能であり、トンパ達が好んで用いるところとなり、永らく伝承されてきた。一九五〇年代になると、トンパ紙の作製は中断され、トンパ製紙技術も消滅の危機に瀕していた。八〇年代以降は、トンパ文化研究の復活に従って、二、三の村の数軒の家々がトンパ製紙を復活させた。ただし、その生産量は自家用と研究機関へ提供するのみのわずかな量だった。製紙原料も希少であり、市場の需要も限られることから、トンパ紙の生産量は非常に少なく、生業とするには程遠い状況であり、いつでも生産停止、伝承中断の可能性がある。

この状況と明確な対照をなすのは、麗江の観光市場で「トンパ紙」の名称で販売される土産物の大流行である。麗江古城の「トンパ紙」専門店には、この紙の素敵な工芸品が山と積まれており、トンパの服装を髣髴とさせる衣装を身にまとった従業員が、観光客にむけてトンパ紙の製造過程を実演している。しかし、調査によれば、二つの会社が手掛けるこれら「トンパ紙」はすでにトンパ紙の原料を使用しておらず、トンパの製紙技術も用いておらず、さらにはトンパが作製しているわけでもない（龍文 二〇〇九）。これらトンパ紙土産は異なる地域で製造され、原料も普通の紙と同一である。この二つの会社は、商業化の中で商標権がこうした競争においては重要であることに気がつき、それぞれ「トンパ紙坊」の商標と「トンパ紙」のネットドメインを登記し、さらにトンパ製紙技術に関連する一連の特許を国家知識産権局に提出した。特許は、のちに、大量の告発があったことから、その無効性が宣告される事態となった。その真実性あるいは文化的含有性から考えて、これらの専門店には非常に大きな問題があるが、けれども、そのことが彼らの商売上の宣伝には影響を及ぼすことはなく（それが事実でないとしても）、また、彼らの観光市場での非常に勢いのよいビジネスにも何ら影響はないのである。実際、この二つの会社は、どちらも、億単位の年商を稼ぎ出している。

三、ナシの人々の生活のなかのトンパ文化

前述のように、清初の「改土帰流」とそれに伴う漢文化の麗江への流入以降、トンパは次第に山間部や農村に後退していったが、これは、教義が系統化されず理論化が図られなかったトンパ教にとっては衰退への道をたどりつつあったといえる。中華人民共和国建国後は、文化大革命と、幾度かの極左的運動による衝撃のなかで、トンパ教は迷信として全面的な禁止を受けることとなり、トンパの活動も多くの地域では消えかかっていた。それゆえ、観光産業の巨大な波が押し寄せる以前の麗江では、多くの、普通の人々はトンパ文化に対して強いアイデンティティは形成していなかった。筆者が一九九〇年代に麗江でフィールドワークをおこなっていたとき、少なからぬ現地の知識人たちは、筆者に真剣に告げたものである、「トンパ教は神を騙りあやしのものを操る、封建迷信である」と。九〇年代後期には観光市場がトンパ文化の復興に経済的な支柱を提供したが、この種の復興は、逆に文化はもともとの方向から離れていってしまう。トンパ文化は次第に、観光客が十分受け入れることができる一般大衆文化へと同調してゆき、それがもともと有していた豊富な内実を失ってゆく。観光マーケットにおいて展示、上演可能な、特色ある芸術内容は非常に盛んになる一方で、実際の生活のなかではトンパ文化がますますナシの人々と疎遠なものへとなっている。この状況について、研究者たちは深い憂慮を示

してきた。二〇〇一年に麗江政府が組織した調査研究グループの結論も、同様の懸念を示している。それによれば、麗江県には一〇〇名近くのトンパ文化活動に従事している人々がいるが、トンパ教について全面的な知識を持つ者と比較的高いレベルの知識をもつ者は、六～七人しかいない。ナシの人々の社会生活においてトンパの儀礼活動はほぼ見られなくなっていた(和力民 二〇〇一)。

他方で、一九九六年から二〇一六年にかけてのこの二十年間に、麗江の観光客数と観光収入は数十倍となる発展を記録し、この観光市場においてトンパ文化の価値は大きな承認を得て、民間においても、政府側でも更なる発言権を獲得した。一般的なナシの人々も改めてトンパ文化に注目し、様々なレベルでトンパ文化を認めてゆく趨勢となってきた。観光業が盛んな都市部だけでなく、かつてトンパ教の影響が色濃かった周辺部の村落においても、民間のトンパ文化伝承組織がますます多くなっており、トンパ儀礼の活動もより頻繁におこなわれるようになっている。調査によれば、現在の麗江ではすでに二十あまりのトンパ文化伝承学習機構があり、一〇〇〇人近くの人々がかなりの時間でトンパの文化知識を学んでいる(楊傑宏 二〇一三)。このことと、政府の関連する政策およびナシの文化エリートによるトンパ文化の保護、伝承活動には密接な関係がある。

学者と政府による保護、伝承活動

一九八〇年代のトンパ文化研究は、トンパ文化の価値を示すことだけでなく、トンパ文化が直面している伝承の消失、断絶の問題も指摘していた。問題意識を持った麗江の一部の人々は、トンパ文化のサルベージと伝承を唱え始め、それは実際の行動をともなっていった。二十年近い努力を経て、今日ではそれは、一定の成果を生み出しつつある。

前出の和万宝は、一九八〇年代に退職すると、『論語とトンパと共産党宣言とコンピュータ』で事をおこない、群衆に宣伝し、群衆を組織し、群衆に中国特有の社会主義路線を歩むことを自覚させる」考えを提出した(和万宝 一九九四)。彼は、トンパを招聘して自分の村落でトンパ文化の伝授と儀式の挙行を依頼した。一九九八年になると、トンパ文化研究所の和研究員は、研究者とトンパの二つの身分で故郷にナシ文化研究学習館を設立し、知識の豊かなトンパを招いて教師とし、ナシの青年を組織してトンパ文化を学習する場を設けた。この村では、次第に、天、地、祖先などを祀るトンパ儀礼が復活しつつある。和研究員自身も大トンパになり、要請に応じてほかの地域に赴きトンパ儀礼を主催してきた。二〇一二年には、彼は政府と協力して、ナシ文化研究学習館を基礎として、麗江市古城トンパ文化伝承学校を設立している。雲南省社会科学院のナシ族の郭研究員は、子供へのトンパ文化の知識の授与を重視している。彼と夫人の主催のもと、一九九九年に黄山完小学校にトンパ文化学習クラスを開設し、毎週の自由学習（興趣課）の時間にトンパ文字やトンパ経典、トンパ舞踏を教えている。郭研究員による小学校を利用して民族文化知識を広めるこの手法は、広く紹介されるようになった。二〇〇〇年には、ナシ族で、雲南省社会科学院の楊研究員がフォード資金を獲得し、七名の少年を招集、トンパ文化研究所のトンパたちを教師として若い世代のトンパ養成を開始した。現在、すでに全面的な知識を持ち、多くの種類の儀式を主催できる大トンパを育て上げている。また、トンパ文化博物館の元館長は、トンパ文化を民俗事象とみなし、健全なトンパ文化を広める運動を展開している。トンパ儀式の開催にあたって一定の経済援助をおこない、トンパ文化学習クラスを設けて、トンパ文化知識の普及を図っている。

学者たちの推進、「文化強県建設」の掛け声、観光業の舞台などの実際の必要性から、現地政府もいくつかの政策を実施している。たとえば、二〇〇一年と二〇〇五年には、麗江県と雲南省の『トンパ文化保護条例』を公布した。この条例は、細則が欠けている、実際には実施の貫徹が困難であるなどの欠点があるものの、宗教文化のために法的保護を与えた社会的影響はやはり大きかったということができる。一九九八年には麗江県の比較的トンパ文化の保存状況がよい六つの郷鎮を「トンパ文化原始生態保護区」に定め、健全なトンパ民俗活動の展開を奨励した。この数年、現地政府は、これらの村落におけるトンパ文化の伝承活動に対して、一定の経済的補助を支給しており、トンパ文化研究院の学者が定期的にこれらの地域を訪れて授業をおこなう活動も策定している。

そのほか、政府主導の申請によって、二〇〇三年にトンパ古籍が「世界記憶遺産」（MOW）に、二〇〇六年にはトンパ絵画とトンパ製紙が「国家非物質文化遺産」リストに登録され、これらのブランド価値はさらに高いものとなった。しかし、このリストに入らなかった「トンパ詠唱」、「トンパ舞踏」、「トンパ儀礼」などトンパ文化は、まるで捨て子のような扱いとなった。これは、トンパ文化に系統だった、総体的な保護を進めるうえでは、よいことではないように思われる。

政府は、経済的な側面を作業の重点として誘導した。このことは、トンパ文化を、観光が「唱劇」ための「舞台」の材料、すなわち観光業が経済的に発展するための舞台装置としてのトンパ文化という状況を引き起こしているが、その結果、トンパ文化の保護、伝承に関する作業の方向性と性質を制限してしまうことになる。文化そのもののパースペクティブから出発したものでもなく、また、トンパ文化の宗教、信仰的属性と向き合うことができない近年の政府の保護、伝承作業は、いまだキーポイントとなる問題に触れていない、ということが言える。

市場化活動のなかでの保護と伝承

トンパ文化の伝承、保護のうち、観光スポットである玉水寨は、もっとも先端をいっている、といえよう。玉水寨の責任者は、自らの民族文化をこよなく敬愛するナシ人であり、彼は、民族文化が観光の発展と融合するなかで、文化の保護伝承と、観光地の文化内実の充実を成し遂げようと考えている。この考えから、一九九八年に玉水寨を開業した頃、トンパの教員を招き、人々を募集して「トンパ村」を組織した。このうち、一部の人々は専門的にトンパ文化を学習し、また一部の人々は、トンパ文化の開発に従事した。二〇〇〇年頃には、玉水寨のなかに、トンパ寺院を建立し、その内部にはトンパ教のなかでもっとも重要な三体の神像を納めた。その結果、トンパ教は成立宗教の二つの要素（寺院、専門宗教職能者）を備えることとなった。二〇〇三年には、玉水寨が先頭に立って麗江市ナシトンパ文化伝承協会を形成し、現在ではトンパ文化の伝承や研究者を繋ぐ重要な拠点となっている。

この協会では、毎年旧暦三月初五をトンパ教開祖の誕生日と定め、トンパたちをこの場所に集めて「トンパ法会」を開き、関連のあるトンパ儀式を挙行し、トンパ文化の継承と保護に関する事柄を協議することとなっている。その規模は回を追うごとに大きくなり、四川省のトンパですら参加するようになっている。また、玉水寨は、二〇〇九年、正式に「玉水寨トンパ文化伝習学校」を開設した。ここには、山間の僻地の村々から、学校で学ぶ機会を失った子供たちを集め、詳細なトンパ養成計画と、修学体系とを定めて教育している（修学年はそれぞれ、二年、四年、十年である）。さらに、二〇一三年から、ナシトンパ文化伝承協会は、トンパの内部評定「学位」（トンパ大法師、法師、伝承員、学員）制度を実施している。この評価委員は、大トンパと関係研究者から成り、無記名式の投票方法で決定する。この評議の結果は、地域の文化広電新聞出版局の承認を経て、当該地域の政府から認定証が発行されるようになっている。

民間の自発的な復興と普及活動

八〇年代以降、社会、政治の空気が変化したことにともなって、トンパ文化の保存がより整っていた村落では、トンパたちの活動がいくらか回復しつつあった。一九八三年、トンパ文化研究室との協力によって、「東巴達巴座談会」が開催され、当時健在だった六十余名のトンパたちが集まった。この座談会では、トンパ文化はナシ族の優れた文化伝統であるという新たな政策が明確にされた。座談会ののち、疑念を抱いていた一部の老トンパたちは、その思想上の重荷を降ろしはじめた。塔城郷署明村のある老トンパは、この座談会に参加してから、村で祭天、祭署（自然神への祭祀）などの儀式を復活させ、積極的に村の中年、若者たちにトンパ書画や詠唱、トンパ舞踏、トンパ儀式を教授するようになった。一九九八年には、この村にトンパ文化学習小組が設置され、系統だった、正式なトンパ知識の授与が開始された。

一九九九年の国際トンパ芸術フェスティバルが開催されてからは、トンパ文化はより政府の重視するところとなり、トンパ祭祀が復活する村落も増加した。魯甸郷新主村や、太安郷天紅村、宝山郷梧母村、大東郷熱水台村、金山郷貴峰村などトンパ文化が色濃く残された場所、あるいは、積極的な指導者がいる村では、トンパの伝統的な儀式が次第に復活し、今に至っている。これらの村の伝承を支援する組織は、独立してトンパ儀式を主催できる若いトンパを養成しており、祭天、祭署、祭主などの多くのトンパ儀式が見られるようになった。そして、トンパ儀式は次第に村民のさまざまな儀礼や行事に溶け込みつつあり、トンパ文化と伝統的民俗活動が結合して発展する傾向が現れている。たとえば、トンパ式祖先祭祀儀式がすでに民俗行事として定着したり、若者がトンパ式婚礼を選択することが増え続けている、トンパ式葬送儀礼をおこなう家庭が増加した、などである。

もちろん、人々が自発的におこなうこれらの儀式には、すでに大きな変化が発生している。かつて、ナシの人々がトンパ教を信仰してきたのは、トンパ儀式が人々の精神生活の必要を解決してきたからといってよい。しかし、無神論を特徴とする今日の中国の教育体制のもと、長年にわたって「文化を突出させ、宗教を希薄化する」トンパ文化の保護と伝承の趣旨にのっとって、今日のトンパ儀式は神や精霊への信仰を薄め、宗教儀式としての荘厳な雰囲気は大幅に減退している。そのほか、これらの儀式の様式的変化も認められる。元来、規模が大きく、数日の時間を要する祭天や葬送儀礼では、主要な儀式は残しつつも、そのほかの工程を短縮化し、普通は、半日あるいは一日で終了するように変化した。同じく、祭天などの儀式は、完全に女人禁制であり、部外者は儀式の場への進入を許されなかった厳格な宗教儀式であったものが、現在では、より娯楽としての要素が融合した民俗活動的雰囲気へと変化している。また、過去においては、それぞれの家庭で挙行していた祭天儀式が、現在では自然村やあるグループが団体として一緒におこなうことが多い儀式となった、などの変化も認められる。これらは、儀式が終了したのち、集団でのダンスなどの活動がおこなわれ、他の村落の人々や観光客であっても自由に参加することができる者が多い。このように、伝統的には神聖な祭天、祭祖儀式は、今日ではある種の世俗的な民俗文化活動となった、といえる。

近年、都市部のナシの人々によるトンパ文化に対する認識には、大きな変化が起こっている。トンパ書道と絵画は、麗江の政府が国内外の賓客へ贈る貴重なプレゼントとなり、トンパ文字を印刷した個人の名刺が都市部知識分子の流行となり、麗江市の民居には何幅かのトンパの象形文字や書画の掛け軸がかけられ、旧正月にはトンパ文字の對聯を貼ることも流行している。漢文化の教育を受けた都市のエリートのなかで、トンパ文化はある種の流行となっているのである。

結び——過去の未来はどこに？

ナシ学者の楊福泉は、ナシの人々によるトンパ文化へのアイデンティファイのあり方を四つのレベルから説明する（楊二〇一四：二七三―二七五）。まず、トンパ文化が国内外で新たな評価を得たことで、ナシの人々が民族の誇りを感じる状況を引き起こした。これは、表面的なレベルのアイデンティファイである。二つ目は、文化芸術といった視点からトンパ文化、芸術について改めて省察することを通じて、文化要素としてのトンパ文化へのアイデンティファイを進めたレベルがある。三つ目に、ナシ族の居住地において、トンパ教の儀式と民俗行事が融合し一体化した民間の活動に対して深い関心を寄せるようになった。四つ目のレベルは、トンパ教の信仰に基づくアイデンティファイのあり方であって、この種のアイデンティファイは、山間部の村落やトンパ教の信仰を維持してきたナシの人々のみ見受けられるとする。また、楊は、トンパ教の信仰のアイデンティティがあってはじめて、トンパ文化の強固な根幹と、脈々と受け継がれる重要な活力を長きにわたって維持できる。さもなければ、単なる商品化、上演のための「観光文化」として没落する一方であろう、とも指摘している（楊 二〇一四：二七三―二七五）。

かつて、ワグナー（Wagner）の提起した「文化の客体化」概念は、文化の記述者が研究対象の一般化、物象化、そしてある種の文化を「発明する」点を強調した（Wagner 1975）。太田は、沖縄の「海人」、遠野の民間故事の伝承者、北海道のアイヌへの分析のなかで、文化の客体化概念を観光現象の分析へと取り込み、文化の主体が自文化を客体化し、再創造し、新たなレベルでの自文化への自信とアイデンティティを獲得することを主張している（太田　一九九三）。筆者のこれまでの研究は、観光を主要な産業とし、外来文化とますます多くの、かつ広汎な交流を進める麗江にあっては、トンパ文化をめぐって上記の研究と同じく文化の客体化と伝統の再創造のプロセスが存在することを示してきた（宗　二〇〇六）。その導き手は、ナシ族の知識分子をリーダーとするナシの人々であるが、中国の政治的、経済的情勢のもとでは、これらのナシ族のエリートたちの思想や行為もまた政府（これには国家と地方政府を含む）と、観光市場の極めて大きな牽制を受けている。

政府は、各種の文化事項に決定的な力を持っている。五〇年代の宗教文化の全面禁止であれ、八〇年代の条件付きの黙認であれ、九〇年代の文化を奨励して経済発展に奉仕させる時期であれ、トンパ文化の命運はずっと政治に掌握されてきた。経済力を代表する観光市場は実用主義の原則に基づいてトンパ文化の一部の内容を開発利用したが、その特徴の一つは誇張（「原始」や「神秘」などがそれにあたる）、その内実は一面的発展（トンパ書画など）であった。しかし、観光市場におけるトンパ文化ブームは、一方で、ナシの人々の民族への自信とトンパ文化への自己同一を高め、他方で、一部のナシの人々に実際の経済的利益をもたらし、トンパ文化のある程度の復興を促進した。ナシの文化エリートたちが八〇年代に採用した方針、すなわち、宗教的性質を回避し、文化的特質を強調する戦略は、トンパ文化が合法性を獲得することを可能としたのみならず、九〇年代の政府の方針であった「文化の舞台で、観光（経済）が劇を演じる」の需要とも合致するものであった。このため、トンパ文化は麗江観光の特色へと昇華すると同時に、ある程度発展し、創造され、ナシの人々の民族の誇りと自己同一視を強化する作用を引き起こした。近年ではトンパ文化の宗教的属性を強調する傾向が現れている。八〇年代にみられた、学術研究では宗教的な色彩をあまり含まないトンパ文字や絵画、舞踏を中心とし、トンパ経にみられる人と自然の調和などを解釈した研究テーマであれ、二〇〇〇年前後の時期に代表されるトンパ文化の観光化のなかでの発展、パッケージ化であれ、近年において顕著なトンパ文化の宗教的属性の強調による民族の凝縮力を向上させる傾向であれ、これらはすべて、ある種の自文化に対する選択と創造をおこなう、文化の客体化のプロセスであると考えられる。

このように、ナシ族エリートの積極的な牽引、後押しのもと、また、経済力と外来勢力を代表する観光市場の宣伝、開発のもと、さらに、現地政府のトンパ文化をプラットフォームとした経済発展政策の主導のもとで、今日のナシの人々の「復興した」トンパ文化は、かつてのトンパ文化ではなく、現在の政治情勢が許す範囲での、観光客たちが「楽しめる」、ナシの人々が「古くからの伝統文化」と認めるところの存在なのである。近年のトンパ文化を取り巻くあらゆる状況がこの過去の文化をどのような方向へ導いてゆくのか、トンパ文化の未来はどのようなものであるのか、我々は今後も注目してゆく必要があるだろう。

注

(1) 本稿では日本での一般的な表記法に倣って、「東巴」を「トンパ」、「納西」を「ナシ」と表記する。ただし、著作や研究機関の名称などの固有名詞に限っては、中国語の表記を踏まえた漢字表記とする。

(2) 筆者が二〇〇一年におこなった麗江でのアンケート調査によれば、「トンパ文化は我々ナシ族の優れた伝統文化である」の項目への回答は、一八六部のアンケート全体のうち、一八〇部で肯定的回答となり、全体の九六・七七パーセントを占めている（宗 二〇〇六）。

(3) この部分の記述は、二〇〇〇年に著者がおこなったナシの学者である郭大烈のインタビューに基づくが、当時、多くのナシ族学者がこの観点を持っていた。

参考文献

翁乃群「全球化背景下的文化再生産——以納西文化與旅遊業発展之関係為例」（『人文世界』第一輯、華夏出版社、二〇〇二年）

太田好信「文化の客体化——観光を通した文化とアイデンティティの創造」（日本民族学会編『民族学研究』五十七巻四号、一九九三年）三八三—四一〇頁

景宜『節日與生存』（作家出版社、二〇〇〇年）

宗暁蓮『旅遊開発與文化変遷——以雲南省麗江県納西族文化為例』（中国旅遊出版社、二〇〇六年）

白康勝「〝東巴万神園〟創意」（『国際納西学学会通迅』第一期、二〇〇一年）

卜金栄主編「納西東巴文化要籍及伝承概覧」（雲南民族出版社、一九九九年）

楊傑宏「多元互動中的旅遊展演與民俗変異——以麗江東巴文化為例」（『民俗研究』二〇一三年第二号、二〇一三年）

楊福泉「東巴教報告——雲南東巴教與東巴文化現状（一九四九～二〇一三）」（邸永輝主編『中国宗教報告』社会科学文献出版社、二〇一四年）

楊礼吉「納西族東巴文化展籌備及在京展出始末」（政協麗江納西族自治県委員会編『麗江文史資料』第十七輯、一九九八年）

龍文「莫譲東巴造紙伝統失伝」（『中国発明専利』二〇〇九年二号、二〇〇九年）二八—三三頁

『麗江日報』編集部「〝九九中国麗江国際東巴文化芸術節簡介〟」（『麗江日報』第一版、八月十八日、一九九九年）

麗江納西族自治県志編纂委員会編『麗江納西自治県志』（二〇〇一年）七八七—七八八頁

和万宝「関於〝大来民族文化生態村〟的設想」（『東巴文化報』第三版、一九九四年）

和力民『経済全球化與東巴古文化的伝承』（草稿、二〇〇一年）

Wagner, R. *The Invention of Culture*, Chicago: University of Chicago Press, 1975.

琉球・中国の交流と龍舟競渡――現代社会と民俗文化

松尾恒一

まつお・こういち――国立歴史民俗博物館教授、総合研究大学院大学教授、千葉大学大学院客員教授。専門は民俗宗教。主な著書・論文に『物部の民俗といざなぎ流』（吉川弘文館、二〇一一年）、『琉球弧――海洋をめぐるモノ・人、文化』（編著、岩田書院、二〇一二年）、「清代、南シナ海の海商・海賊、漁民と媽祖信仰、歴史と伝承」（『儀礼文化学会紀要』通巻四十七号、二〇一七年）などがある。

沖縄は、琉球国時代、明・清に朝貢し、民俗文化の面でも大きな影響を受けた。しかしながら、その伝承については日本文化としての観点より本土との異質性、特質が考究されても、起源となった中国の民俗文化との比較は充分、行われてこなかった。本稿では、沖縄と中国との、現代に伝承される龍船競争（ハーリー／賽龍舟〈サイロンジョウ〉）をとりあげ、特に戦後における民俗と政治・経済との関係性や、農村より都市に変貌した地域における文化遺産化について、それぞれの実態に注目して、現代に伝承される民俗文化の意義について論じる。

はじめに

琉球地方における民俗芸能、年中行事としてよく知られているのは、日本本土の先祖供養の念仏踊りの系統に位置づけられるエイサーである。しかしながら、本稿では「ハーリー」の呼称が一般的で、離島を含む琉球地域全域で伝承されている龍舟競争をとりあげて、その民俗文化としての意義を現代社会の視点から考えたい。

龍舟競渡をとりあげるのは、明・清代に強い結びつきがあった中国から伝来したことが間違いないことと、その起源となった中国においても、広域で行われていることより、現代への伝承、地域における変容、民俗としての定着について、その差異を、国を越えて比較検討することに大きな意義があると考えるからである。

民俗文化の多くは、高度経済成長期を経、二十一世紀に入った現代、都市化する社会のなかで、生活や生業との関わりの希薄化、また村落の過疎化により、大勢としては衰退、断絶する傾向にある。こうした趨勢のなかで、観光化による無形文化の活用が地域や行政レベルで積極的に試みられている点等にも注目して、沖縄、中国、それぞれにおける民俗文化の現代的な意義について考察する。

一、ハーリー船競争——明からの伝来と変容

八重山地域のハーリー

沖縄における現代のハーリー船競争は、本島より西南の八重山・与那国にまで分布しており、諸島嶼全域で行われている、沖縄では非常に盛んな、ポピュラーな行事である。

その起源は、琉球の正史『球陽』に、明の時代の龍舟競渡が琉球に伝えられたことより始まったことが明確に記されている。明の時代、明と琉球の間には朝貢交易が行われていたが、中国における、端午の行事としての龍舟競渡（賽龍舟（サイロンジョウ））が琉球に伝えられたのである。

本文献には、「世譜ニ云ク、毎年五月ノ龍舟競渡ハ、コレ亦三十六姓ノ閩人、国ニ至リ、然ル後始メテ此舟ヲ造リ、江ニ競渡スト、云爾。」と記されている。閩とは福建のことで、福建の習俗が、伝えられたことがはっきりとわかる。

『三国通覧全図』（国立歴史民俗博物館蔵）は、江戸時代、清の時代の、琉球と中国との航路図である。三つの航路が示されているが、船は那覇から出発して、島伝いに中国をめざし、福建の港に到達し、ここから陸路で北京まで赴くことになる。この中国の港のある地域、福建と琉球との文化的なつながりは非常に強いものがあったのである。

ここで、中国と沖縄の現代の龍舟競渡についてみてみると、その分布は図に示した通りである。（**写真1**、中国大陸については、二〇一一、一二年の龍舟競渡の催行をwebsiteに基づいて作成した）。本分布図により、龍舟競渡（賽龍舟）は、現在の中国においても、広域で盛んに行われている民俗行事であることがわかる。しかし、そのほとんどは、五月の端午の行事として行われている龍舟競渡である。

一方、琉球、沖縄地域では、福建の端午の龍舟競渡が、まず沖縄本島の那覇港より入り、五月四日の行事として行われるようになった。琉球の龍舟競渡がなぜ中国大陸より一日早く、「ユッカヌヒー（四日の日）」と呼称され、端午の意識が消えたのか。それについては今後の研究課題になるだろう。ちなみに、年中行事としての墓参が、日本本土においては春秋の彼岸、及び、盂蘭盆会といった仏教に基づく行事の年三回行われている。これに対し、明・清代の影響の強い沖縄で

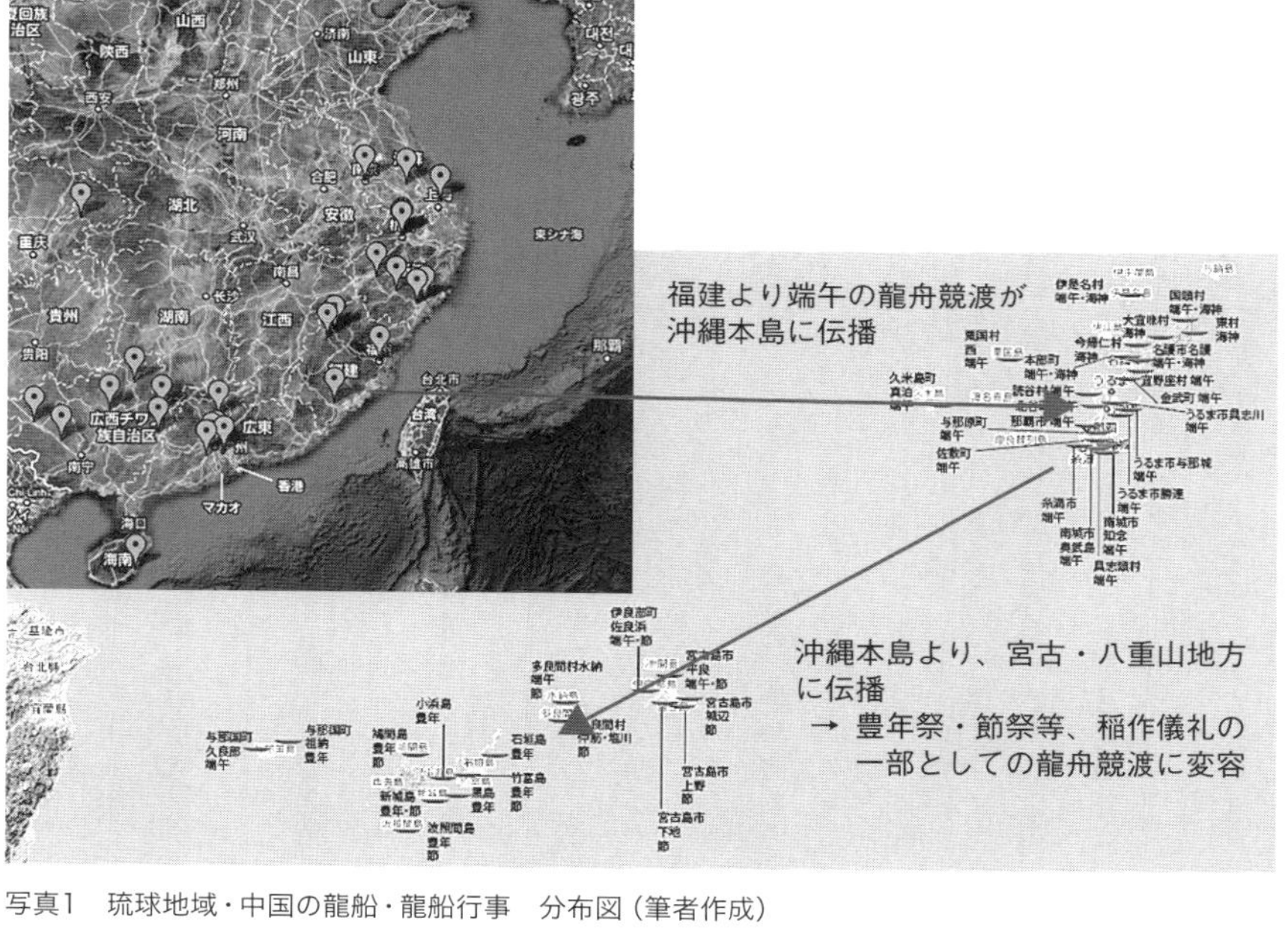

写真1　琉球地域・中国の龍船・龍船行事　分布図（筆者作成）

は、四月五日に民間で清明節が行われている。しかしながら、琉球王府の系譜を引く、伊是名島の清明節だけは、一日早い四月四日に行われ、現在も継承されている。琉球の龍舟競渡が、端午節より一日早い五月四日に行われるのは、中国起源であることの意識を、琉球王府が意識的に希薄化させようとした可能性があるのではないかと考えられる。

文献資料により、琉球に明代の端午の行事としての龍舟競渡が入り、民俗行事として、琉球全域で行われるようになったことがはっきりとわかるが、本島・那覇より四〇〇キロメートルほど西南の西表島、黒島では、稲作の祈願と関わる年中行事「豊年祝」「節祭」と結びついて行われるようになった。

節祭の催行日は、稲の収穫が完全に終了した九月～十月頃である。「節」とは、その文字通り、一年の変わり目を意味しており、地域の人たちは「節祭は農民の正月であると伝えられ、現在もそのように認識している」と明確に説明する。西表島では慶来慶田城による西表島統治の拠点となった祖納のほか、その隣の干立集落において、龍舟競渡が「節祭」の行事のなかで行われる。本行事では、ミリク（弥勒）が稲をはじめとする五穀を捧げ持つ行列を従えて、龍舟競渡の行われる海浜に登場する。供え物として、稲穂・粟穂、サツマイモ・麦・大豆等の五穀が供えられるが、ミリクは、海の彼方より、これらの恵みをもたらす神として信仰されているのである。ミリクという仏教由来の神霊であるが、海上彼方の異郷「ニライカナイ」の信仰と結びつき、ミリクを海で迎えるための行事として、龍舟競渡が行われるようになったのである。この西表島の龍船競渡では、勝った方の船にミリクが乗って、福をもたらしてくれると信仰されており、競渡が終わり、勝負が決するとともに、漕ぎ手の代表が、御嶽(うたき)で祈りをささげるツカサ（女司）のもとへ走り、勝敗の結果を報告し、盃事が行われる。

浜辺には、先端に華やかな装飾の付けられた旗頭が立てられるが、その先端の造形にも稲作の豊作への願いが込められている。そのひとつに「ガヒャ頭（鎌頭）」と呼ばれる旗頭があるが、頭の「ガヒャ」とは鎌のことである。中央の真っ赤な円形は太陽を表している。太陽の光がなくては、稲は成長しないが、太陽の両側の鎌は、稲穂を刈り採るための道具である。その下には、鍬と鋤が×型に交差するように付いている。田畑を耕す鍬と鋤があり、さらに山仕事をするための刀、そして直角定規である曲尺(かねじゃく)が下に付いている。頭の一番下には豊作になった田の米の入った豊年俵が山のように積まれている様子が表現されている。

こうした造形、デザインからも、海岸で行われる行事でありながら、稲の豊作を祈願する行事、農耕祈願の行事であることがはっきりとわかる。

五穀豊穣を祈願する行事、西表島の節祭における龍舟競渡の様子を見たが、西表島と同様に稲の収穫と関わる行事のなかで龍舟競渡の行われる、八重山地域の黒島の例も見てみたい。

黒島では、稲の収穫後、七月後半に稲の収穫を感謝する「豊年祝(プーリーヨイ)」において龍舟競渡が行われる。

八重山では、現在、お年寄りから聞き取りができる範囲では、かつては龍舟競渡の龍舟として、自分たちが島の杉材で作った刳り船（独木舟）を使っていたというが、現在は流線型のサバニと呼ばれる、漁のための船が使われるのが一般的である。しかしながら、黒島の船は刳り船ともサバニとも異なる構造船である和船に近い形態をしている（**写真2**）。この船は、かつては黒島の公用船として使われた。

黒島の農耕行事〝豊年祝〟では、西表島と同様に、稲穂・粟穂、イモ等が盛られた籠を捧げた行列を従えたミリクが登場するが（**写真3**）、黒島には水田はなく、稲作は現在も過去も行われたことはない。

琉球群島には、二つのタイプの島が存する。一つは、沖縄

本島・奄美大島・石垣島・西表島のように、山があり川が流れ田畑ができる島である。もう一つは、サンゴ礁が海面上に

写真2　黒島　豊年祭における龍舟競渡（2010年筆者撮影）

浮き上がることによってできた隆起サンゴ礁の島で、土はほとんどなく、雨水の海への排出も早く、農耕には適さない

写真3　黒島　豊年祭におけるミリク（弥勒）（2010年筆者撮影）

島々である。

黒島は、この後者のタイプである。島で水田耕作をすることはできず、かつては黒島の人々は西表島に船で渡り、稲作を行っていた。西表島には、黒島の人々が耕作をする「黒島田」と呼ばれる田もあった。この黒島田の稲が稔ると、稲穂を積んで黒島に運んだのである。その稲穂を積んで運ぶ公用船が、現在、豊年祝の龍舟競渡で使われている船なのである。黒島には、造船の始まりを伝える伝説や、この伝説とかかわりの深い「船浦嶽」と呼ばれる御嶽も祀られている。龍舟競渡の背景として、単に行事の内容を理解するだけではなく、環境や環境とかかわる生業の条件、隆起サンゴ礁の島における、他島に渡っての稲作や、収穫物を運ぶ運搬船、その造船のこと等、環境と生業、他島との交流の関係、これらと関係する道具・用具等を総合的に理解することが、民俗文化の研究において非常に重要なのである。

沖縄本島より伝わり、稲作に関係する祈願の行事として変容して現在に伝承される西表島・黒島の二つの事例について検討、考察した。

いずれも沖縄のイメージ通りの、美しい青い海をハーリー船が走る様子が印象的であるが、実はこれこそが、中国を起源としながら、中国とは異なる変容を遂げた大きな特徴である。中国では龍舟競渡は、大陸の主に南部の、大きな河川で行われる。一方、沖縄には、龍舟競渡を行うほどの大河川はないため、海で行われる。海洋で行うようになった結果、海のかなたの異郷ニライカナイ（歴史文献では「龍宮」と表記されることが多い）の信仰と結びつき、龍舟競渡もニライカナイ信仰と結びついて行事が変容したのである。それとともに、ニライカナイからの五穀の豊穣を約束するミリクが登場するようになり、端午の行事として行われていた龍舟競渡は、収穫後の感謝と、新たな年の豊作を祈願する行事へと変化していったのである。

龍舟競渡、ミリクの造形等、明らかに明代の中国起源の文化であるが、海洋に囲まれた琉球の島々の環境と、環境と関係の深い生業・生活、信仰とが結びついて地域の民俗として変容し、現代に続いているのである。

一方、中国大陸だけでなく、台湾・東南アジアにまで、中国起源の龍舟競渡（Dragon Boat Race）の文化は広がっている。民俗文化は、生業や生活と関わる地域の文化であるが、その地域性、特徴を考えるために、日本列島だけでなく、東アジア、東南アジアまで視野に入れる必要性、また、文化を環境と、環境と結びついた生業・生活、信仰とともに比較研究する必要があるのである。

琉球の女性宗教者

沖縄では、集落、家庭の共同体における共同祈願の中で、「ノロ（祝女）」「ツカサ（女司）」と呼ばれる女性宗教者が重要な役割を果たす。『球陽』に記されている龍舟競渡の記事のなかで看過できないのは、中国からの伝来当初より、祈願の神事的儀礼はノロによって行われていたことである。

ノロ・ツカサによる村落や家庭での祭祀は、琉球国における琉球王の姉妹より選任される聞得大君（きこえおおぎみ）による首里城、斎場御嶽（せーふぁうたき）の祭祀のあり方と照応している。民俗学においては、姉妹神信仰（ヲナリガミ）としてよく知られ、多くの報告や研究の蓄積を有する。

龍舟競渡の起源は中国であるが、伝来当初より、祈願の中核となる儀礼はノロが御嶽において祭祀を行うという、琉球独自の作法によって行われていたのである。

琉球においては、集落における農耕や航海安全にかかわる祈願の多くが、現在でも御嶽において、ノロやツカサによって行われている。ノロは琉球王朝以来の系譜を引いており、特に集落の中心となるアムシラレ（阿母）と呼ばれるノロは、琉球国時代には琉球国より任命されて、その役に就いた。

日本本土では、神社の神主にしても、寺院の僧侶にしても、集落や家族のための祈願を行う宗教者は男性であることが一般的であるが、琉球島嶼においては、女性の、琉球王朝の系譜を引く宗教者であるノロ、ツカサと呼ばれる女性が大きな役割を果たしてきたのである。

私が調査したいくつかの民俗をあげると、たとえば琉球王府の創始とも関係の深い久高島では、豊漁祈願の「アミドゥシ（網同士）」と呼ばれる行事が行われる。網同士とは、漁師仲間のことで、豊漁と海での安全を祈願する行事である。漁師が海に出て捕った魚を、港でノロが祭壇に捧げて、豊漁の祈願を行う。

奄美大島の平瀬マンカイと呼ばれる行事では、ノロたちが海辺の岩場で、稲の魂〝稲霊（いなだま）〟をニライカナイ（奄美大島のことばではネリヤカナヤ）より招き、豊作の感謝と翌年の祈願を内容とする歌謡が、チヂンと呼ばれる太鼓を叩きながら歌われる（**写真4**）。

琉球では、宮古上布・八重山上布など、織物は女性の重要な公事で、本島の王府に無事に届けることはそれぞれの島々の集落に課せられた重要な務めであった。宮古島では、上布を港より運び出す際には、浜でツカサによる祈願を行い、七日の間、港での船の出入りを禁じたという。(1)

多くの群島からなる琉球弧では、漁撈・漁業だけでなく、島嶼間の交易も重要で、航海安全の祈願もノロ・ツカサの重要な務めであったのである。

写真4　奄美大島　平瀬マンカイ（2007年西田テルコ撮影）

二、現代社会と民俗文化

沖縄郷友会と民俗伝承、エコツーリズム（eco-tourism）と大資本の参入

再び、西表島のハーリー船競争を含む節祭（シチ）行事であるが、現代における継承といった点から考えてみたい。

八重山の諸島嶼においては、実は伝統行事の継承が非常に難しい状況にある。

八重山では、豊かな海洋、マングローブ、山や瀧等、自然を資源とした観光のほか、農耕・牧畜・漁業が主たる生業とされてきた。

八重山の諸島嶼、西表島・竹富島・黒島・小浜島等において、人口流出を加速させている大きな要因は、石垣島以外には高等学校がないことである。各島の子どもたちのほとんどは、中学校を卒業すると、高等学校進学のために八重山地域の諸島嶼の行政の中心でもある石垣島に移住しなくてはならない。こうして、一度島から出ると、生まれ育った島に戻って仕事が保障されているわけではないので、再び故郷の島に戻ることは非常に困難であり極めて少ない。

沖縄では、同郷の人々の連帯の意識が強く、いくつもの郷友会が結成されているが、島内の集落―島―県といったさまざまなレベルの郷友会がある。郷友会は、同胞・同朋、同郷者の集住する地域において組織されるので、日本のなかの複数個所に作られることとなる。たとえば、西表島の場合には、石垣島内、沖縄本島（那覇）、東京のそれぞれに西表郷友会が組織されている。

西表島の場合、日本国内の複数地の郷友会の中でも、節祭等、行事の折に大きな協力をするのは、家族・親族が居住し、定期船で一時間程度で赴くことができる石垣島に組織されている西表郷友会である。彼らのほとんどは西表島に生まれ、中学卒業までを島で過ごしており、行事の際の歌謡・舞踊にも親しんでいる。島に平生在住する大人と中学生以下の子どもだけでは年間の多くの祭りや行事を催行するには人数が足りず、彼らの協力なくしては、催行できないのが現状である。

さらに、伝統の継承といった問題との関連より、エコーツーリズムについても触れたい。

西表島には、一九九六年に「エコーツーリズム協会」が組織された。初代会長は、地域の伝統的な生活、文化の保護・継承に情熱を注ぐ当地出身の石垣金星氏であった。本協会は、地域主導で自発的に結成されたが、マクロに見れば、国家の主導する沖縄の国土利用計画に沿った活動でもある（国土利用計画法第7条に基づく『第3次沖縄県国土利用計画』（目標年次平成十七年）等参照）。本計画のなかでは、八重山地域はリゾート開発をして、推進していくという大方針が打ち出されているが、エコツーリズム協会のような地域の自発的なエコーツーリズムの推進の一方で、島外からの大資本による大型の宿泊施設の建設などのリゾート開発も行われている。大資本が入ってくることに対して、大きな期待を寄せる地域の人々も少なくない。しかしながら現実には、企業がリゾートをはじめとする観光事業に成功して利益をあげても、島民がそれほど潤うわけではなく、島内の雇用が劇的に増大するわけでもない。同時に大型のリゾート施設の建設は環境破壊等の原因となり、観光資源としても重要な自然に大きなダメージを与えるなどの問題も起こっている。

こうしたことから、大資本による大型のリゾート施設の建設について、島の住人を賛成派と反対派とに二分するような、島内、あるいは集落内の人間関係に亀裂を生じさせるような状況も起こっている。

ここで沖縄の県人会について紹介したい。島外の沖縄の郷友会の始まりとみなされる組織であるが、沖縄県人会の会則には、会員相互の親睦、交流の促進のほかに、沖縄の軍事基地の縮小を含む平和推進に関する事業が次のようにはっきりと明記されている。

（事　業）

第3条　本会は前条の目的を達成するため次の事業を行う

（中略）

（5）　沖縄の軍事基地の縮小撤去を含む平和推進に関する事業

（『東京沖縄県人会会則』第一章　総則）

西表島からは、地域主導のエコーツーリズムの推進を訴え、大資本による島の開発に反対するwebsiteが発信されているが、本HPは、沖縄本島の米軍基地移設問題についてのwebsiteともリンクしている。

農耕や漁撈と結びついた民俗行事、その信仰的な側面や歌謡、舞踊の文化的価値を追究することは民俗学だけでなく、現代の文化研究としても非常に大切である一方、こうした伝統の継承が、第二次大戦を経て現在に続く状況、沖縄だけでなく日本全国を揺るがすような米軍の基地移設の問題、リゾート開発の推進を打ち出す国家的な方針のもとでの、地域主導のエコーツーリズムの推進と島外からの大資本の参入との葛藤や、地域自治に与える大きな影響……、等々の問題とも関連していることも、文化の社会性や価値、――地域の文化は、誰にとっての、誰のものかといった問題を考える上で、避けて通ることのできない事柄なのである。

以上、明代の中国の龍舟競渡を起源として沖縄本島に伝えられ、琉球群島全域に分布するハーリー船競争、同時に中国においても各地で行われている龍舟競渡について、民俗学の立場より考察したが、さらに、その比較のために調査した中国大陸・台湾の龍舟競渡のいくつかについて、現代社会における保護、継承といった観点より考えてみたい。

三、都市化する中国の地域社会と無形文化財

中国大陸・台湾の龍舟競渡

龍舟競渡は、中国大陸・台湾でも、各地で民俗行事として行われているが、そのほとんどが端午の行事としてである。台湾においても、それぞれの地域で特色のある龍舟競渡が行われる。

写真は、台南運河で行われる龍舟競渡であるが、媽祖信仰と強く結びついているのが信仰上の特徴である。台南には、媽祖を祀る台湾でもっとも大きい天后宮が建てられているが、台南運河の龍舟競渡では、この天后宮より媽祖神が河のほとりに招かれる（**写真5**、**写真6**）。

媽祖が勧請されて、媽祖に対する祈りとして、龍舟競渡が行われるが、この龍舟競渡は、イベント的な性格も強く、龍船の船体の側面が電光で光るようになっており、夜間まで、

写真5　台湾・台南　運河　龍舟競渡（2008年筆者撮影）

写真6　端午の折、運河のほとりに台南天后宮より媽祖が勧請される（2008年筆者撮影）

競争が行われる。多くの観光客を集め、夜には、龍舟の走る水面が龍舟の電光を反射して光る美しく幻想的な様子を見ることができる。

次に、少数民族が伝承している例として貴州のミャオ族（苗族）の龍舟競渡について、私が二〇一一年六月に調査した台江県清水江の例に基づいて見てみたい。

このミャオ族の船は特殊な構造をしている。立って漕ぐのが特徴で、龍頭の首の部分には供えとしてたくさんのアヒルが掛けられる。二羽が一組になって、脚と脚とが括られ、龍の首に下げられて、龍舟が川を走る間も、翼をはためかしている。競渡が終わって、船が村に戻って来ると、この供えが、村の人々に分けられて、その日のご馳走になるのである。

少数民族の行事であるが、端午の儀礼食として粽も作られる。村内の屋内では粽を壁に掛けている様子が見られるが、祭りの日に家の壁や家のなかの高いところに供物を吊るす習俗は日本の地方にも見られる。家屋に神棚や床のような祭壇が作られる以前の古い献供の作法が、日本と中国の少数民族の両方に見られるのは、とても興味深く、注目される。

都市化の中の民俗伝承――中国広州の場合

現代の急速に都市化が進む地域の中で、民俗的なモノや行事、無形文化が衰退し、消失することが多いのは日本、中国のいずれにも共通している。村落から人々は仕事を求め、あるいは高校、大学への進学のために都市に移住し、その結果、農村・漁村は過疎化して、伝統的な習俗が維持できなくなる傾向にある。しかしながら、中国では、急激な短期間での都市化の中で、伝統的な文化が、かえって盛んに行われている興味深い例も見ることができる。

そうした一例として、広州の中心部、高層ビルの立ち並ぶ天河区猟徳の龍舟競渡の様子を紹介したい。

会場の河川の近くには『猟徳新村記』というタイトルの、「辛卯年」二〇一一年に作られた碑が立てられており、猟徳の地域の経済発展が称えられている。現代の大都市広州の光景からは信じられないが、当地はかつては水田地帯で、人々が耕作をし、漁業を営んでいたこと、しかしながら、現代では広州は国際的な大都市に発展したことが次のように記されている。

（前略）自北宋末年開村創業、村民世代定居于此、亦耕亦讀能商能漁、勤勞淳樸智慧善良、各宗族均光前裕後、一代代皆繼往開來、彰耿耿人文、展穆穆風華、福地福人住、勝似桃花源、欣逢盛世、廣州成國際大都市、天河變大都市核心、獵德村為天河之瞓珠、千年機遇今朝遇（以下略）

当地は、一般的には珠江デルタ経済圏と呼ばれる商工業地域に含まれるが、[2]碑には、こうした農耕の行われた肥沃な地域が、国際的な経済都市になったことと同時に、獅子舞や龍舟鼓渡等の伝統も継続しつつ、人々が楽しい生活を送っていけますように、といった願いが述べられている。都市化する中で、民俗行事を大切に伝えていこうという意志を、碑文からうかがうことができる。

この龍舟競渡は、潘氏（現在約三〇〇〇人）、鐘氏（約一〇〇〇人）、陳氏（約五〇〇人）等、同族同氏の単位で行われる。この同族組織は、たとえば「林氏大宗祠」等と、氏の名が掲げられる祠堂における、祭祀を営む単位ともなる。

この碑に記されるように、また中高年齢の人々には明確に記憶されているように（松尾は二〇一一年、康保成教授・儲冬愛教授の案内により当地の龍舟競渡の調査を行い、潘剣明保存会長等よりお話を伺った）、かつては農耕地帯で行われていた龍舟競渡が、現代では、商業施設や高層ビルの林立する都市の中の観光的な性格の強い行事に変容し、現在に続いているのである（**写真7**）。

写真7　広州、天河での龍舟競渡（2011年筆者撮影）

それとともに、広州の多くの会社、企業からの寄付金も寄せられるようになり、「広州市農村商業銀行猟徳支行　参万元」「中海発展（広州）有限公司　伍万元」「広州市嘉裕房地産発展有限公　貳万元」「広州市南雅房地産開発有限公司　貳万元」等と記された赤い祝いの紙が会場の河川近くの目立つ場所に貼り掲げられているのを見ることができる。商工業の経済発展とともに、企業からの経済的な協力が伝統行事の運営に大きく寄与していることがわかる。

さらに、注目したいのは、龍舟競渡が終わった後の集落の様子である。川での競争が終わると、彼ら一族の公祠――日本の寺院、堂に近い宗教的な建築で、同姓で構成される親族の信仰の拠点――において祝宴が行われるのである。私の赴いた潘氏一族の「以良潘公祠」（**写真8**）では、公祠の中には

写真8　潘氏一族の「以良潘公祠」（2011年筆者撮影）

厨房が備えられ、ここで作られたご馳走、龍舟競渡のときの儀礼食「龍舟飯（ロンジョウファン）」が作られ、祝宴が行われているのを見ることができた（**写真9**）。

注目したいのは、塀で囲まれたこの公祠の周囲にはマンションやアパート等の集合住宅が建っていること、このマンションの多くは、この地でかつて農耕を営んでいた住人がオーナーとなっていることである。彼らは、行政府の政策により農地を接収されて、その後にアパートやマンションが建ち、彼らはそのオーナーとなり、その賃料により、現在ではそれほど働かなくても生活していける状況なのだという。アパートやマンションの住人の多くは、都市開発された広州の商工業地で働く農村部の出身者たちである。[3]

都市化された広州での龍舟競渡は観光客でにぎわい、また、運営費は当地の企業の協賛金が少なからぬウェイトを占めている。行事の担い手たちの居住地は、農村より、各地から仕事を求めてやって来る人々が住むマンション、アパートが立ち並ぶ街に変貌しているが、マンション、アパートに住む新住人は基本的に伝統行事への参与は許されていない。龍舟競渡の担い手は、地域の同姓氏族の専権で、新住人は、競渡の後の、居住地の目前の公祠での儀式や祝宴にも加わることはできない。

日本の神社では、神社の建つ地域（氏子圏）内の人々が、

写真9　潘氏「以良潘公祠」の中には厨房が備えられている（2011年筆者撮影）

移住者を含め信仰や意志と関係なく全ての人々が氏子として構成員となるが、こうしたあり方と決定的な違いである。日本のこのような神社と地域の氏子の関係は世界の中でも珍しいのかもしれない。私が潘氏一族の宗教施設「以良潘公祠」に赴いた折、その周囲に立ち並ぶアパートの上から、公祠での祝宴を眺めている、地方の農村出身の入居者と推測される人々が見下ろしている様子が印象的であった。彼らには、故郷にそれぞれが所属する宗族があり、学校や地域の友人もいるにちがいないが、仕事を求めて移住した居住地域において何らかの地縁的な人間関係を作っているのか、地域の伝統的な民俗に単なる見物以上の関わりをもつことがあるのか、私の、龍舟競渡の折のみの調査では知ることができなかった。

民俗や地域自治をめぐる旧住人と新住民との関係は、日本の地域社会においても重要な調査、考察課題になるが、中国の場合には宗族や廟、祠堂の祭祀組織、相互扶助組織である「帮」……、など、さまざまな人間関係や組織がある。これらの伝統的な組織と、都市化とともに流入する新住人の関係、さらに経済の急激な成長を背景とする世代間の意識の差など、日本の地域社会以上に複雑なのではないかと感じる。

潘氏はじめ、龍舟競渡の担い手たちは、かつての農耕の生活から、現在の都市的な生活や経済面での享受に大きな満足を感じているとのことであるが、また、かつての生活に大きな郷愁を感じているようでもある。私が、主にお話を伺ったのは、潘剣明保存会長である。彼は、特に、この端午節の龍舟競渡の期間中にはさまざまな新聞やテレビ局の取材を受け、また、小中学校を回って、この伝統行事を継承してゆくことがいかに重要かということを講演して回っている。急激な都市化により、彼らは、農耕従事者から賃貸経営者に変わり、オーナーになることによって、町から他地域に移住する必要がなく、居住し続けられること、また経済基盤として、企業の協賛が得られるようになったことが、伝統の継承と発展に寄与している。潘剣明保存会長は、生活が都市化することによる、旧来の生活の消失に対する精神面での喪失感の大きさを語り、自分たちのアイデンティティーの上で、先祖より伝承された龍舟競渡の催行と次世代への継承がいかに重要であるかということを熱く訴えていた。

おわりに

本稿では、中国を起源とする沖縄の龍舟競渡（ハーリー）、さらに現代の中国の龍舟競渡について、都市化の進む社会のなかでの変化、民俗の観光活用といった観点より、私の調査に基づいて考察した。

世界的に都市化が進む現代において、伝統は、その継承が困難になりながらも、継承する地域や地域住人にとっての過去と現代とを結ぶ精神的な紐帯としての役割が増大している。地域性豊かな民俗文化が注目されることは地域にとって喜ばしいことである一方、文化財指定、非物質文化遺産登録等を受け、公共財としての性格を強めることが、地域や継承者に、それ以前にはなかった負担や困難さをもたらすことも少なくない。国際化、グローバル化が民間レベルでも進む現代、国際的な枠組みの中で、地域社会の変容を地域の個々人の生き方の変化にも注目して、民俗文化の研究を推進してゆく必要がますます強まっているものといえる。

注

（1） 松尾恒一「木霊・船霊信仰の呪法と伝説」（日本口承文芸学会編『シリーズ　ことばの世界』第三巻「はなす」所収、三弥井書店、二〇〇七年）参照。

（2） 一九八〇年代以降の珠江デルタ地域の飛躍的な経済発展については、大泉啓一郎「珠江デルタ経済圏の台頭――メガリージョン化と持続的成長の課題1」（『環太平洋ビジネス情報』RIM2011, vol.11, No.42）参照。

（3） 広州農村の都市開発と、そのための法整備、在来住民・流入住民それぞれの居住問題等については、三橋伸夫他「中国広州市城中村の空間構成と整備方策に関する研究」（『住総研研究論文集』No.39、二〇一二年）が詳細である。

◎コラム◎

祠堂と宗族の近代——中国広東省東莞の祠堂を例として

賈静波（翻訳：阮将軍／補訂：松尾恒一）

「祠堂」は、前漢の時代にはすでにその存在が確認できる。南宋時代に制度化され、さらに明清時代に盛んに見られるようになった。中国において、一〇〇〇年を超えて、祠堂は村落共同体の中心としての役割を果たし続け、中国人の祖先崇拝に基づく祭祀、宗族の系譜など、伝統の精神の継承の上で重要な役割を担ってきた。

時代が大きく移り変わりながらも、中国には祠堂が少なからず残り、なかでも、安徽省・福建省・広東省・山東省等の地域に、代表的な祠堂が見られる。広東省東莞市には、現在一〇〇〇年以上前に建てられた古い祠堂の建築が残されている。特に、中国珠江河口に広がる珠江デルタ地域（広州・香港・深圳・東莞・マカオを結ぶ三角地帯）の祠堂には芸術的な特徴も見られ、広州を代表する信仰建築として認められている。

祠堂建築を維持、継承するためには、折々の修繕が重要である。だれが、どこで、どのように祠堂を修繕するかに、修繕者や修繕者の属すコミュニティーの理念や考えが反映される。修繕の結果、祠堂の外見や機能が変わることがしばしばある。これをきっかけに祠堂に対する認識が変わることも珍しくない。

か・せいは——東莞理工学院城市学院文学と伝媒系講師。専門は民俗文化。主な論文に「広州東莞地域の「土地誕」習俗」（松尾恒一編著『東アジアの宗教文化　越境と変容』岩田書院、二〇一四年）などがある。
げん・しょうぐん——千葉大学大学院工学研究科デザイン科学専攻博士後期課程。

本稿では、祠堂の修繕・改築の経過と結果に着目して、祠堂に内包される宗族観念の変容を検討、考察する。

本稿で取り上げた祠堂は、東莞市の各鎮において有名なものもあれば、地域外の人にはほとんど知られていない小さなものもある。しかしながら、いずれも、東莞地域にあるさまざまな祠堂の代表として捉えられる。東莞は、この三十年程かけて、北京・上海・広州に遅れて大都市に変わった。経済面での発展にくらべると、文化の発展といった面では遅れているといえる。しかしながら、多くの歴史的文化遺産が、近年、徐々に知られるようになってきた。現代では、宋代から民国時代までの一〇〇〇余りの祠堂が、政府の文化保護計画に編入されている。いかによりよく祠堂を保護・継承、利用、宣伝するかについて、現在、村民から政府までさまざまなレベルによる取り組みがなされている。そうした保護・修繕のさまざまなあり方に、祠堂に内包される宗族観念の多様な変化を認めることができる。

一、祠堂修繕にもたらす宗族観念の変容

元来、祠堂の基本機能は祖先を祀ることである。祖先の祭祀を通して、同姓の血縁関係の継続により、家族全体の連帯力を強化させ、村落の安定や家族の発展などに資するものと考えられている。このように、祠堂の基本機能の中心に、宗族を単位とする活動を位置づけられる。祠堂の機能について、社会学者の于建嶸(二〇〇一)は、以下のように述べている。

祠堂は族権を表象するための重要な空間である。この空間は、物理的に権力を行使する場所である。祖先を祀る祭祀において、また、「家法」により家族が集会する場面において、族権の行使を認めることができる。この実質的な空間がなければ、公共的な行為とその計画・立案の決定に差し支えが出てくるほどである。

一方、祠堂は族権の精神空間でもある。権威の媒体として、族権を象徴するこの建物の根底には、家族を核とする共同体の精神を認めることができる。祠堂は族権の行使が行われる空間であり、それは一族の精神を体現する具象的な行為なのである。[1]

祠堂は、族権を表象するための物理的空間として機能し、族人に宗族観念を与えた。『東莞県志』(崇禎)に次の記載がある。

「巨家多有祠堂、祭田、報本睦族」

(大家族には大体祠堂があり、それが田を祭り、家族の連帯感を強化させる役割を果たしていた。[2])

また、朱熹は『家礼』のなかに、

「〝報本反始之心、尊祖敬宗之意〟為〝開業伝世之本〟」

(祠堂は宗族の源流を遡り、祖先への尊敬の意を表すとともに、生活・生業を開き、次世代に伝える役割を果たす[3])

と祠堂を建てる重要性を述べている。

このように、祠堂は親族の権限を表象する、族権の精神空間でもある。

しかしながら、修繕を経て再生された現代の祠堂には、伝統的な機能とは明らかに異なる側面が見られる。家族についての諸問題を話し合う場でもなく、一族の主権を表象する空間でもないケースなどである。

一九四九年に新中国が成立して以降は、人民政府に設置された村落の委員会の機構が、祠堂に代わって、村民の管理などの役割を果たすようになった。一部の村の事務室が、まだ祠堂に残っているが、

これは、経済的な理由により、村民委員会の建物を立てられなかったためである。宗法制度の崩壊と執行力の強化により、族権の範囲は、物理空間、精神空間いずれも縮小し、宗族観念の媒体としての祠堂自体も破壊された。その結果、宗族観念を体現する場としての祠堂の役割も希薄となったのである。

これは時代の「文化大革命」の政策と密接な関係がある。この間、東莞市における多くの祠堂が破壊された。時代の変革の特別な時期において、多くの人びとは、宗族と祠堂を古いものと捉え、新時代の要求にあわないものと考えるようになったのである。「破四旧（旧来の思想・文化・風俗・習慣を打ち壊す）」の運動において、村民たちは、祠堂の扁額を焼却し、彫刻や戸板などを壊した。たとえば、寮歩石坳における第一代の陳氏祠堂や、寮歩西渓に建つ多くの祠堂や、橋頭石水口の莫氏祠堂などが、文革大革命の時期に壊された。

図1　寮歩西溪古村における民居二つは、一つの祠堂であった（2016年7月12日筆者撮影）

こうして、これらの多くの古い祠堂は大きく損壊し、修復も不可能となった。

とはいえ、祠堂の消滅＝宗族観念の喪失とはならなかった。地方においては、宗族の年配者は、今なお、村の討議に大きな影響力を持っている。東莞市の石碣単屋村に、明代正徳年間（一五〇六—一五二一年）に建てられた単氏小祠堂がある。その面積は一三六八平方メートルもあり、東莞市に現存する二大の祠堂といわれている。その巨大さより修復には手間も多額の費用も要するが、単屋の村民たちは、修復に力を注ぎ、努力を傾けている。

また、寮歩横坑村における四八〇余年の歴史を持つ鐘氏祠堂は、東莞市の市級の文化遺産に登録されている。二〇一二年初、横坑社区が明代の様式に修復するために二五〇万元（約四一六五万円）を投入した。その後、公開のための記念式典を催した。鐘氏祠堂は東莞市に比較的よく保存されている大型の祠堂の一つであ

図2　石碣単屋村における単氏小宗祠（修繕中2017年完成予定）（2016年7月27日筆者撮影）

図3　鍾氏祠堂正門（2016年7月12日筆者撮影）

る。鍾氏祠堂の修繕は、物質的、経済的に豊かになったばかりでなく、年間、折々の行事に、宗族活動が行われる。たとえば、清明節・重陽節では祖先祭祀が行われるが、春節では一族に豚肉が、[4]中秋節で魚や月餅が賜られる。これを配るのは長老であるが、これは、この一族鍾氏がこの地に移り住んだ始祖「太公」の資格により行われる。

企石江辺村における黄氏祠堂に対する現地調査により、明代の嘉靖二十八（一五五〇）年に建てられ、最近の修繕は一九九二年に行われたことが明らかになった。当時の祠堂には重度の破損があり、修復しなければ、倒壊する可能性があった。しかしながら、政府からの援助金がなく、村の限られた経済力で年配者たちが声をかけて、村民たちが自発的にお金を出しあい、祠堂を修繕したのである。

こうしたことより、宗族の年配者は、現在なお村民からの尊敬を受け、影響力を持ち、一族が代々の歴史を伝えてきた祠堂をなんとかして復興させたいという気持ちをうかがい知ることができる。また、祠堂の修復は、ある意味で村落において、自身の帰属する一族の名誉を高めることにもつながる。祠堂の修復は、村落に帰属する宗族のことを認め、尊重してもらうことにもなるのである。

このように祠堂の修繕は、宗族の地位や内部の結束力などが反映されるのである。

東莞には、古くから「開燈」と呼ばれる習俗がある。「開燈」とは、男子が生まれた家族が、当年の正月、吉日を選び、本家祠堂に元宵節まで花燈を掛ける儀礼である。これによって、新生の男子が一族の構成員として認められることとなる。祠堂の修繕後には、その後堂に花燈を掛ける竿や縄、及び電球が設置されるようになった。

こうして、祠堂は、宗族の象徴として、ずっと家族の人びとの心に残ってきたが、時代や社会環境の変化により、宗族観念が徐々に薄くなる傾向も認めざるを得ない。黄氏祠堂の修復ために金を出す人の名前の側に以下の「連絡詩」がある。

駿馬忽忽出異方、任従随処立綱常。
年深外境猶吾境、日久他郷即故郷。
朝夕莫忘親命語、晨昏須念祖宗香。
惟願蒼天存庇佑、三七男児総炽昌。

（どこに出かけようとも、綱常（人の守るべき大道としての「三綱」と「五常」）のことを忘れない。それが、外地にあっても、そこが我が地の如く、他郷が故郷となる。いつになっても、親戚や祖先のことを忘れないよう。天に見守られ、男たちは繁栄するように。）

村民の黄錫権氏より、昔、この詩は外郷にいる黄氏族人の連絡合図の役割を持つものだったと教えられた。外郷において、本族の人とであったら、親しくなり、助け合いながら、外部からの辱めなどに抵抗する。六十歳になった黄錫権氏はこの詩を暗唱できるが、現代の若い世代には、この詩を知る者はほとんどいない。

かつて、祠堂の後堂には、常に、祖先または祠主の位牌「神主牌」が備えられていたが、修繕後の祠堂には位牌「神主牌」を備えていないものもある。麻涌新基における莫氏大祠堂は、新基村の最大の祠堂であるが、その後堂には神主牌が備えられていない。村民の張氏は、「その「神主牌」は文化大革命の時に壊されたか、持ち去られたかし、行くえがわからなくなった。二〇〇六年の修復では、莫氏の人たちだけではなく、多くの外族や外地の人たちも援助金を拠出した。莫氏祖先の位牌だけを供えることに抵抗を感じる村民もいたため、公平を期して、あえて位牌を備えなかったのだ」と語ってくれた。他の祠堂の修復も同様に、政府や村、及び本族の力だけではできないので、隣接の町村や会社からの援助が必要である。ゆえに、援助者の名簿には、族外の人々の名前も多く見られるのである。

　また、多くの祠堂は今でも結婚式が行われる場所として使われ、本族のほかに外の宗族の者であっても借りて使うことができる。こうして、修繕後の祠堂は、宗族内の人びとだけではなく、族外の人と交流する場としても機能するようになるという、大きな変化が起こっている。

　このように、時代や社会の変遷に伴い、祠堂がかつてのような宗族の権力を執行する場所ではなくなり、宗族の管理体系もほとんど消失したが、祠堂の修繕は家族にとって重要な事であり、かつ、婚礼や開燈などの儀式が行われる場所として機能している。祠堂と家族は緊密に繋がっている。このことから「祠堂に入り、祖宗に帰属する意識」が今なお、人びとの心に残っていることがわかるが、一方、宗族観念という伝統意識が、かなりの程度変容し、さらに、宗族外の人々にも開かれた場に転換する例も見られる。そうした転換は、しばしば祠堂の修復が契機となってなされるのである。

二、今後の祠堂発展、その方向性

　このように、東莞市における祠堂は、修繕を経て、そこに内包される宗族観念が希薄化する一方、他の形式に転換することも多い。現代、このような状況の下で、祠堂の発展は、いかなる方向が望ましいのだろうか。

　今後、祠堂の修繕・保護・利用については、政府の力はもとより、当該地域の人々の自発的、積極的な意識も重要だと、私は考える。古い祠堂建築を保護するために、両者の力をあわせて持続可能な方法を見いだすのがよいだろう。また、文化従事者・研究者の提唱や調査などにより、祠堂を保護する意識を高めることができる。具体的に、祠堂に関する資料の整理や、伝統工芸技術の後継者の育成、保護計画の提案、多くの側面から祠堂を利活用することが、祠堂の保護に役立つと考える。

　現存の祠堂については、全体の残存状況を把握して、分類し、計画的な保護を考えてゆくべきだろう。各祠堂の状況は異なるので、ただ一つの方法ではなく、それぞれの状況に応じて考えなくてはならない。残存の状況のよい祠堂は、できるだけ元の様子を復元し、文化遺産として公開する。大きな破損がある祠堂は、元の枠組みのなかで、古典らしい現代の空間を作り、たとえば古い写真の展示や、歴史の紹介をするなどし、図書室、あるいは年配者の娯楽センターとして使用することなどを考えることもよいのではないだろうか。また、人々の要望をあわせて、さまざまな機能を備えながら、集会、宴会の場所として、人々の交流を促進することも適切であろう。修復する条件を備えていない祠堂は、今後の修繕のために、写真を撮るなどして大切に保存し、建築の図面を作り、村人の保護意識を高めてゆくことが必要であろう。

祠堂という古い建築は、長い歴史のなかで形成されてきた物質文化であり後世に伝えるべき遺産である。その保護のための、建築の修繕や手順の基本的な原則はあるが、そこに内包される伝統意識の変化にも考慮しなくてはならないだろう。なぜなら、内面的な意識の変化は、外見の変化の要因となり得るからである。街づくりには、文化の資源化が極めて重要であるが、物理的なかたちだけではなく、目に見えない精神的な面も重視しなければならないと考える。

注

(1) 于建嶸『岳村政治：転換期の中国郷村政治構造の変遷』(商務印書館、二〇〇一年) 七八—七九頁。
(2) (明) 張二果、曾起莘著、楊宝霖校閲 [崇禎]『東莞県志』(東莞市人民政府印、一九九五年) 三四頁。
(3) (宋) 朱熹著、朱傑人、厳佐之、劉永翔編集『朱子全書・家礼』(上海古籍出版社、安徽省教育出版社連合出版、二〇〇二年) 八七五頁。
(4) 広東省の旧習俗、行事の際に、族譜に載せる男性だけに金や米、及び豚肉を分配することである。今は、戸籍がその地域に属せば、男女を問わず、それらをもらえるようになった。

参考文献

楊国安『空間と秩序：明清以降の鄂東南地区の村落、祠堂と家族社会』(『中国社会歴史評論・第九巻』二〇〇八年) 三四—六二頁
王静『祠堂中の宗親神主』(重慶出版社、二〇〇八年)
王沪寧『当代中国村落家族文化——中国社会現代化に対する検討』(上海人民出版社、一九九一年)
傅慧平「人類学の視角からみる祠堂の再建——江西省におけるある村落を例として」(『新余高専学報』二〇〇九年四月)
馬先彦「〝祖先崇拝〟と〝礼〟」(貴州教育学院学報 (社会科学)、二〇〇五年 (三))
郭順利「岭南祠堂の審美特徴の解析」(海南地域建築 (博鰲) 研討会論文集、二〇〇八年)
頼瑛、郭煥宇「珠江三角洲における祠堂建築の審美属性の分析」(『芸術百家』二〇〇八年 (二))

〝記憶の場〟としての族譜とその民俗的価値

王霄冰（翻訳：中村貴）

おう・しょうひょう——中山大学中国非物質文化遺産研究センター教授。専門は民間信仰、非物質文化遺産研究。主な著書に『文字、儀式与文化記憶』（編著、民族出版社、二〇〇七年）、『南宗祭孔』（浙江人民出版社、二〇〇八年）、『伝統的復興与発明』（編著、知識産権出版社、二〇一一年）などがある。

族譜は中国では一般的には譜牒学や歴史学の研究対象とされている。しかしながら、その社会的機能の変遷や存在形式、内容からしても、記憶文化の範疇に属すべきもので、大伝統と小伝統、テキストと儀式、口伝と書面などが織りなす〝記憶の場〟ともいえる。本稿では、族譜について、民俗学の立場より、特定のエスニックグループやコミュニティの文化記憶の形式や、それによって反映される民衆の情感や心理について考察する。

はじめに

中国ではほとんどの家族に各々の族譜（或いは家譜・宗譜と称される）がある。とりわけここ二、三十年、族譜の新たな編纂や再編の機運が高まり、新世紀における伝統文化の復興を表す重要な指標の一つともなっている。

族譜とそれを体現する宗族が、中国人の日常生活へ舞い戻るに従って、族譜の研究も盛んになり、とくに譜牒学という専門の学問が形成された。しかし、中国民俗学界の族譜に関する専門研究は、今に至るまで少数に留まっている。多くの学者が、伝統的村落社会とその習俗の秩序の研究において、族譜に注目したり族譜を参考資料としている。(1) 民俗学は膨大な族譜資料について、(2) 有効な研究方法を見つけられずにいるようだが、西洋の学者が提唱する記憶理論は、我々にとって族譜の本質や役割を再認識させ、族譜が民俗学の研究領域となる際の助けとなるものである。また同時に、族譜を主とする記憶文化の研究も、関連する記憶理論の豊かな発展を促すだろう。

一、〝記憶の場〟としての族譜

〝記憶の場〟(lieu de mémoire) とは、フランスの現代史家ピエール・ノラ (Pirre Nora) がその著作『歴史と記憶のはざまに』において提唱した概念である。しかしながら、彼はこの語句について決して明確な定義を与えたわけではなく、人々に思索や想像をかきたてる思考の枠組みを提供したにすぎない。〝記憶の象徴物〟という理念において、〝記憶の場〟の及ぶ範囲は広い。ノラは「我々の記憶のなかで象徴的な事物は、文書や三色旗、図書館や事典や博物館、さらには記念行事や祭典やパンテオンや凱旋門、そして『ラルース事典』及び連盟兵の壁 (パリ・コミューンの最後の砦となったペール=ラシェーズ墓地の一角) などがある。」と述べている。[3] ノラは一九八四年から一九九二年にかけて、三巻本のフランス国民における『記憶の場』の編纂を主導した。また、二〇〇一年にはミュンヘン出版社から『ドイツにおける記憶の場』(三巻本) が出版された。これらの書物に収められた事柄は、フランスやドイツという二つの民族における重要な象徴的意義のあるものである。これらの特徴の一つは、一定の歴史性を有し、十九世紀の民族国家建設の過程で不断に再構築されたもの、つまり新たに〝発明された伝統〟といえる。また、それらは文化記号として多くのフランス人・ドイツ人の共通認識を得たばかりでなく、彼ら以外の人々によって、フランス・ドイツの民族・国家を表す記号として認識された。ノラは、『記憶の場』第二巻の序言において、「フランスのような規模の国家の民族的伝統を理解しようとすると、我々はただ内部の人々の考え、つまり人々が仮定した遺産に対する理解と、この遺産を客体化し、〝伝統〟を形成する外部の人々の考えを結合させるほかない。」[4] と述べている。

「記憶の場」という概念は曖昧さを伴いながらも、国際学界へ瞬く間に伝播した。この言葉の英訳は realm of memory であり、独訳は Erinnerungsort だが、中国語では現在まで固定した訳語がない。筆者は以前ある文章で「記憶之所」と訳し、[5] 上述した馮亜琳等主編の『文化記憶理論読本』では〝記憶場〟・〝記憶場所〟・〝記憶場域〟・〝紀念的場所〟など同一書内で異なる訳語によって、この概念を訳出している。また、「記憶の場」という名称は王暁葵氏が最も早く日本から取り入れたものである。[6] これらの〝場〟〝所〟〝場所〟などは一種の比喩的表現であり、抽象的な意義を有している。それらは決してたんに空間的な場所を意味するだけではない。例えば図書館・博物館・文書など、空間に内在する各所の機構的存在をも包括している。ノラが言うように、それは「物質的・象徴的・帰納的」三層の含意がある。

欧米学者の「記憶の場」に関する研究は、その多くが民族国家の建設過程におけるアイデンティティーの構築の必要から再発明された各種の文化伝統に集中している。中国の国家形態は西洋のそれと異なり、国内の民族が多く、西洋のような単一民族的な現代国家の形成は不可能であり、エスニックグループの多様性を基礎とした多元一体的な中華的特徴が強調される。このため、中国の記憶文化もより多彩で多層的性格を有しているといえる。大伝統と小伝統、テクストと儀式、口伝と書面、文化記憶と社会記憶など、これらは互いに混淆し、明確には区別しがたい。ただ歴史記憶についていえば、その存在形式からすると、国家における正史・文庫・博物館・公文書館や、地方における地方志・地方の博物館や公文書館、さらには民間の野史・文化人の随筆、そして家族に関する族譜などがある。注目されるのは、これらの記憶形式がみな互いに連関し記憶の形式として互いを実証している点である。以下に、族譜を記憶の一形態の事例として、その「記憶の場」としての文化特徴について分析したい。

まず、族譜の歴史的な発展の経緯からすると、族譜の現実的役割が衰退するとともに、その記憶媒体としての役割は日増しに強まった。族譜の起源は、最も早いもので青銅器時代に遡ることができる。西周時代（紀元前一〇四六年―前七七一年）に残された大量の青銅器の銘文で比較的長文のもの、例えば『史墻盤』『逨盤』などの銘文は、いずれも周代貴族の祖先の家系を記したもので、これらの銘文は族譜の前身とみなされる。実際に早期の族譜資料と称されるのは、おおよそ戦国期から秦漢期に成書された『世本』や『大戴礼記』の「帝系」や「五帝德」などの章句である。族譜の編修は、漢代に至るまで王朝の史官によって行われたが、それは族譜が王侯貴族の出身や家系に関するものである。特に貴族にとって族譜は彼らの封建制度における政治的・社会的地位を決定するものであり、極めて重要なものであった。

魏晋南北朝期には、皇族の族譜はやはり大変重要であり、例えば魏・斉両王朝の宗正卿・少卿・丞などの官職は、いずれも皇族の族譜に専ら携わっていた。また同時に、民間の族譜の編修も盛んになり、士族や庶民は競って族譜の編修を行い、王朝も族譜を専門に取り扱う官吏と部署を設け、各地の宗族が編纂した「私家版族譜」の審査や査定を行った。(7) 当時の大世族が家譜を編纂する目的は、第一にその血縁の純潔を証明し、それによって自分達の政治的地位を保ち、徭役などの免除という階級特権を享受するためであった。第二には貴族同士の婚姻の際に、その家柄を調べるためであった。当時の各大家族は、通婚の際にしばしば族譜を調べ、ふさわしい相手かどうかを重んじた。もし同格でなければ、自己の子女に自分達より地位の低い家庭との通婚をさせないことが、その家族の特権的地位を維持する策略の一つであったのである。

『魏書』崔辯傳附崔巨倫傳には

初、巨倫有姉、明恵有才行、因患眇一目、内外親類莫有求者、其家議欲下嫁之。巨倫姑趙国李叔胤之妻、高明慈篤、聞而悲感曰、吾兄盛徳、不幸早世、豈令此女屈事卑族。乃為子翼納之。時人嘆其義。(8)

（〔崔〕巨倫には姉がおり、聡明にして善良、文才もあり品行方正であったが、病気により盲目となったので、親類から結婚の申し入れはなかった。そこで家族の意見として姉を〔自分達より〕地位の低い家族へ嫁がせようということになった。巨倫の叔母は趙国の人李叔胤の妻で、気品を備え聡明で、慈悲深く誠実な人であったが、巨倫の姉のことを聞くと、「私の兄は品性の高尚な人だったが、不幸にも若くして亡くなりました。どうしてこの娘をわざわざ下級の家に差し出さねばならないのでしょうか。」と嘆息し、巨倫の姉を自身の息子である李翼の妻に迎えた。人々は彼女（巨倫の叔母）は道義を守る人であると感嘆した。）

とある。これと対照的なのは、庶族つまり仕官することなくただ低い官位のみを有する家族による家譜の編修であり、それは身分を士族階層へと押し上げるためになされた。人々は自己の家柄を上げるために、様々な手段を惜しまず、家譜を偽造するという風習もこの時期出現した。例えば『南史』何尚之弟子昌寓傳に

尚之弟子昌寓伝有記、嘗有一客姓閔求官、昌寓謂曰、君是誰后。答曰、子騫后。昌寓団扇掩口而笑、謂坐客曰、遥遥華冑。(9)

（かつて閔という名の賓客が、昌寓のもとに仕官を求めてやってきた。昌寓は「お前は誰の子孫か。」と問うと、彼は「閔子騫（孔子の弟子）の子孫です。」と答えた。昌寓は傍らにいた賓客たちに、扇子で口を隠して笑いながら、「こちらの方は遠い昔の名門貴族の子孫だそうだ。」と言った。）

とある。

隋唐期には科挙の挙行によって、中国社会における固定化された階級制度は大きく動揺した。庶族階級の子弟は勉学によって国家官吏の試験に参加し、これによって家族の社会的地位を根底から変えることができた。これに反して、士族で三代以内に大官が出なかった家族は、庶族・貧民に落ちぶれ

る可能性もあった。このような状況にあっても、隋唐両代の宗族官吏制度は前代の慣習を継承し、官吏の選抜・人物評価・婚姻の際にはやはり士や庶人などの家柄・階級の尊卑が重視された。唐末〜五代十国期になると、連年の戦争により、官職を得る際に、本来の出身によって得たものではなく、戦功によって得た事例が増加した。魏晋南北朝期以来、すでに久しく続く門閥制度は日増しに消滅していった。本来華やかな家柄を用いた家譜も、この時期には低迷し、民間における族譜の編纂の動力も明らかに前代には及ばなかった。宋代には族譜の政治的役割はほとんど消失したが、家格の維持とともに、宗族の管理・道徳の強化そして歴史的記憶における役割が増大した。例えば「族田」（宗族が共同所有する土地）の一部は宗族の公的資産に記され、「族規」（宗族の規範）は宗族の思想行動を統一させるためのものであり、風水の考えによって作られた「墓図」（墓とその周囲の地理について記したもの）は、時に宗族間あるいは族内が「風」（風水による気風）に争いが生じた際、事を有利に運ぶ「根拠」を提供するものだった。他方で、王朝が民間の族譜の編修に干渉することは少なく、族譜の民間資料としての特徴が日増しに著しくなり、編纂における形式がより自由になったほかに、族譜に記される系譜の虚構部分もますます多くなった。明・清期になると、族譜の多くは、すでに五代前の先祖まで（それ以上は遡らない）の「小宗之法」をやめて、「大宗之法」を採用して、その家族の家系の格の高さを表した。[10] 系譜が数十代から百代まで至る族譜は、必ず古代の帝王や名を馳せた人物を先祖としたもので、事実上歴史的価値を有するものではなくなった。むしろ文化的記憶の役割を帯びるものとなり、人々が祖先をたどって自己を披歴することを通して、文化的アイデンティティーを構築する欲求を満たすものであった。また、客観的にみても中華民族という文化的記憶、即ち中国人の〝家国情懐〟（報国の志）が各宗族の記憶の中へと溶け込んでいく。

次に、族譜の内容からすると、記されるのは家族の過去と現在だが、それは決して客観的事実としての歴史記録ではなく、記憶を伴うテクストとしての特徴を有している。つまり、本族にとって利となる観点から、家族にとって誉高き人物・事件・文言などを選択的に記載し、また時に誇大表現を用いることも許容される。筆者が実地調査の際に収集した一九九六年編纂の『大橋金氏宗譜』では、はじめに四頁にわたり、龍紋の装飾で「帝室遺宗裔、金枝玉葉家。詩書礼楽族、文章華国斎。」という四句が記されている、龍紋とは一般に聖旨（天子の詔）を表すものだが、族譜のなかにはどの時代の、どの皇帝の言葉かは明示されていない。さらに、金氏を帝室の後裔とするのは、歴史的事実に合致しない。金氏の開祖である金日磾は、漢代の北方匈奴休屠部落の王子で、霍去病に虜にされた後、漢朝の臣下となり漢の武帝から金姓を賜った。彼は漢王朝において重用されたが、官位は侯爵どまりで、決して帝室の後裔と同格とはいえない。ここからすると、上記の字句は金氏の後代が自分たちに箔をつけるために〝疑似〟の聖旨を用いて、自己の経歴を吹聴しているに過ぎない。

族譜の編纂形式については、その多くが族内で資金を集めて、族内の族員に委託する。族譜の編纂は一族にとって重大事であり、委託された族員は、敬虔で真剣な態度で編修を行わなければならない。以前は新たな族譜が編纂された後、旧族譜は集められて焼却されることになっていた。また、族譜の印刷数は限られ、各族譜には番号がつけられ、後日一括して回収する便宜のために、所蔵場所も「領譜字号」に記録された。族譜は通常、族員が系譜を調べるために使用されるのみで、門外不出である。このようにするのは、「冒宗」（族譜の偽造）と外部の不正な印刷を防ぐためである。これらの処置はともに族譜が家族に関する文書であり、また「聖書」（神聖なる書物）としての特徴を有していることを表している。

だが一方で、現代では族譜の編修する権利を「強奪」する現象もよくみられる。族譜の編纂は、その編纂者に直接一族の歴史に対する発言権を賦与することから、編纂に参与する者の一族や社会における地位の高さを間接的に映し出す。ゆえに、多くの族員が族譜の編纂や参与を栄誉なこととみなす。族譜の編修に関する決定は、伝統的な長幼の序に従い一族の長老たちの合議によってなされる。しかしながら、近年来の族譜編纂ブームにおいて、しばしば本来編修する立場にない人物が、編修を画策する「下剋上」的現象がみられる。例えば、大宗族あるいは族中の長老が、長きにわたり族譜の編修をしない場合、小宗族あるいは政治的・経済的地位は高いが輩分（宗族内における世代・親等からみた長幼の順序）は高くない族員が、世話役として現れて族譜の編修を行い、新たに編纂する族譜の内容と形式について取り仕切る。一般的に族譜は以下の項目によって構成される。

1．譜名

「地名（本籍地）・姓氏・家譜或は宗譜」によって構成される。例えば『秀峰周氏家譜』『紫陽朱氏宗譜』などがある。また、民国期に編修された『清漾毛氏家譜』は著名な学者である胡適が題字を揮毫しているように、題字が当時の著名人によるものもある。

2．目録

族譜のなかには、見開きに古代の皇帝から賜った聖旨・

扁額題字・詩詞などが印刷されているものや、目録の後ろに一族の長幼の順序が附されているものがある。

3. 譜頭（或は巻之首とも）
凡例・姓氏源流・歴代譜序などを含む。

4. 祖公遺像・像賛（肖像画の題賛）・人物志傳・墳塋圖・墓誌銘
皇帝からその一族の祖先に下賜された勅命誥書、及び後代の疏表文書が記されたものもある。また、本族の祖先と彼らが交際した社会的に著名な人物の文芸作品が収録されているものもある。

5. 世系圖、「牽絲圖」「支系圖」とも
赤色の線で各代の家族構成員間の血縁関係を表す。

6. 行第、「歯序」とも
輩分に基づいて同族中の男性の順序を表す。

7. 祠圖・祀典と祠享・宗族規範（家規・家訓・家語）
例えば祠田・義倉・義学・公用の家畜などの一族の公的財産を含み、また寄付や資読・資婚・資殯（教育・婚姻・葬儀に関する宗族制度）に関する内容も含む。土地契約書などを含む族譜もある。

8. 領譜字号
最近新たに編修された族譜には、しばしば付録や編修後記がつけられ、その多くは族譜編修の顛末や、編纂にあたり族員が寄付した金額が記録されている。

上述のとおり、譜名・凡例・祠図・公産（公的財産）・家訓などの多くが現実的状況を反映する記録であるほかに、勅書・疏表・歴代譜序・像賛・墓誌銘・文芸作品などは、事実を記した歴史文献とみなすこともできるが、ある種の牽強付会の要素が含まれるのを免れない。世系図と序列にみえる人名の多くは事実であるが、彼らは決して一族の全構成者を表しているわけではない。族譜の編修時には遺漏を免れず、また族内での派閥争いにより故意に省略されることもある。とくに、古代の祖先に遡る系図である牽絲図は、後代の人々の推断によって古代の祖先に結びつけた可能性もある。

事実と全く異なるのは、「譜頭」或は「巻之首」の古代の系譜に関する部分で、その記載の多くは氏族の源流に関する神話や伝説である。例えば畬族の『馬羽雷世宗譜』における「雷氏源流序」には、畬族の起源神話（付録一参照）が記されている。

高辛氏の皇后劉氏はその耳からあるものを産んだ。医官が取り出してみると「龍犬」に変身し、「龍期」と名付けられ、また「盤瓠」と呼ばれた。その後、外敵が来襲すると、高辛氏は義士を募り、兵を率いて国難を救わせようとし、成功の暁には自身の三公主を嫁がせることを承諾した。あろうことか、龍期以外は敢えて応じようとしなかった。龍期が外敵を撃退すると、高辛帝は別人を公主に仕立てて龍期に嫁がせようとしたが、龍期はひそかに宮中に入り、三公主の帯の上に字を書いて印とし、自分は金鐘の下に隠れ、自分は七日七晩の後、人身へと変わると予言した。皇后は彼が飲まず食わずでは死んでしまうことを心配し、六日目に密かに彼を探すと、龍期の身体はすでに人間に変化していたが、頭や髪はまだ成形していなかった。結果として、高辛氏は三公主を彼に嫁がせ、また爵位を授け彼を忠勇王に封じた。その後さらに、彼らの三人の息子をそれぞれ「盤」「藍」「雷」と名付けた。

少数民族の神話形式の筆致に比べ、漢族の大部分の姓氏は神話的色彩を除去し、歴史形式での筆致によって、本族の祖先と伝説時代の三皇五帝の伝承の系譜を形成している。その内容の多くは、百家姓源流などの書物の剽窃である。(11) 例えば、筆者の姓である王姓は、族譜において上古の姫姓の出、即ち黄帝の姓であるとされる。

「姫姓の王は周族に由来し、およそ夏（紀元前二十一世紀―前十六世紀）・商（紀元前十六世紀―前十一世紀）の両族と同時代に、長きにわたり現在の山西省渭水中流以北に居住していた。『史記』周本紀に有邰氏の女（むすめ）が、野原で〝巨人〟の足跡を踏んでみると、（身ごもって）男の子が生れたので、棄と名付けたという。姜原（有邰氏の女）の時、周族は母系社会であり、彼女は周族の始祖母であった。そして、棄の時にはすでに父系氏族となっており、棄は周族の始祖となったのである。この伝説は、周族が母系氏族から父系氏族への過渡期にあった時期について説明している。棄は農業をよくしたので、尭は彼を挙げて農師とし、舜は邰（現在の陝西省武功）に封じて后稷と号し、また〝別姓を姫氏〟といった。棄の四代後の公劉の時、豳（現在の陝西省彬県・旬邑一帯）に遷りそこに居住した。公劉の九代後、古檀父の時、戎狄の侵入から逃れるため、一族を率いて岐山の麓の周原（現在の陝西省岐山県）へ移った。そして、季暦と文王の時、周族は西北の遊牧民族部落の脅威を撃退して、多くの部落を併合し、文王は崇（現在の陝西省西安灃水の西）を滅ぼした後、都をこの崇の故地に遷し、名を豊または豊邑と称した。武王の時、都を鎬（現在の陝西省灃水の東）に遷した。豊と鎬は近かったのでともに都城となった。その後、武王は周辺国や異民族と連合して商の紂王を打ち破り、前十一世紀に西周王朝を建てた。前七七一には申侯が繒侯と異民族の戎と共謀して、挙兵して周を攻めて、周の幽王を驪山（現在の陝西省臨潼）の東南の麓で殺した。この年、宜臼が即位して周の平王となった。

翌年、平王は灃と鎬を放棄して、東方の洛邑（現在の河南省洛陽）に遷都した。これが歴史上〝東周〟と呼ばれる王朝である。武王は帝号を称し、王朝は二十三代の霊王まで、およそ五百年余り続き、霊王が太子晋を廃してから、その子孫は王姓となった。これらの記述は、張伝璽編纂の『中国古代史綱』〔上〕北京大学出版社一九八六年五月の〔西周〕〔春秋〕の二章によって整理したものである。[12]」

また、『賢川王氏宗譜』「太原王氏発派総序」の始めにも「余王氏始祖名晋、字子喬、裔出姫姓、乃周霊王太子也。身系王子、因以王為姓、后世子孫皆曰、余、王姓人也。」とある。

このような姓氏の起源となる神話や伝説について、編修者の編纂に関する態度は矛盾している。つまり、彼らは一方で正史の関連記述を引用する形で、その姓氏の起源の事実や信頼性を証明しようとしながら、他方で彼らの心の中では姓氏と正史の記述を結びつけるのは牽強付会であると分かっており、筆者が調査中にしばしば彼らは、これらの内容が必ずしも事実ではないと、教えてくれる。ここからすると、記憶とは客観的な歴史ではなく、人々の過去の回想の方式であり、彼らの主観的でそうあって欲しいと信じる歴史である。族譜に記された史実は必ずしも信頼するに足るものではないが、編修者或は一族の文化・情感あるいは心理を反映しているのは紛れもない事実である。この意味において、族譜は歴史研究者にとっては、決して重要な参考意義があるわけではないかもしれないが、民俗学者にとっては格好の研究資料である。それは民俗学の研究対象が、まさに異なる歴史時期の異なる地域の人々が有する共通の心情や風習であるからである。

二、民俗学における族譜研究

民俗学の立場からすると、族譜には重要な研究価値があるが、では民俗学はどのような研究視角からこの民間の文献資料の学術的価値を掘り起こせばよいのだろうか。前述のとおり、族譜に関する従来の民俗学の研究は大変限られており、またそれはしばしば、地方史・家族史・風俗史を証明する参考資料としてしかみなされてこなかった。つまり、本来的に族譜そのものを研究対象としたもの、民俗学的考察からの研究を行った中国の論文はごくわずかであり、民間の家譜の再編修に関する社会風習や、その知識の再生産過程に関する数本の論文のみである。[13] 以上から、筆者は民俗学が族譜資料を研究するに際し、少なくとも以下の数点について研究を進めることができると考える。

古代の神話伝説の動的伝承と異なるテクストにおける叙事表現

人類の科学的知識が増大すれば、唯物史観が日増しに徹底され、天真蒙昧な時期に人類が世界の万物の起源（神霊を含む）を解釈することによって誕生した神話は、消失する。中国では神話はすでに歴史或いは歴史性を伴う伝説故事へと変わった。しかし、民間の家譜には、いまだに多くの神話や伝説の存在が確認される。人々はそれら神話や伝説に対して、決して全てを信じているわけではないが、全く信じていないわけでもない。家譜の編修時には、この神話・伝説に関する内容は、必要不可欠のものとみなされている。神話・伝説の異文の比較をとおして、我々はこれらの神話や伝説の現代における動的な伝承形態を見ることができる。その伝承過程はまた不断の再創造の過程でもあり、異なる作者による異なる叙事形式や意図が表出される。[14] 上述した畲族の起源神話を例にとると、『馬羽雷氏宗譜』のテクスト（付録一参照）の他に、筆者はウェブ上で『盤藍雷鍾氏族譜』に由来するテクスト（付録二参照）を収集できた。これらの内容は大体において一致しているが、表現方式に異同がある。例えば前者では劉皇后の夢において「娄宿降凡除夜妖」となっているが、後者では直接文中に「娄金狗降凡除妖」と言っている。また、高辛帝が婚約を破棄するくだりでは、後者の方が前者より明確に表現されており、彼が

仮装宮女、称為公主、賜盤瓠為親

（宮女に身支度をさせ、偽って公主と称し、盤瓠に下賜し后妃とした。）

と言っている。さらに、龍期が外敵であった呉王の首を献上する際、後者では伝聞口調で、人物の心理について比較的細かな描写がなされている。即ち

呈上辛帝殿前、頭吐在地、龍期奏諭、此頭是呉王正身也。辛帝験了将頭、心忻大喜、蒼天有感、従騰願心、回想咬時、龍期大有功也。

（龍期は）皇帝高辛の宮殿で（敵将の）呉王の首を地面に吐き出し、この首は呉王本人である旨を奏上した。高辛はその首を検分した後、大いに喜び、天は（人と）感応し（私の）心願を聞き入れた。（龍期が呉王を）噛みちぎったことを想い出し、龍期は大功を立てた（と言った）。

と言っている。そして、前者ではより具体的な描写と対話形式でみえている。即ち

呈上高辛殿前、頭放在地下矣。龍奏曰、此是燕冦頭首也。高辛験了、遂大喜曰、天下定矣、皆爾有功也。

（龍期は）帝高辛の宮殿で敵将の燕王の首を地面に置いた。

そして、「これは燕王本人のものです。」と申し上げた。高辛はその首を検分した後、大いに喜んで、「天下が定まったのは、ひとえに爾の功である。」と言った。）

とある。以上のように、我々は今日フィールドワークによって動的に伝承される民間文学の完全なテクストを収集するのはすでに困難であり、しばしば断片化した叙述を得られるのみである。このような状況下で、民間の家譜にみえる関連資料は、このような資料の欠損を部分的に補足し得るものである。とくに、我々が研究する民間叙述における口伝とテクストの性質上の問題には多くの参考価値がある。

歴代族譜・異なる姓氏或は支族の族譜及び民間の族譜と国家の正史における間テクスト性

族譜の編修に携わった人々にとって、族譜の内容は自らが記したオリジナルな部分は少なく、大部分が前代の族譜の継承と複製、或は正史などの文献資料からの抄録であることは周知の事実である。歴代の族譜間、異なる姓氏或は支族の族譜間、及び族譜と正史における間テクスト性は、族譜が「儀礼性テクスト」としての特徴を体現している。つまり不断に繰り返される叙述と定式化の表現によって、歴史観・価値観・文化的アイデンティティーの実現の統合という目的に達する。我々は家譜のテクストを閲覧するたびに、かつて見たことがあるような感覚になることがしばしばあり、このデジャブはまさにアイデンティティーの想起に必要となる基礎である。以下に、二〇〇二年に再編修された「嵩高朱氏宗譜」の序言にみえる数行の内容の抄録を事例として示す。

「今天下衣冠礼義之士、所以聯其宗、尊其祖者、其道有二、一曰宗祠、一曰宗譜。宗祠雖設而古制寝湮、大宗・小宗之法、不復行于天下。有志古礼之家、莫不以宗譜為先。務宗譜之設、蓋以導一源而聯九族、謹名分而辨昭穆也。其道甚隆、而其義至遠矣。」

（明）李義壮、稚大甫『江陽嵩高朱氏譜序』

「自来九族叙而惇睦之化行、風俗之醇厚、治教之休明、其道皆由于此。迨宗法漸廃、族無統紀、蓋有親未尽、而名次不相知、慶弔不相聞、況其遠焉者乎。世之仁人君子、思所以反古還醇、収渙散之心、而興礼譲之化、非有譜系以聯之、則其道無由矣。」

（明）陳吾徳『嵩高朱氏族譜序』

「民気之渙而不聚也、由其不能服善率教、以帰于礼義風化之同。然欲習礼儀、振風化、聚吾民之渙、則道莫重于惇族情、而事莫要于修宗譜。蓋宗譜克修、庶幾上有所承、而尊祖敬宗之心油然動焉。下有所待、而孝子慈孫之願藹然生焉。旁有所治、而合族展親之念勃然興焉。其事豈細故哉。」

（清）徐惇蕃『嵩高朱氏重修譜序』

「生民之道、莫大于追本始、聯族属、晰支派、定親疎、核盛衰、以垂法戒、其事一于宗譜系之、則譜于生民之道、為至切也。而不知者且目為断残之巻軸、而同于土苴之棄、否則挟是以誇于裏閭、而矜為栄華之書、予不知其何説也。」

（清）朱志強等『続修宗譜序』

「国有史、県有志、家有譜、所以信今而伝后也。顧国史掌之史官、邑志主之県令、家譜則責在子孫。為子孫而不思続修宗譜、将何以崇天彝、正民紀、水木本源之思、無自思矣、可乎哉。」

（清）朱存仁等『続修宗譜序』

「宗譜之設、所以析源流、考世系、序昭穆、明尊卑、雖派別支分、而絜領提綱、罔不同帰一本。睦族惇宗之念、有興感于不自知者。譜之系于風俗人心、豈浅鮮哉。」

（清）朱董理等『重修宗譜序』

また、これらは「間テクスト」的であると同時に、当然ある程度の変化や創作もみられる。とくに、民国や現代において続編が編纂された族譜では、前代の記述方法を踏襲する以外に、時代風潮の転換に基づいて新たな内容も付加されている。例えば、嵩高朱氏が中華民国二十七年に編修した『続修宗譜序』では、「五大民族之中国、本諸黄帝之子孫」と記され、それは明らかに民国期の「五族共和」思想の影響を受けている。また、二〇〇四年に続編が編纂された延陵郡珊塘至徳堂『呉氏宗譜』序言のはじめの数行は今日の時代的特徴を帯びている。

周知のとおり、家は社会を構成する基本単位であり、家譜は特殊な形式によって本族の家系や事績を記載した歴史書籍である。その内容は歴史・人口・経済・人類・遺伝などの学科に関連するもので、社会の発展について研究する際の重要な史料である。国家の正史・地方志・各姓氏の家譜は、中華民族の歴史の三つの支柱を構成し、相互補完的で密接不可分の関係にある。もし今司馬遷の『史記』を読んで、さらに延陵呉氏宗譜を読むなら、珊塘呉氏とその歴史の源流を知ることになるだろう。いま宗譜の続修を機に、呉氏の歴史を以下に簡潔に記す。これをもって序とする。[15]

さらに、実際新たに編修された族譜の多くが、『呉氏宗譜』と同様に、直接史書の一節を抄録したり、それに修正を加え、それは本族の歴史として家譜の中に記録される。家譜と正史における間テクスト性は、族譜の正統性や権威性を高める一方で、社会記憶が文化記憶に消化・融合される方式であるともみなされ、ここから家譜という民間文献は、特に報国の志や大一統的な中華の特性を支えるものとされる。また、この他に家譜にみえる家訓や家の規則なども、しばしば家族の小伝統と国家の大伝統が融合し、一体化した特徴を体現している。例えば、耕読伝家（耕しかつ学び、家を伝える）のような家訓や、仁義礼智信などの処世訓なども、みな儒家社会の理想に対する具体的な解釈であり、またその実践を徹底させるものであった。

族譜の編修行為及び族譜の系譜図や序列からみた中国の家族組織形態

前述のとおり、決してすべての家族成員が族譜に入ることができるわけではない。編修者の誤りによって名前が漏れたり、宗族間の矛盾により故意に記載されないこともある。また、家譜の人名における配列も重要視され、仔細に考慮されてから、その身分の軽重や血縁の遠近などが明らかとなる。現代の編修作業では、しばしば族員が寄付した額の大小によって、家譜における地位や記述の分量などが決定される。つまり、編修時に族員の記載過程の追跡をとおして、また家譜の人名とその関連情報や現状などを比較することにより、族譜編修の多くの暗黙のルールが明らかとなり、それによって中国の家族社会の基本的な運用モデルが提示される。

族譜の地域的伝播と現地化の特徴

中国の族譜は、国内の満族・蒙古族・畲族・回族・納西族などの多くの少数民族が模倣・享受しただけでなく、韓国・ベトナム・日本（古代の琉球を含む）などにも伝播した。とりわけ韓国では十七世紀以降漢文の族譜が大いに流行し、韓国の儒教文化の重要な構成要素となった。ある研究によると、韓国の族譜は中国の宋代儒学の影響を最も深く受けており、日本・琉球・ベトナムなどの譜書は主に晋（東晋・西晋）や唐代の族譜を模したものとされる。(16) また、韓国の族譜は北京図書館に大量に所蔵されているが、日本・琉球・ベトナムなどの古代の譜書は、中国では極めてまれにみられる。(17) 記憶文化という観点からすると、異民族・異文化の族譜の事例・役割・内容・言説などの比較や、特に族譜の現代における各国社会での伝承状況について比べるのは、大変意義のある研究課題であるといえる。(18) 集団記憶は文化によって決定され、各民族の自身の伝統に対する態度は異なるから、異なる記憶文化が異なる民族気質を構築し、最終的には民族の歴史が改変される。民俗学は上述した族譜に対する研究をとおして、その結果として理論的な高みまで到達することが可能である。つまり、中国或いは東南アジアの各民族を実例として、西洋の学者が提唱した文化記憶理論、特に「記憶の場」に関する理論を修正・発展させていくのである。以上のような中国族譜のマクロ的考察からすると、本論の初歩的結論としては、中国式の文化記憶は国家・地方・家族という三層の歴史記憶が相互に混淆して形成されたもので、西洋の学者が現代の民族国家の文化伝統について提起した単一の公共的記憶の形式とは異なっているといえる。この多層的な記憶の複合体において、テクストと儀式・口伝性と書面性・大伝統と小伝統の相互作用により、大変強固な記憶文化の体系が形成された。これは、人口の多い中華民族が如何にしてかくも巨大な凝縮力を有するようになったか、という原因の一つとしてみなされるだろう。

附録一：『馬羽雷氏宗譜』（民国壬申年重修）巻之一「雷氏源流序」粤稽太古遺風、盤古初開渾沌者、三才分也。人稟天地之気、乃為万物之霊者。『連山』・『帰蔵』・『周易』也。『連山』首艮、取始終之義、烈山氏所作、夏人用之也。『帰蔵』首坤、取包含之義、軒轅氏所作、商人用之也。『周易』首坤、取有天地而后有万物之義、周文王所作。設官分職以為民極、明其道而不易、正其序而不紊也。楊雄著『太元法言』、老聃作『道徳経訓』。伏羲開六書文字。自是風気盛、文明開、将古之名人而筆之于書。稽古帝尭于生帝嚳高辛即位之元年、為甲辰四十有一載。五月初五日。

高辛正宮皇后劉君秀、夜夢婁宿降凡除夜妖、嬢匕驚醒、忽然耳病。当令太詔召医調治、耳中取出一物。其形如蚕、美秀非常。以盤貯之、養至数日、変為龍犬。毫光顕電、金鱗珠点、遍身錦繍、牙利如剣、時即能、献上高辛帝、見之大喜、取名龍期、号為盤瓠。

高辛曰、朕自登位以来、国泰民安。突有西方燕冦、結集呉将、行妖作孽、呼風喚雨、飛沙走石、武藝高強、無人敢敵。誠恐傾乱国家。朕心憂之、其奈之何。当天祷告。聖旨出令、若有左右人有能除服燕冦呉賊、以定天下者、朕即将第三宮主賜之為婚。満朝聴命、至三日、文武百官無一敢承。特有龍期進前、給榜、胆敢退敵。

高辛曰、爾果能一戦成功、朕即加封賜。而龍期領旨、殿前喝声、天動地応、翻身即去、呼風喚雨、漂洋過海。

八夜九日、直至燕冦呉賊殿前、燕冦見此獣大有錦色奇形、遂問曰、爾従何処而来。乃謊対曰、我是助国龍期、騰雲駕霧而来見。高辛無道、我来護助爾朝。燕冦聴其言、心中大喜、納在帳内、共追随従出入。一日、高筵大宴、流連荒亡、満朝告退。至半夜后、斬首呉賊、燕冦之首被龍期咬断、燕朝驚覚、官将統兵各執器械掖火追捉、而龍期遂入海中。渺無蹤跡尋、此時黒霧連天、昼夜不分。因領回朝、呈上高辛殿前、頭放在地下矣。

龍奏曰、此是燕冦頭首也。高辛験了、遂大喜曰、天下定矣、皆爾有功也。而龍期奏曰、請君加封賜。

当時、高辛恐三宮主不允合配、乃仮装三宮主賜龍期成親、龍期已知之、遂入宮中認定三宮主、書紳為記、将身隠在望恩楼上、伏処金鐘底内、龍七日七夜変成人身、奈至六日六夜間、皇后心思、龍期本我耳中所出、系我身之血肉、此数日未会、飲食不知、生否。乃私自窺探、隻見遍身全美、頭発尚未成形、本是中天禄存星君主照、脱化凡塵為護国佑民之人也。

高辛曰、朕想曩時原以三宮主許配、今当勅賜加封。由是御旨宣左右、令群臣置酒笙歌、賜三宮主、招龍期為駙馬、爵封忠勇王、勅賜勇猛二大将軍鄧従成、鄧支施、帯領部隊聴其差令。恩准会稽山七賢洞遨遊快楽地賜造駙馬王府、御林軍千万護衛。嗣后、満朝文武官員倶備九曲名傘、弓矢干戈、聴従使用、永執刊頒為照。

詔下：駙馬忠勇王収服燕冠、大有功労、永勅世代免征差費、逢山離墳三丈離田三尺任其開種。勅賜忠勇王金枝玉葉世代相承、永存勅拋、併治天下、准授執照

通朝主事張令押給
端殿表 押給
判学士 押給
彭光照 押給
戸部侍郎兼都御史章名寰 押給
主部監察天官魯平原 押給
吏部奏事範日智 押給
天丁簿士参委林竟青 押給

勅賜
忠勇王加封謚為護国王把守朝綱忠君愛国。

生長子、請帝賜姓、帝曰、以盤為姓、名自能。次子無姓、以藍器盛至殿前、請帝賜姓、帝曰、以藍為姓、名光輝。后第三子抱至金鑾殿上、請帝賜姓、帝曰、将啓鹵適雷鳴、即賜以雷為姓、名巨祐。后生一女、名龍朗宮主、問曰、女孫長大、雷和相攸。帝曰、此天之作合、爾可自択配偶、継世承相。

帝辛曰、朕思駙馬三男一女、洒我朝皇子皇孫、倶有封姓、我陛下有東夷王貢献美女、奇珍、奇珪、奇珠、三人美貌豊姿。将此長女、奇珍賜配長子盤自能、封為開渾武騎侯。次女、奇珪賜配次子藍光輝、封為護国侯。三女、奇珠賜配三子雷巨祐、封為柱過侯。孫女、龍郎宮主配与鐘志深為婚、封為敵国勇侯。皇子王孫倶対封侯王。螽斯衍慶、麟趾呈祥、将見克昌、厥后永保無彊之休矣、歴代見加君。

附録二：『盤藍雷鐘氏族譜』、http://www.lanshiw.com/bbs/read.php?tid=10875 訪問日期：二〇一六年五月二十五日。

盤古鑿混沌者、三才分也。天地人稟其正気、乃為万物之霊者、連山帰蔵周易也。連山首艮、取成始終之義。烈山氏所作、夏人用之也。周易首乾坤、取有天地、而后有万物之義、周文王所作。設分分職以為民極、乃立其道而不可易、其序有条而不可紊者也。荀況着新書。楊雄着太玄法言。老聃着道徳経。伏羲開六書文字之祖、八卦類万物之情。神農教藝五穀、嘗草作医。黄帝劃野分州、制車作字。唐虞之際、風気開而文明始。尭生于高辛帝王即位之元年、為甲辰四十有一載。五月初五、高辛正宮皇后劉君秀、夜夢婁金狗降凡除妖、嬢嬢驚醒、徒然耳疼、当令大詔、召医調治、取出一物、如蚕形様、希奇美秀、以盤貯養、数日変為龍狗、易成長大、眼起毫光、牙利宝剣、金鱗珠点、身紋錦繍、時会能言。献上高辛、見之大喜、取名龍期、号曰盤瓠。朕従御位以来、四方平静、家国安寧。突有西番央王、招集呉猛将軍党流反叛、行妖使術、無人敢敵。乃常常出訪、日昧月餽、要謀進来、見此梟文、誠恐篡乱、家国安帰、騰心憂慮、奈之何哉。当天祷告、聖旨出令、宣諸左右、有人退敵呉将降服、天下攸寧、騰定挙第三公主、欽賜為婚。衆朝聴命、令出三日、文武百官、無一敢承。龍期見聞、進前折榜、啣命殿前、凭榜奏帝、君其不負聖旨、区能自去退敵。群臣共慶三呼、天生爾霊、果能成功、加封勅賜。龍期承旨、殿前喝声、天動地応、辞叩龍顔、翻身即去。呼風喚雨、標洋過海、寒氷凛烈、八夜九日、直至呉将殿上。呉王見之、此獣何来、大有錦色奇形、呉王問之、你従何処而来。物答曰、我是大朝助位龍期、涓風海而来、廷見高辛以今無道、我当合来助你護朝。呉王聴奏、姦心大喜、納在帳内、供給

随従、出入聴其奏事。呉王此時、命値凶星、皇天降禍、破軍漸傾、孽数難逃、一日会集設宴、歓楽暢飲、酔睡迷沉、率朝告示退、夜半之初、呉王之首、龍期咬断、星夜翻殿攀城、滚雲浪霧、口啣其頭、喜惧速走。霎時呉朝審覚、官将統兵、各執器械、通朝火夜追捉、承血赶至深水海中、覓無蹤跡。黒霧連天、日夜無寝、奉旨回朝、呈上辛帝殿前、頭吐在地、龍期奏諭、此頭是呉王正身也。辛帝験了将頭、心忻大喜、蒼天有感、従騰願心、回想咬時、龍期大有功也。今天下定矣、盤瓠奏曰：君恩勅賜之、請命加封之。帝王仍思第三公主、不甘合配、仮装宮女、称為公主、賜盤瓠為親。龍期竟自不足以為信、親身進入宮中、認嚼第三公主、書紳密記、将身升隠望恩楼上、期定七夜日、伏在金鐘底内、変為人身、奈六夜日。劉皇后廷思耳出功龍、亦是我身肉血、此数日無些下腸、甚可怜飢、未知生否、私心窺視、遍身全美、頭未成形、本是中天北斗禄存劉隆星君主照、脱化生凡、助国安民、従此山川、毋驚悚失、河海同唱升平、騰想曩時、願金既出、勿漬心疑、庶降生敬仰、応感受霊蒼、既然、謹当勅賜加封。如是御旨宣諸左右、即令群臣置酒筆歌、騰賜第三公主、招盤瓠王為駙馬、爵封忠勇王。勅賜勇猛二大将軍、左将軍鄧芝成、右将軍鄒支施、帯領部衆、聴王差令、恩准会稽山七賢洞、優遊快楽之地、勅賜起立駙馬王府、御林軍千余護衛、当朝文武官班、倶備餞送、九曲傘虎鉞黄鉄、各員兵馬随従、給牒刊頒、永流為照。詔下盤瓠王等、功同開天、長垂不朽、給賜勅書、継世相伝、異日皇帝子孫振起、経過天下、各省府州県地方、倶該供俸駙馬王、夫役支給俸薪、該部知悉、欽賜欽遵。示奉盤瓠収呉将根首、大有功労、勅賜世代免征差費、逢山過田、任従耕種、永為徭人。御旨親賜勅書、天有正位、功古同今、統付忠勇王金枝玉葉、世代刊頒、永存勅拠。併治開下、准授執照、通朝主主事丞相張令宗押給、端殿表判学士彭光照押給、戸部侍郎兼副都御史章名寰押給、主簿監察天官魯平原押給、吏部奏事範日智押給、末丁博士泰委林竟青押給。盤瓠勅賜謚為盤護王、業掌崗山照者、受公恩栄、平治鼎定。光陰迅速、歳月蹉跎、盤護王生有長男、請公呼名、公曰、賜字自能。后又生有次男、縁無姓名、以藍盛至殿、問公請為姓、公因此盛為姓、賜名光輝。后又生有三男、裹至金鑾殿上、問公姓名、口問未飛、雷鳴応声、就安姓雷、賜名曰巨祐。后又生一女、賜名竜郎。公主問公、女孫長大、応当配何。公曰：姻縁注定、此乃長久之事、你可自相匹偶、継世相承。

朕思駙馬王生有三男一女、這是我朝値力皇女王孫、倶皆有封賜爾。陛下有東夷王貢献宮女、奇珍奇珪奇珠三人、美貌豊姿。将此女子、長者奇珍、賜卿長子盤自能、封為開混武騎侯。次者奇珪、賜卿次子藍光輝、封為護国侯。三者奇珠、賜卿三子雷巨祐、封為柱国侯。卿女竜郎、婿鐘志清、封為敵勇侯。皇女王孫、倶封侯伯、螽斯衍慶。旨下盤藍雷三姓、爾祖原未懐于人身、子孫遂不税乎中土、封官三品、業掌江山、永為徭人。

注

（1）例えば、劉暁春『儀式与象征的秩序——一个客家村落的歴史、権力与記憶』（商務印書館、二〇〇四年）、張士閃『郷民社会与郷民的芸術表演——以山東昌邑地区小章竹馬為核心个案』（北京師範大学民俗学専攻博士論文、二〇〇五年六月）、張青『習俗与家族的再生産——基于蘇北H村的田野考察』（山東大学儒学高等研究院中国民間文学専攻博士論文、二〇一三年四月）などがある。

（2）国家档案局・南開大学歴史系・中国社会科学院歴史所図書館編撰『中国家譜綜合目録』（中華書局、一九九七年）には、四五一の姓氏に関する一万四七一九種の族譜の項目が収録されている。また、上海図書館王鶴鳴主編の『中国家譜総目』（上海古籍出版社、二〇〇八年）には、二〇〇二年以前に刊行された中国の各種民族の六〇八の姓氏に関する族譜五万二四〇一種が収録され、全十冊、文字数は一二〇〇万字に達する。

（3）（仏）皮埃爾・諾拉著、韓尚訳、楊欣校「歴史与記憶之間：記憶場」（馮亜琳、（独）阿斯特莉特・埃爾主編『文化記憶理論読本』北京大学出版社、二〇一二年）九九頁。阿莱達・阿斯曼「記憶作為文化学的核心概念」（馮亜琳、（独）阿斯特莉特・埃爾主編『文化記憶理論読本』北京大学出版社、二〇一二年）参照。

（4）Pierre Nora, "Introduction to Realms of Memory, Volume II", in "The Construction of the French Past. Realms of Memory. Volume II: Traditions", New York, Chichester, West Sussex: Columbia University Press 1997, ix.

（5）王霄冰「礼賢城隍廟：地方認同与区域文化的〝記憶之所〟」（『温州大学学報』二〇〇九年第五期）。

（6）王暁葵「〝記憶〟研究的可能性」（『学術月刊』二〇一二年第七期）。

（7）楊冬荃「六朝時期家譜研究」（中国譜牒学研究会編『譜牒学研究』書目文献出版社、一九九五年）一―四一頁。

（8）（北斉）魏収撰『魏書』巻五十六列伝第四十四「鄭羲・崔辯」（中華書局、一九七四年）一二五二頁。

（9）（唐）李延寿撰『南史』巻三十列伝第二十「尚之弟子昌寓」（中華書局、一九七五年）七九五頁。

（10）劉志偉「明清族譜中的遠代世系」（『学術研究』二〇一二年第一期）九〇―九七頁。

（11）この種の書籍は多いが、大部分は学術書ではなく、姓氏に関する見解を集めたものにすぎない。例えば、何光岳『中華姓氏源流史』（湖南教育出版社、二〇〇三年）、徐鉄生編『中華姓氏源流大辞典』（中華書局、二〇一四年）、劉永生主編『姓氏源流』（遼海出版社、二〇一〇年）などがある。

（12）王栄蘭編『王氏姫姓時期発派序』（未刊行）。

（13）例えば、趙華鵬『家族行動――鎮原慕氏修譜的田野報告』（寧夏大学碩士論文、二〇一四年三月）、周鈺『当代宗族修譜現象研究』（厦門大学碩士論文、二〇〇八年五月）、章芳『農村宗族活動中族員的行為策略研究――以皖南Z県H村建祠修譜事件為例』（南京農業大学碩士論文、二〇一一年五月）などがある。

（14）他の研究分野においては、家譜の叙事モデルについての研究がある。例えば、王忠田『私修譜牒叙事的主要模式及文化内涵――以河洛地区若干家族譜牒為例』（湖北師範学院碩士論文、二〇一四年五月）などがある。

（15）浙江衢州石梁珊塘呉氏宗譜続修理事会『呉氏宗譜』（校正本）〝序言〟二〇〇四年十一月吉日。

（16）常建華『朝鮮族譜研究』（天津古籍出版社、二〇〇五年）。

（17）上海図書館には日本の『大蔵朝臣原田家歴伝』が所蔵されているが、中国国内では現在のところこれに関連する研究はみえない。

（18）現在ではすでに東アジア族譜の比較研究が行われ、とくに台湾国学文献館は隔年で「亜州族譜学術研討会」を主宰し、この方面の研究では先駆的な業績がある。しかし、現在行われている研究の多くは、歴史学・譜牒学・文献学・社会学などからのものであり、族譜を記憶文化の媒体とみなし、それを専門に研究するものはみられない。

「つながり」を創る沖縄の系譜

小熊　誠

おぐま・まこと――神奈川大学大学院歴史民俗資料学研究科教授。専門は民俗学。主な著書に『日本の民俗12　南島の暮らし』(共著、吉川弘文館、二〇〇九年)、『〈境界〉を越える沖縄』(編著、森話社、二〇一六年)などがある。

沖縄には、門中という一族がある。門中は、ある祖先から系譜的につながる子孫でつくられ、その主な活動は祖先の墓参りや位牌祭祀である。門中の歴史は、近世に士族の間で形成され、明治以降一般の人の間でも形成された。その門中の「つながり」の法則は一定ではなく、近年では新たな門中の「つながり」が創られている。

はじめに

系譜とは、何らかの「つながり」によって祖先と子孫を結びつける記録あるいは記憶である。祖先と子孫の「つながり」は、どの地域においても、いつの時代においても、すべての人がもつ。しかしながら、その「つながり」あるいはその「つながり」を記録した系譜の構成は、地域と時代によって、一定の法則なり慣習をもつ。さらに、その「つながり」は、同じ地域においても身分などによって異なる場合もあるし、時代によって変化することもある。

この祖先と子孫の「つながり」は、従来社会人類学を中心にリニージや出自といった親族理論で研究されてきた。これは、研究者による分析概念であり、一定の「つながり」については整理できるが、それによって人々が持つさまざまな祖先と子孫の「つながり」について人々の立場から理解することができるとはかぎらない。つまり、リニージ研究はアフリカと中国を中心に単系出自集団として研究が展開したが、その他の社会で単系出自集団が存在するとは限らず、リニージ

研究に対する限界が存在することが社会人類学の分野で見えてきた。[(1)]

アメリカ人類学者のシュナイダーは、リニージ研究など従来の親族研究を批判し、人々の視点から見る新しい親族研究を提唱した。シュナイダーは、アメリカ人がもつ親子間の「つながり」をblood tieと呼んで、親族体系の実体を民俗観念でとらえようとした。つまり、人々が何に祖先と子孫の「つながり」を求め、その親族関係をどのように認識しているかを検討すべきだとして、従来の「つながり」の働きを研究する立場から、「つながり」の意味を研究する立場へと親族研究を大きく転換した（高谷・沼崎　二〇一二：一二―一三）。

親族における「つながり」の意味を考える際、従来のようにそれは父系出自であるとか、そうでないということは最終的な目的ではなく、人々はなぜその「つながり」を求めるのかという社会文化的な実践に注意を向けることが重要になる。この立場に立って沖縄の門中を再検討すると、まず近世琉球王府時代の門中と近代以降の門中では歴史的にその意味が異なっていることを確認する必要がある。近世における琉球士族は、その身分を確定するために家譜を作成し、その家譜をもとに近世士族門中が創り出されたといえる。さらに、家譜の作成に際して、中国の宗族と日本の家の制度をそれぞれ取り入れており、近世士族門中を形成する「つながり」を見るとそれら双方の制度を組み合わせて創ったことがわかる。

近代以降、士族の身分が廃止された後も士族を祖先にもつ士族系門中は継続する。さらに、一般民衆であった百姓身分の祖先をもつ人々も、近世に門中はなかったものの、明治以降百姓系門中を創り始めた。その門中の「つながり」の法則が一定というわけではなく、さまざまな「つながり」で門中が創られ、さらに、近年は士族系門中と百姓系門中が、それぞれ新たな「つながり」で新たな門中集団を創ろうとしていることがわかる。

日本民俗学は、人々の継承してきた民俗文化を歴史的に見るという方法をもっている。さらに、人々における「当たり前」の生活文化を対象として、その意味を考えるという立場が、近年民俗学で提唱されている。この二つの日本民俗学の視点に立って、まず、沖縄における門中という集団を歴史的に見ていくことによって、その「つながり」が時代によって新たに創り出されて、変化している点を指摘する。そして、現代において門中の「つながり」は、沖縄の人々にとって「当たり前」のことであり、それが人々にとってどのような意味をもっているのかを考察したい。この「つながり」の視点で門中における祖先と子孫の集団化を考えた場合、従来の親族論とは違った視点で、沖縄における門中の「つながり」について新しい意味が見えてくると思われる。

一、近世琉球における士族門中の「つながり」

琉球における士族家譜の成立

沖縄における門中という組織は、民間で自然に発生したわけではなく、近世琉球社会において士族という身分制度を琉球王府が制度化したことと深く関わる。中国において、宗族が民間の中で発生して継続したという事と琉球の門中の発生は社会状況が異なる。

一六〇九年に、薩摩が琉球に侵入し、その後琉球を間接的に支配することになる。その過程で、琉球王府は中国との冊封朝貢関係を維持しつつ、社会・経済的には近世日本と同じように幕藩体制に組み込まれていった。幕藩体制の基本は、社会体制を構成する身分制度と年貢の税制を基礎づける田畑の検地であった。武士という支配階級身分を明確化し、その他は被支配階級身分と位置づけた。さらに、検地によって村ごとに田畑の測量を行い、それによって村ごとに年貢が決められた。被支配身分であった農民は、村ごとに年貢を納める制度が確立され、それを藩ごとに経営し、幕府が藩を統治するという幕藩体制が日本の近世社会だった。

琉球でも、身分制度の確立と検知が行われた。琉球王府の役人として務める士族は薩摩支配以前にも存在したものの、それが家柄による固定的な身分として明確に決められていたわけではなかった。琉球王府は、薩摩支配以降、士族を支配階級身分として固定化した。士族を被支配階層の百姓身分と区別するため、琉球王府は十七世紀に士族に対して家譜を作成して王府に提出することを命じた。そして、一六八九年に系図座という部署を王府の中に設置し、士族の家譜を管理することになった。その結果として、家譜をもつ系持ちとしての士族身分と家譜をもたない無系の百姓身分とを明確に区別して、士族による百姓支配という琉球における身分制と支配体制を確立したことになる。

家譜の作成は、士族身分の確立と同時に、琉球王府が家臣団である士族の「筋目」を明らかにすることであった（田名二〇〇〇）。「筋目」とは、祖先から代々つながる家系あるいは家統であり、その家系から祖先の王府に対する貢献を判断して家格が決められた。家譜によって定められた家格によって、王府の官僚組織内の位階と役職が決められるという近世的な士族組織の制度が確立し、士族にとって家譜は不可欠なものとなった。

第二尚氏王統	向姓小禄家
1 尚円王	
2 尚宣威王	
3 尚真王	
4 尚清王（五男）	①尚維衡（長男）
5 尚元王（次男）	②尚弘業（長男）
6 尚永王（次男）／尚久（三男）	③尚懿（長男）
8 尚豊王（四男）	7 尚寧王（長男）／④尚宏（次男）
→ 尚王統	⑤尚林（長男）
	⑥向擇善（長男）
	⑦向世勲（長男）
	⑧向天爵（長男）
	→ 向姓小禄家

丸囲み数字は向姓小禄家継承の世代数、
数字は第二尚氏の王代を示す。

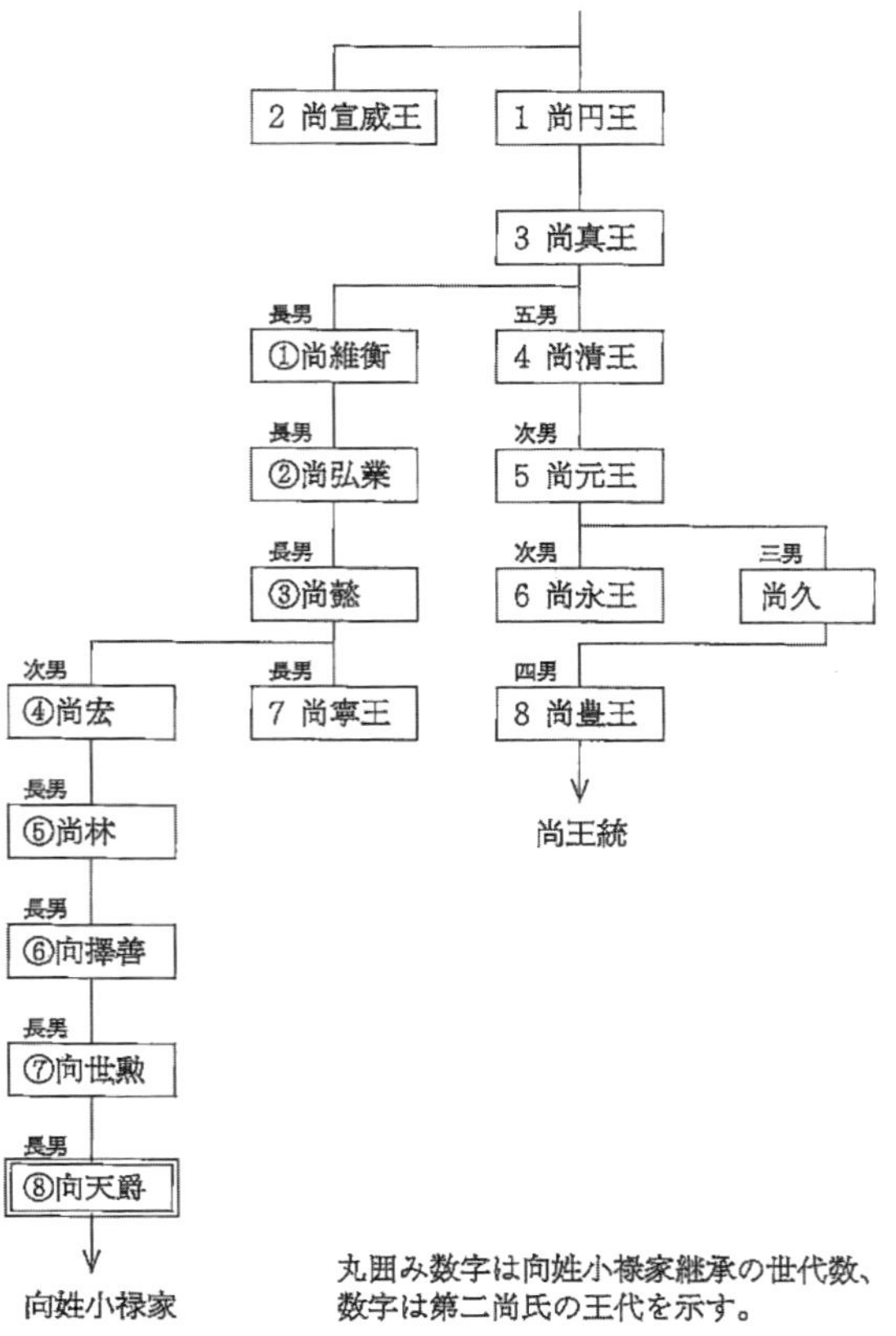

図1　向姓小禄家の系譜

家譜に記された姓と名乗頭

図1であげた向姓小禄家の家譜から、まず、そこに記された士族の姓と名乗頭について検討する。向姓小禄家の家譜では、一世は「浦添王子朝満」と称し、さらに「童名思徳金唐名尚維衡」と記されている。つまり、琉球士族の名前は、和名のほかに童名と唐名の三つの名前から構成されていることがわかる。

まず、唐名から検討する。唐名は中国名であり、その一字目は中国姓である。系図座が設置された翌年に、琉球王府の記録である『球陽』によると、士族である群臣に「姓」を与えたという記録がある。[2] 家譜を作成する際、まず必要であったのが「姓」であった。琉球における「姓」は、尚や向、毛などの中国姓を意味していた。日本の姓＝名字とは、名称の種類だけでなくその性格が異なる。日本の姓＝名字は、家の所属を示している。したがって、嫁は実家から婚家に所属が変わるので、名字を婚家のものに変えるし、同様に養子も養家の名字に変える。それに対して、中国の姓は父系血縁を示すので、結婚しても嫁は姓を変えることはない。つまり、中国の姓は、父系血縁によって父から息子に、さらにその息子にと連綿として継承される。そのため、同姓の者は同一の父系血縁を共有することを意味する（小熊 二〇一六：二四）。

さて、家譜作成の経緯について、向姓小禄家にもどって説明すると（**図1**参照）、この家譜の初代は、琉球王国第二尚氏第三代国王である尚真王の長男である尚維衡＝浦添王子朝満である。唐名は尚維衡であり、弘治七（一四九四）年に生まれ、嘉靖十九（一五四〇）年に没している。初代尚維衡は、尚真王の長男として王子の位をもっていた。二世から五世まで、同様に王子の位を有していた。(3) ここまで、第二尚氏の王族として王子の位を得ていたので、姓も尚を名乗っている。しかし、六世朝智からは、王子ではなく按司の位となり、王統の分家という扱いになり、姓も向に変更している。

実は、向姓小禄家の家譜は、初代から記録されていたわけではない。系図座設置直後の一六九一年に、八世の向天爵＝具志頭按司朝騎によって作成されたことが家譜の序に明記されている。当時、初代から七世までの系図は、位牌や辞令書、歴代法案などの王府の記録を利用して作成したと思われる。したがって、近世士族の家譜を検討する場合、家譜が作成された時点の前と後を分けて考える必要がある。

表1　向姓の統一

家譜の名称	元姓	元名乗頭
向姓湧川家	魏	道
向姓小禄家	呉	重
向姓嘉味田家	袁	頼
向姓伊江家	宗	義
向姓喜屋武家	敬	眞

出典：『那覇市史資料篇第1巻7』（家譜資料三）

家譜が編集された時点の一六九一年における『球陽』の記録を見ると、「始めて向・朝の両字を賜ひて姓・名乗頭の字と為し、本、同一の気なるを明らかにす」（球陽研究会　一九七二：二二八）と記されている。つまり、王家の分家筋は、姓を向、名乗頭を朝に統一することが王府から定められたことを意味する。名乗頭は和名の一字を示すが、それについては後述するとして、向氏小禄家は、家譜を作成する以前には呉姓を名乗り、名乗頭は重を使っていたことがわかる。その他の王家の分家である向氏についても、**表1**のようにそれぞれ異なる姓を名乗っていた。しかし、王家の分家筋が異なる姓をもつことは、中国式の姓の導入を考えた場合、姓と父系血縁の同一という点で相異が生じてしまう。つまり、王家の分家は、基本的には第二尚氏初代の尚円の父系血縁を有することになり、中国式の姓であれば同じ父系血縁をもつ子孫はすべて同じ姓を有することになるからである。そこで、前述の『球陽』の記録にあるように、王家の分家筋は向姓に統一することになり、その目的は、「同一の気なるを明らかにす」とあるように、「気」つまり父系血縁の流れが同一であることを示して、同宗の一族であることを明確にすることであった。

しかし、中国と違って琉球では姓の一致だけで同宗の一族とみなすことはできなかった。琉球の姓氏は、家譜変遷の前後に琉球王府に仕える士族のそれぞれの一族が勝手に決めたという琉球独特の経緯がある。例えば、上述の王統尚氏の分家とは逆に、毛氏の場合は祖先が全く異なる一族が七つも存在した。したがって、一族の共通性を示すために、中国姓を使った唐名ではなく、和名に一族の共通字として漢字一文字を決めていた。これを名乗頭と称している。例えば、護佐丸を始祖とする毛氏の場合は、「盛」を名乗頭にしているし、安里大親清信を始祖とする毛氏は「清」を、毛龍咩を始祖とする毛氏は「安」を名乗頭にしている（小熊　二〇〇九：一一二）。

このように、同じ毛氏でも、名乗頭によって同じ門中かどうか区別する事ができる。逆に、同じ名乗頭でも、姓氏が異なる場合がある。たとえば、翁氏の門中が護佐丸系統の毛氏と同じ「盛」を名乗頭にしている。つまり、琉球士族の門中では、中国姓と名乗頭の両方が一致してはじめて祖先からのつながりを同じくする一族である門中の成員である事が確認できることになる。

さて、**図1**であげた向姓小禄家の家譜から、そこに記された士族の名前の姓と名乗頭について具体的に検討する。向姓小禄家の家譜では、一世は「浦添王子朝満」と称し、さらに童名思徳金、唐名尚維衡と記されている。

まず、第一要素である「浦添」は、その人物の任地を示す地名であり、家名の意味ももっていた。任地が変わることもあり、その場合はこの家名も変化した。この家名の部分は、日本の家名＝名字とは異なる。これについては、後述する。第二要素の「王子」の部分は、その人の琉球王府における位階称号が示されている。「王子」は王に次ぐ位階であり、以下按司、親方、親雲上などの位階称号があった。琉球王国は、幕藩体制のような封建制ではなく、明清と同じように中央集権政権であったため、家臣団がそれぞれの行政区域の長や役人として任じられた。そのため、家臣団としての士族は、任地と位階称号を組み合わせた名称を和名の頭につけた。第三要素の「朝満」が名乗であり、その初めの一文字である朝が名乗頭である。この名乗頭は、父親と同じ字を継承し、また自分のすべての息子にも継承した。それは、基本的に父系血縁で継承することになり、しいては一族が同じ名乗頭をもつということになる。

次に、「浦添王子朝満」は、「童名思徳金」をもつと記されている。童名とは、生まれたときに定められた名前であり、子供時代に使用された呼称である。さらに、中国名である唐名「尚維衡」をもつ。唐名は姓によって一族を示し、和名は名乗頭によって祖先から共通するつながりを示す。したがって、王家の分家筋は姓を「向」に、名乗頭を「朝」に統一したことによって尚円を始祖とする一族であることを明確にすることができた。つまり、その他の士族も、唐名と和名をもつことによって、姓のつながりと名乗頭のつながりを明確にし、複雑な琉球士族団のなかで、その個人がどの一族につながるのかを明確に示すことができるという仕組みになっている。

三、日本と中国の間に形成された琉球士族の「つながり」

近世における士族は、姓と名乗頭によって一族のつながりを形成した。姓と名乗頭は、父から息子へ継承されるので、原則として中国の宗族と同じように父系血縁のつながりを示すことになる。しかし、中国では兄弟均分相続を基本として兄弟の祖先に対する権利と義務は平等である。したがって、系譜上の兄弟の優劣は基本的にない。そのため、子孫は同姓集団としてピラミッド状に宗族というつながりを形成する（図2参照）。

それに対して、琉球士族の場合は、日本と同様に嫡子一子継承による相続制度であった。そのため、次・三男は分家することになる。本家は宗家として直系子孫の継承によって大宗家譜を形成し、分家は本家の傍系である支流として小宗家譜を作成する（図3参照）。ただし、小宗家譜を組み立てるに

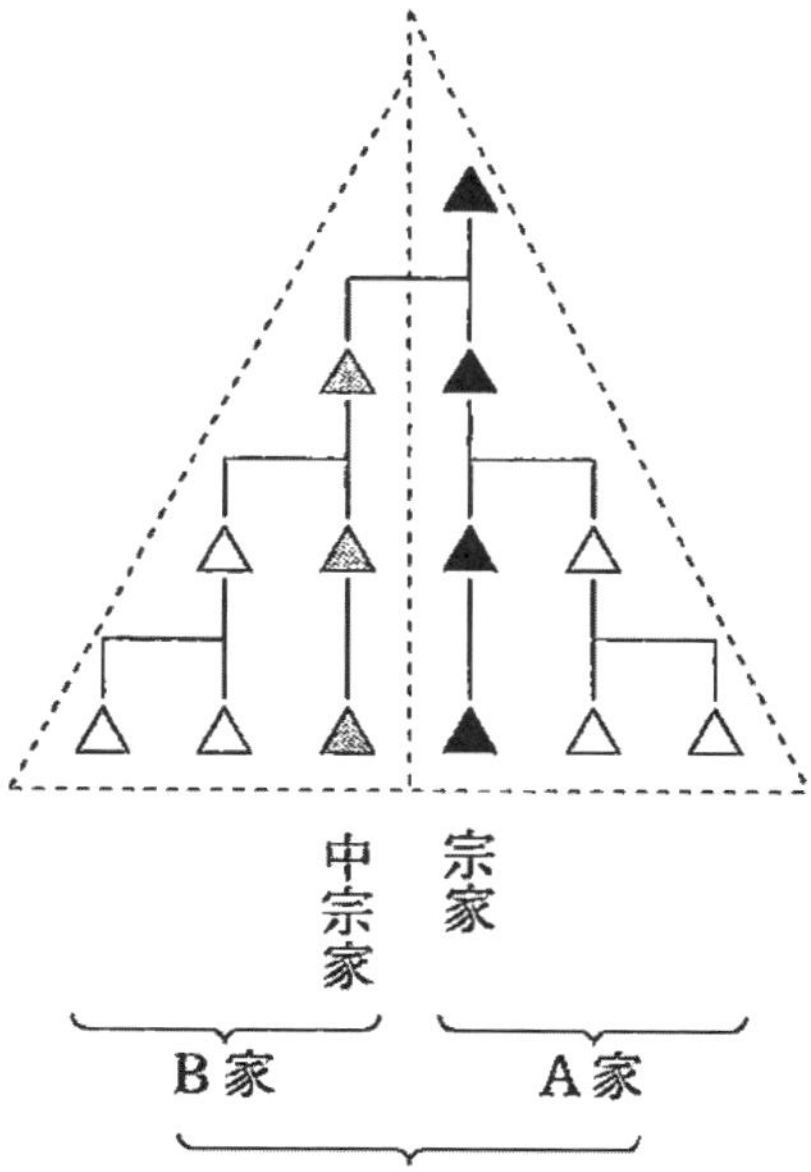

図3　琉球の門中

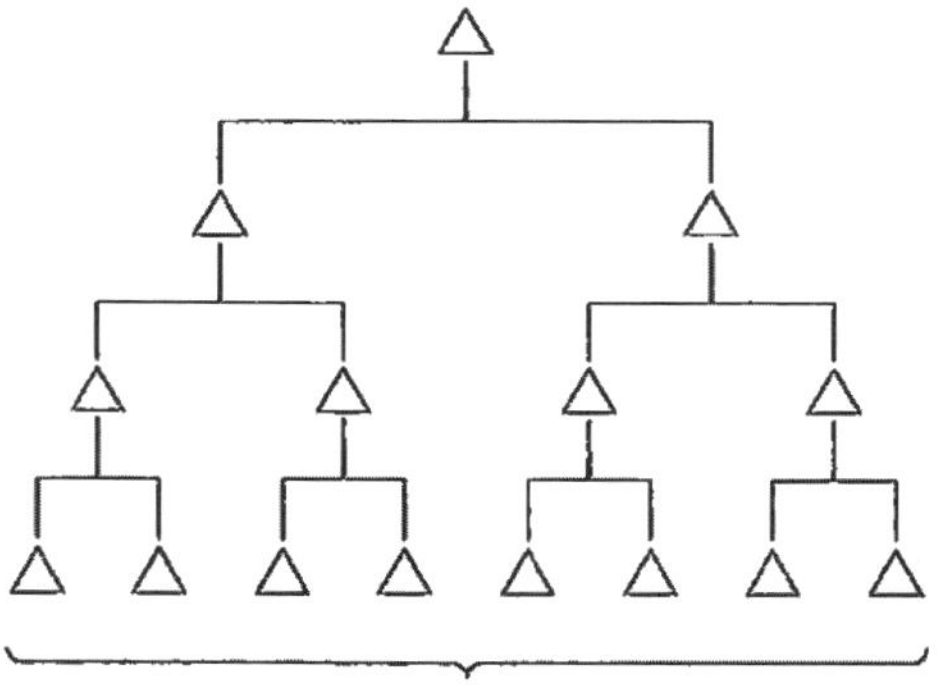

図2　中国の宗族

は一定の資格と条件が必要であり、すべての分家が独立した家譜を作成するとは限らない。

具体的に本分家関係における大宗家譜と小宗家譜の事例を見てみよう。中城按司護佐丸盛春を始祖とする首里士族の毛氏は、名門の士族門中である。中城按司であった護佐丸は、第一尚氏時代末期の英雄で、尚泰久王代五（一四五八）年に勝連按司の阿摩和利の讒言によって尚泰久の連合軍に滅ぼされた。その遺児盛親は、第二尚氏尚円に登用され、豊見城按司になっている。それ以降、その嫡子は代々豊見城親方の位階を得ており、豊見城家という家名を名乗っている。盛春か

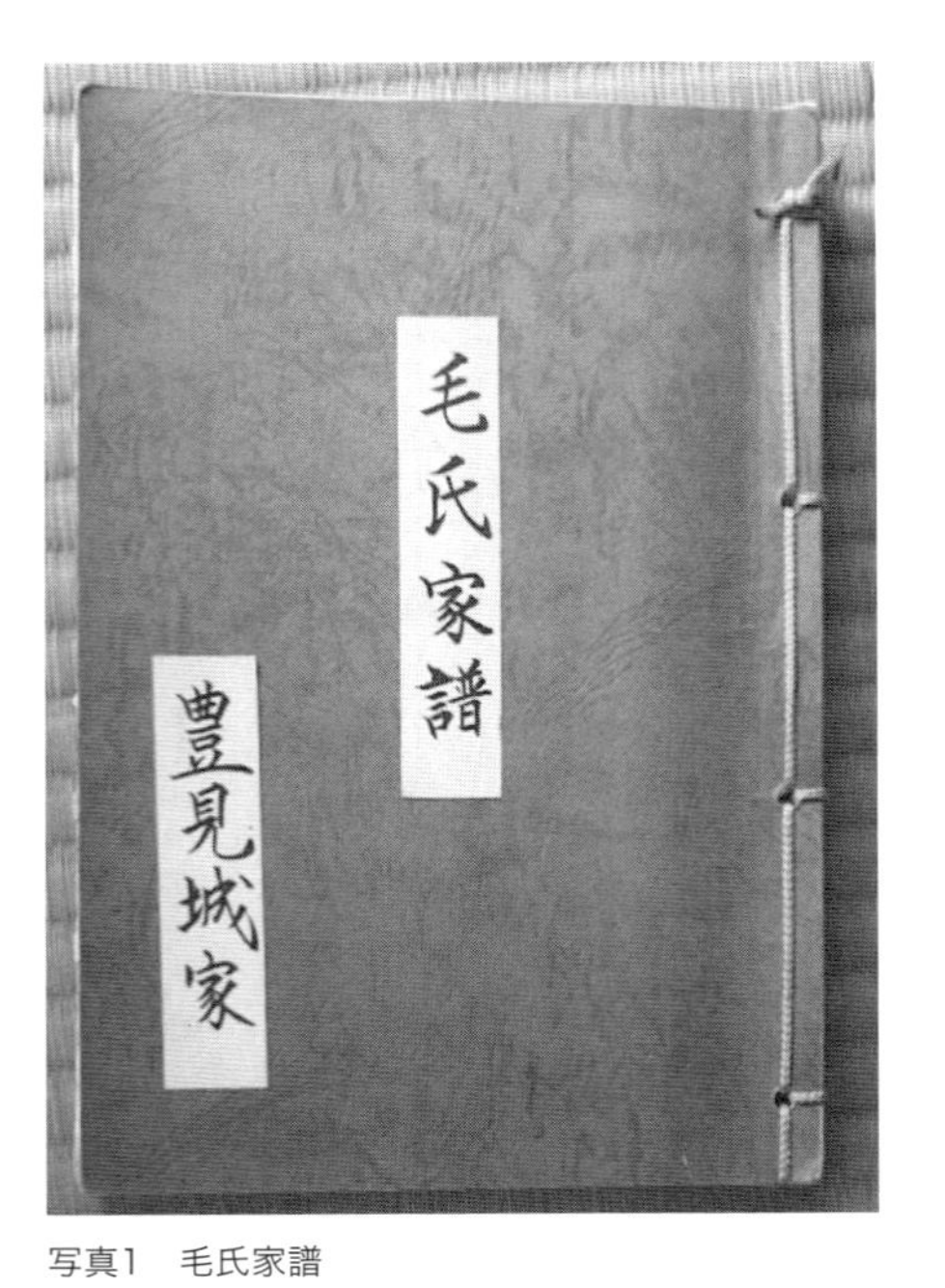

写真1　毛氏家譜

ら数えて三代目の盛里は、三男であったが、出世して澤岻親方を名乗り、本家とは別の家系を形成し、上里家を形成した。家譜も本家とは別にして、三世澤岻親方盛里を元祖とする『毛氏家譜支流』を新たに組み立てて、系図座に提出した。この毛氏では、同じように、六世の盛泰が分家して座喜味家を興し、七世の二男盛紀が伊野波家を興し、九世盛陳が末吉家を興している（小熊　二〇〇九：一〇六―一〇七）（**図4**参照）。

近世琉球士族は、中国姓を導入しながらも、一族の内部の構造は中国の宗族とは異なるものだった。その根本的な相違は、中国が兄弟均分相続に対して、琉球は嫡子一子相続だったことである。琉球王府は、家臣団として士族を管理するために家譜の作成を義務づけたが、その眼目は日本的な家制度を導入して嫡子一子相続制度による家統あるいは家系を形成することであったと考えられる。

そして、その家系には近代以降家名がつけられた。先述の毛氏の家系をみると、宗家は「豊見城親方」の位階を代々継承することになり、その豊見城が家名となった。同様に、分家では琉球王府時代の最後の当主がもっていた領地名が家名になっている。上里親雲上を継承する家系は上里家を、座喜味親方を継承する家系は座喜味家という家名をそのまま日本式の名字とした。

近世琉球は、幕藩体制にそった国家制度改革と社会改革を進めるなかで、身分制の確立のために家譜の編纂を行った。家譜は、祖先と子孫のつながりを示す記録であり、まず、家譜編纂を開始した時点で一族ごとに姓を定めて唐名をもたせ、中国の宗族システムに倣った姓氏のつながりを導入した。それだけでは不徹底なので、和名の名乗頭を父から息子全員に継承することで父系血縁を基本とする一族のつながりを定めた。

十七世紀後半に、それぞれの士族が、その時点での祖先のつながりを記録した家譜を作成した。その後、家譜には子孫の記録が追加されていく。家長の子は、息子も娘も全員が記録される。この点は、息子しか記録しない中国の族譜と異なる。しかし、家長の権利と義務を継承するのは嫡子一子のみで、他の男子の子孫は分家して支流家譜を作成する。つまり、家譜は一子継承によって家統あるいは家系を記録していくことになる。この家譜の記録は、琉球王府にとってはそれぞれの家系の家格を定めて、その位階を親から継承者へ承継するという、日本の武士による家制度に倣った制度と言う事ができる。他方、日本の武家は本家も分家も同一の家名を継承することで本家分家のつながりをもつ家の集団を形成することになるが、琉球士族は唐名の姓と和名の名乗頭の同一によるつながりによって門中という集団を形成した。(4)

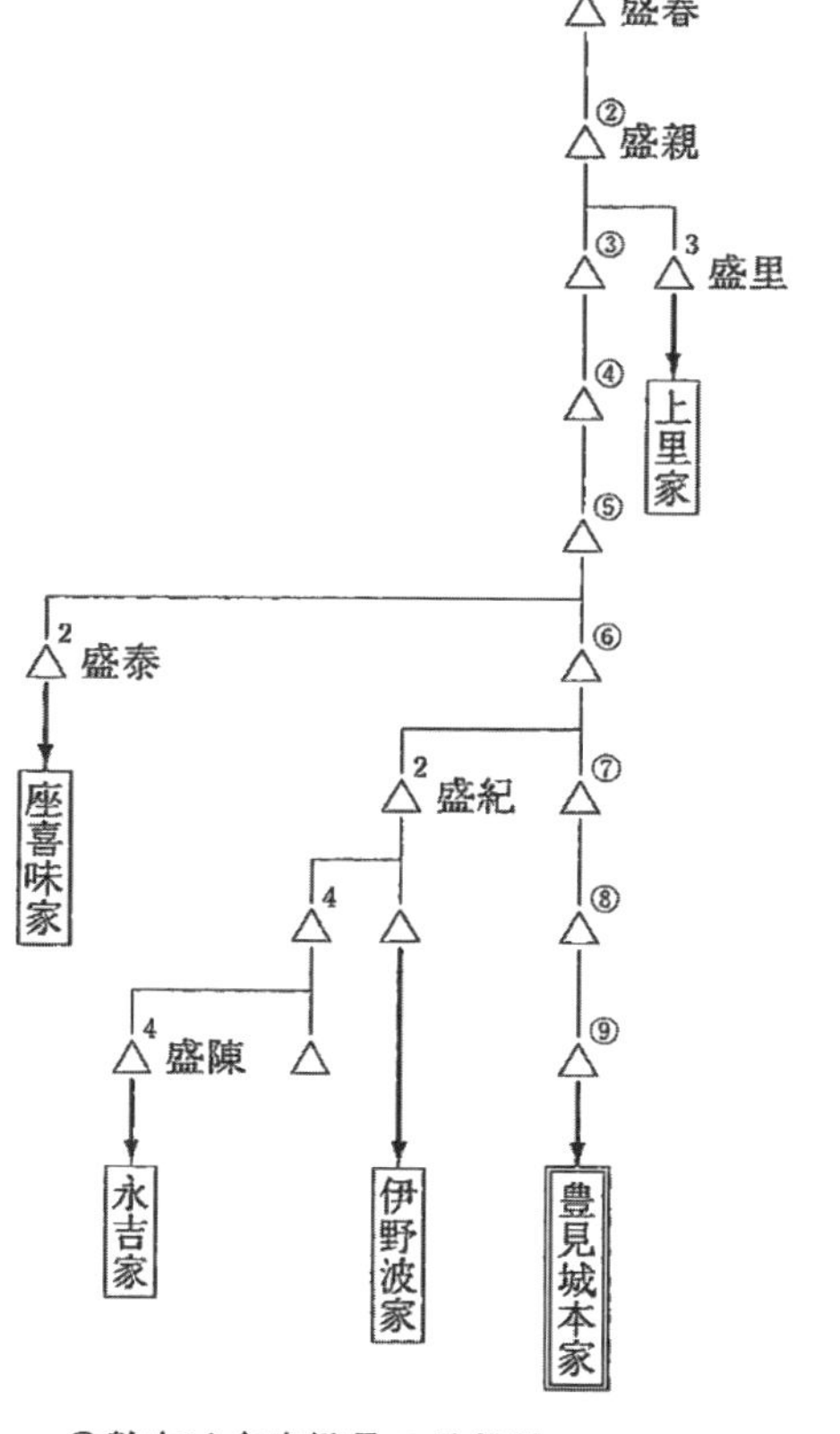

図4　毛氏の家系

琉球は、中国との冊封朝貢関係を維持することによって、中国文化を取り入れ、士族は唐名をもつことによって、中国との交流関係の存在を中国だけでなく日本に対しても表現する意図があった。日本と中国の間にあって、近世の琉球は、中国の姓と日本の家制度を意識的に導入し、両者を巧みに組み合わせて琉球士族独特の門中のつながりを形成したと考えられる。

四、近代以降における門中のさまざまな「つながり」

広がる士族系門中

一八七九（明治十二）年、琉球王府が消滅して沖縄県が発足した。士族の身分制度も廃止され、すべての人が法的に平等の立場になった。この時点で、琉球家譜も廃止された。しかし、家譜の記録から形成された門中組織は存続し、門中で行っていた祖先祭祀や門中単位でもっていた門中墓なども存続し、門中の活動は継承された。例えば、先祖代々の位牌は宗家や中宗家で祀られ、五月ウマチーや六月ウマチーの位牌祭祀の日には門中の人々が宗家で位牌を拝む。あるいは、清明の日に墓参りを行うが、門中で始祖の墓を拝む場合もある。沖縄の門中では、位牌祭祀と墓祭祀による祖先祭祀が主な活動となっている。

琉球士族の家譜は、沖縄県設置とともに王府の公的な士族の祖先と子孫を記録した文書としては廃止されるが、それぞれの門中でその家譜は大切に保管された。沖縄戦などで多くが消失されたが、貴重な資料として那覇市博物館などで収集、復元、記録を行っている。中国渡来民を始祖とする久米村系士族であった門中では、始祖が琉球に移住した後から現在までを家譜として自分たちで作成している場合がある。

例えば、梁氏では一九八八年に『呉江梁氏世系總図』を作成している。その系図は、一四六〇年に琉球王府の役人となった中国渡来人を始祖とする大宗亀島家の他、十七の支系の家系をすべて組み込んでいる。大宗の琉球士族家譜は、一八五四年生まれの十七世で終えているが、その後現在の子孫である二十世まで記されている。他の支系系図も現代の子孫まで書かれている。その内容は、父系血縁のつながりを基本に系譜が作成されているので、父系の子孫をすべて記載する中国の族譜に相似している。この門中は、中国人の始祖を有しており、その故郷とされている福建の梁氏との交流があり、中国の族譜の書き方を参考にしていると思われる。しかし、琉球王府時代の家譜から現代に至るまで、娘もすべて書かれているので、その点は中国の族譜とは異なる。

このように、宗家だけではなく、支系もすべての成員を含む家系図を作成している門中は、久米村系士族以外にはほとんど見られない。しかし、この士族系の系譜につながる意識は、様々な機会に見ることができる。例えば、王家の支流である向姓湧川家の始祖は、第二尚氏第二代国王尚宣威の長男越来王子朝理で、それ以降現在の二十二世の当主まで継続している。第二代国王尚宣威の墓は、琉球王家の墓地である玉陵にはなく、沖縄市の古い墓地がある断崖にあるが、清明祭には、尚宣威王の子孫である湧川門中だけでなく、その支系や士族から離脱した屋取系の門中、その他多くの人が集まる。

琉球王府時代に首里那覇の士族が帰農して田舎に住むことを屋取（やどり）といい、屋取集団とは、士族家譜からははずれて百姓身分になった人々をさす。沖縄市にある尚宣威王墓の近くに代々居住してきた普久原門中と泉水門中は、この屋取である。その祖先の系譜は、向氏湧川家家譜からは消滅している。しかし、その祖先は湧川家から分かれたという伝承をもっており、尚宣威王墓の地元に居住する子孫として、戦前から尚宣威王の清明祭に湧川家とともに参加していた。沖縄市の普久原家と泉水家は、士族からはずれたので、湧川家支流の普久原門中と泉水門中の家譜にはその祖先も記されていない。したがって、系譜専門家に依頼して、湧川家支流の家譜からはずれた祖先の系譜を調査して『祖先由来記』を一九七六年に作成した。つまり、屋取の普久原家と泉水家の祖先が、湧川家支流の普久原門中家譜と泉水門中家譜の誰につながるかを調べることによって、系譜の上でも、士族系湧川家家譜とのつながりを明確にすることができた。

写真2　尚宣威王墓の清明祭

さらに、角ヌ屋門中が尚宣威王の清明祭に参加している。この門中は、沖縄市地元の百姓系門中である。しかし、戦前から清明祭に尚宣王の墓を祀っていた。その理由は分からなかったが、湧川家とは別に代々尚宣威王の墓参を行っていた。角ヌ屋門中の本家は、高江洲家である。その始祖は、高江洲親雲上だと言われているが、詳しい経歴は不明である。高江洲家の先々代や先代の当主は、自分の祖先と湧川家とは関係ないという立場を取っていたが、門中の人々が何らかの「つながり」があるはずだと、ユタなどに聞きに行ったりしていた。一九四五年の終戦直後に、ユタに調べてもらったところ、琉球王府時代に湧川家祖先の落胤が高江洲家の初代の祖先だということになった。(5) このことには、家譜の記録もその他の伝承もなかった。しかし、これを契機に高江洲家と湧川家の新たな「つながり」が創生され、湧川家の方もそれを容認することによって共同で尚宣威王の清明祭を行うようになった。

このように、ある士族系門中との系譜が明らかでない人々が、自分の「つながり」を求めて士族系門中の祖先祭祀に参加することが多い。前述した尚宣威王墓の清明祭には数百名の人々が参拝に来るが、上記門中以外の人々も参加している。あるいは、毛氏池城家の宗家には始祖以下琉球家譜に記された祖先を祀る位牌堂があり、そこで五月ウマチーと六月ウマチーに位牌祭祀が行われる。その日は、時間を決めて祖先祭祀を行うのではなく、朝から夕方まで多くの人がひっきりなしに参拝に訪れる。以前は、ある士族門中の宗家では、自門中以外の人は位牌堂に入れなかったという場合もあったが、現在ではこの門中では自由に祖先への参拝を開放している。中には、自分の祖先探しをするためにユタに尋ねたら、ここが自分の祖先だと言われたので参拝に来たという人もいる。明確な系譜をもたない人々が、名門の士族系門中に自分の「つながり」を求めるという士族系門中の広がりを現在は見ることができる。

神話につながる百姓系門中の由来記

琉球王府時代、士族以外の百姓身分では家譜を作成することは禁止されており、祖先と子孫の「つながり」は、記憶されたものであり、ほとんどが記録に残されていなかった。したがって、士族のような家譜に基づく門中組織も形成されていなかった。そういう百姓系門中が、現在の子孫からその祖先を明らかにするといういわゆる「祖先探し」を行っている。

明治以降になると、祖先が百姓身分であったいわゆる百姓系の人々が、自分の祖先を明らかにし、その祖先から下の代につながる人々で門中組織を組織し始めた。記憶で分かる祖先はせいぜい三・四世代の親族関係を遡るだけであり、しかもそれ以上の世代になるとつながりが不明確になる。例えば、名護市の屋我地島にある済井出という集落の仲之屋一門という百姓系門中の系図は現在の話者から三・四世代前の蒲戸（かまと）という祖先から下の世代の男子子孫を網羅している。この系譜は記録にはされてなく、当事者の記憶による門中組織であり、この門中の人々は済井出の集落にいる人々を中心に構成され、村から転出したものは、門中という意識も薄らいでいる。

それが、蒲戸以前の祖先の「つながり」を知りたいということで、系譜作成専門家に頼んで『由来記』を作成してもらった。それが、**図5**である（小熊　二〇〇一：一〇）。その系図で、始祖である天孫氏思兼松金から今帰仁大王までは、琉球神話の天孫氏と古琉球の按司の系譜をつなげた民間に伝わる系図のテキストであり、いわゆる長浜系図といわれる系図の一部分を引いたものである。そして、満名大王から満名子までは、今帰仁周辺の沖縄本島北部では古琉球時代から名家と伝わる満名殿地並里家と関連させて、この門中の地域性を示そうとしている。その満名子の済井出における落胤が鍋宮城であるとつなげたものである。

このように、百姓系の門中がその祖先を探すために系図専門家に依頼して『由来記』を作成する場合、上記のように琉球神話の神につながる系譜を創生することが多くある。沖縄の人びとにとって、琉球神話は琉球という国の成り立ちを示すもので、自分の祖先もその琉球の時代に存在したことは系譜がなくても確かなことである。百姓系門中の系譜は、明治より前の時代は不明確であり、それをつなげるには琉球神話が一つの手だてであり、最終的には琉球を創世した天孫氏に結びつく。

【長濱系図】
浦添中山　天孫氏思兼松金国王
四男　西原王子
恵祖按司
恵祖世主
長男中山　英祖王
次男　今帰仁世主湧川王子
今帰仁世主湧川按司
次男　今帰仁世主今帰仁按司
長男中昔　今帰仁城主丘春按司
長男中昔　仲宗根若按司
次男　今帰仁子
今帰仁大主

【満名殿内関係】
長男　満名大主
長男　満名大親
満名大屋子
長男　満名子
鍋宮城（上間家女子の子）

図5　仲之屋一門の由来記

おわりに

近世における琉球士族家譜は、琉球士族の戸籍とその琉球王府での履歴を記した公的な文書であった。それは、琉球王府によって管理され、家統あるいは家系ごとに記録されたものので家譜と称された。その家統で誰が跡目を継いだかという跡目相続と、誰が分家して新たな家譜を作ったかなどが家譜作成の重要な役割であった。ただし、父の血縁をもつ息子だけでなく、娘も記録された。娘は、その嫁ぎ先が記入され、家系ごとの姻戚関係が分かるようになっていた。それぞれの一族には唐名の中国姓と和名の名乗頭が定められた。したがって、分家して家譜を別にしても、その姓と名乗頭が同一であれば一族であることがわかった。この家譜の記録によって、門中という一族が形成された。

門中の「つながり」は、父系血縁でつながる中国の宗族と同様かというと、若干異なる。中国では異姓不養の原則が強く、異姓を養子にしないことで父系血縁の統一性を強めていた。しかしながら、琉球士族では「養子同門制」として養子は同一門中から行うことが言われていたが、実際には異姓養子も許容されていた。その点は、日本の養子に似ており、家系の相続が重要で、家系の父系継承はそれほど厳密に限定されていなかったと言える。したがって、琉球士族の門中は、父系血縁の「つながり」というよりは、父系血縁を原則としながらも家系を継承したり、あるいはそこから分家した人々を含む家譜による「つながり」としたほうが実態をより明確に表現していると思われる。

近代以降は、その門中の「つながり」は、複雑に多様化している。士族系門中は、家譜につながる後継者を私的に記録して世系図などを編さんしている場合もある。その他、屋取として過去に帰農して家譜から切れた一族が、自分たちの祖先を辿って家譜に記載されている祖先とつなげる「祖先探し」が行われている。あるいは、百姓系門中が霊的職能者としてのユタなどに依頼してその始祖の出生などから、士族の後胤であるなどの理由で士族系門中に祖先の系譜をつなげることも行われている。

他方、百姓系門中は、近代以降記憶された祖先との「つながり」によって、士族系門中とは異なる門中集団を形成してきた。さらに、その門中集団の祖先を変える動揺も起きている。(6) そして、その門中が「祖先探し」をして『由来記』を作成するが、それは系図作成専門家が手がけて琉球神話の神に系譜をつなげている。現在、沖縄県は日本の一部であるが、日本神話には決して結びつかない。沖縄には琉球神話があり、琉球の神々があって、沖縄の人々はその神々につながる。

沖縄の人々は、現在の子孫から祖先を辿る際、最終的には琉球士族につながるかあるいは琉球神話の神につながる。この「つながり」は、現実に存在した家譜を根拠とすることと神話の神という曖昧な存在につながることで大きく異なる。しかし、双方とも琉球につながるという点では共通する。沖縄は、琉球から日本へ、日本からアメリカ、そしてまた日本へと歴史的に所属が大きく変化してきた。近代以降、日本からの差別的な待遇を受けてきたことも事実である。その中で、沖縄の人々のアイデンティティは、あるいは心の拠り所は、自分たち独自の歴史と文化をもつ琉球にある。沖縄の人々は、自分と祖先の「つながり」も、終局的には琉球に求めているということもできる。

現代の沖縄における門中および祖先と子孫の結びつきにはさまざまな「つながり」があり、またそれが変化もしている。祖先と子孫の「つながり」は、親族組織としてその社会において一定の原則があり、従来その社会の社会構造を規定する固定的な関係として研究されてきた。漢人社会においては、モーリス・フリードマン以来、父系出自集団として宗族研究が行われた。しかし、文革時代に宗族は崩壊し、機能集団として大きく変化している。現代において、宗族の復興が見られるが、それは従来のような社会集団としてさまざまな資源と権力の集約と分配の役割を果たしているわけではない（上水流　二〇一二：九二―九三）。むしろ、宗族において娘を成員に加えることがあり、また妻が夫の宗族においてさまざまな活動に従事するなど、従来の父系血縁を基本とする「つながり」が大きく変化しようとしている。しかし、祖先が形成した従来の宗族とつなげて、新たな宗族を創出しようとしていることは確かである。

沖縄の門中も、中国の宗族も、現代における実態について人々の生活の中で具体的に見ていくと、人々が伝統的な「つながり」を継承しながらも新しい「つながり」を創出していることを知ることができる。この「つながり」を沖縄と中国そして日本と対比することによって、歴史的・社会的な条件の中で人々はどのように「つながり」を創っていくのかを客観的に考えることができる。

注

（1）瀬川によると（瀬川　二〇一六：一六―一七）、宗族をめぐる研究は、中国社会の変化と人類学的パラダイムおよび人類学者の問題関心の変化によって揺れ動いてきた。しかし、近年、中国における宗族の復興も見られるし、それに対する研究者の視点も宗族の変化に対する諸現象に関心を寄せるようになっている。

（2）尚貞王二十二（一六九〇）年の条に、「始めて姓を群臣に賜ふ。」とあり、「洪武年間、察度王中華に通ずるの後、始めて姓並びに諱有り。然れども未だ尽くは備ふるを為さず。是の年に至り、群臣をして各家譜を修せしむるの時、姓氏を群臣に賜ふ。既にして群臣悉く皆姓と諱とを有す。」と記されている。

（3）初代尚維衡は、尚真の長男として世子になったが、廃嫡されて王位を継承することなく、浦添城に隠棲した。二世浦添王子朝喬は、朝満の長男で、浦添総地頭を継承した。三世朝賢

（尚懿）も王子の位であり、その後長男が尚寧王となったので王位を追贈されている。四世朝盛は、具志頭間切総地頭職を授かり、兄の尚寧を補佐して国相として出仕し、具志頭王子の位を得ている。五世朝誠は、万暦四十六（一六一八）年に島津家久の慶賀使として薩摩に赴き、具志頭王子を名乗っている。

（4）さらに分家筋は家名が異なり、同姓で名乗頭を共同にする門中の下に、「毛氏豊見城家」あるいはその支流の「毛氏上里家」のように姓氏と名乗頭を同一にする門中を形成することになり、大きな門中の下に多重的に下層の門中が形成されることになる。

（5）ユタに調べてもらい、尚宣威王から六代目、湧川家五代目の朝首（一五五八―一六二九）がこの地に来たときに、地元の娘とねんごろになって生まれたのが高江洲親雲上だということになった。

（6）百姓系門中は、大正時代以降現代に至るまで、祖先と父系血縁の「つながり」を強調して、再編することも行われている。このことを、シジタダシとして一九六〇年代後半から一九九〇年代にかけて研究が盛んに行われたが、これも「つながり」の変化として再考することができると考えるが、今回はこの点については措いておく。

参考文献

小熊誠「記録された系譜と記憶された系譜」（筑波大学民俗学研究室編『都市と境界の民俗』吉川弘文館、二〇〇一年）

――「〝間〟の民俗――養子制度から沖縄の門中を再検討する」（『歴史と民俗』神奈川大学日本常民文化研究所論集三十、平凡社、二〇一四年）

――「つながりとしての門中」（『沖縄市史』第三巻民俗編（CD編）、沖縄市、二〇一五年）

上水流久彦「台湾漢族の葬式通知にみる女性の位置づけとその変遷――父系社会の再考」（高谷紀夫、沼崎一郎編『つながりの文化人類学』東北大学出版会、二〇一二年）

球陽研究会編『球陽　読み下し編』（角川書店、一九七二年）

瀬川昌久「宗族研究史展望――二〇世紀初頭の「家族主義」から二一世紀初頭の「宗族再生」まで」（瀬川昌久、川口幸大『〈宗族〉と中国社会――その変貌と人類学的研究の現在』風響社、二〇一六年）

高谷紀夫、沼崎一郎「序章」（高谷紀夫、沼崎一郎編『つながりの文化人類学』東北大学出版会、二〇一二年）

田名真之「琉球家譜の成立と門中」（『歴史学研究』七四三、二〇〇〇年）

[III　越境するつながりと断絶――復活と再編]

中国人新移民と宗族

張玉玲

ちょう・ぎょくれい――山口県立大学国際文化学部准教授。専門は文化人類学、華僑華人研究。主な著書に『変わる中国、変わらない中国』（共著、全日出版、二〇〇三年）、『華僑文化の創出とアイデンティティ――中華学校、獅子舞、関帝廟、歴史博物館』（ユニテ、二〇〇八年）などがある。

父系出自に基づく血縁集団「宗族」。新中国でいったん瓦解したように思われたが、二十世紀末に海外華人の提唱と寄付によりそのシンボルである祠堂や族譜および一連の儀礼が復興された。一九八〇年以降出国した新華人は宗族が解体した環境の中で育ったにもかかわらず、老華人同様に積極的に宗族や村に関する公共事業に関わる。その理由は、血縁紐帯を利用した移住の連続性と、一貫して故郷と密接な関係を保ち続けてきたロールモデルとしての老華人の存在にある。つまり、彼らもまた宗族の受益者なのである。

一、宗族の復興と「海外華人」

父系出自原理に基づく血縁集団、宗族は中国の特に東南地域で発達した。かつて中央による専制統治が届きにくいこれらの地域において、宗族は儒家思想をもって人々の行動規範や倫理道徳に制約を加え、地方の社会秩序を維持するための重要な組織として大いに機能していた。しかし二十世紀に入ると、民主、自由、平等などの思想を標榜する新文化運動をはじめとした一連の民主運動の中で、宗族やそれにかかわる一連の儒家思想、関連の儀礼などは中国社会の発展を阻害する主な要因として激しく批判された。特に中華人民共和国成立後、土地改革や階級闘争、さらに文化大革命などを通じて、宗族は根本的に瓦解したように思われていた。ところが、一九七九年の改革開放政策実施後、特に一九九〇年代以降、海外に居住する中国系移民いわゆる「華人」の呼びかけや寄付によって、かつて宗族が発達した東南地域を中心に祠堂の再建、また族譜の再編など、宗族復活の様相を呈している。

社会主義中国が成立した一九四九年以降宗族が復興されるまでの少なくとも四十年間、宗族は解体し、男尊女卑などに代表されるような儒家思想に基づく一連の倫理道徳や行動規範も西洋的民主思想に取って代わられ、人々の意識は大きく変化した。特に改革開放政策実施後、経済発展が最優先される風潮の中で、伝統的な大家族主義より市場経済に適った合理的な個人主義が尊重されるようになった。こうした中、同じ父系出自によって結びついている人々の関係を「宗族」の枠の中で序列化し、族員に儒家思想に基づく倫理道徳と行動規範の指針を示すことによって、「われわれ意識」を持たせようとしてきた宗族は、果たして従前通りに機能できているか興味が持たれるところである。

そもそも華人が宗族復興に積極的にかかわる要因と言えば、エスニックチャイニーズとして移住国に根差した老華人の場合は、父や祖父の世代から受け継いできた伝統文化の根源が故郷にあると考え、それを復活させることで自らの民族的・文化的ルーツを確かめ、華人アイデンティティを維持していくという意識が強く働いていると考えられる。しかし、一九八〇年代以降海外に移住した新華人は、社会主義中国の変革期に生まれ育ち、宗族などが「封建社会の粕」として最も激しく批判されていた時期に成人した。こうした彼らが競うように祠堂の再建や族譜の再編などに寄付している現象は、どのように解釈すればよいのだろうか。新華人はどのような宗族観念を持ち、また、何故、どのように宗族を必要としているのだろうか。

二、宗族に関する先行研究と本研究の視座

文化人類学が学問として誕生した二十世紀初期から、親族としての宗族研究は一貫して重要なテーマの一つであった。初期のD・カルプをはじめとする欧米の研究者や、彼らの理論に影響を受けた中国人研究者および日本の社会学者による宗族研究は、「家族主義」や密接な親族関係に着目し、コミュニティ内における宗族が果たす機能についての研究を通じて当時の中国社会を理解しようとしたものである[1]。また二十世紀後半、文化人類学研究におけるM・フリードマンの宗族研究は、同分野における当時の中国研究が宗族・家族研究に席巻される「フリードマン・パラダイム」という状況まで生み出した[2]。フリードマンは、宗族を、清代から民国期の中国東南部地域において、一部の経済的・政治的有力者の下で発達を遂げた、国家と農村末端を連結する一種の社会組織

としたうえで、宗族が高度に階層化した社会の中で発達した（またはしなかった）地理的、歴史的諸要因をきめ細かく考察した。一九五〇年代半ばから一九六〇年代以降、急進的な社会変革のなか、宗族が「姿を消してしまった」[3]と嘆いたフリードマンと彼以降の研究者は、フィールドワークを台湾や香港に移し、宗族研究の視座も地域史や文献資料研究へとシフトした。

一九九〇年代中国国内における宗族および一連の宗教儀礼の復興現象について、日本では一九九二年中国東北地域にある村を取り上げた聶莉莉の『劉堡』を皮切りに、安徽省の李家楼村（韓 一九九五）、福建省厦門近郊にある石獅市容卿八郷（潘 二〇〇二）、広東省広州市番禺県（川口 二〇〇三）、広東省北部地域（瀬川 二〇〇四）、福建省西部長汀県（蔡 二〇一二）など一連の研究が発表されてきた。これらの研究では、宗族が復活できたのは、村人（宗族の族員）の要望以外に、宗族を地方における社会秩序の維持管理及び観光開発などのツールとしようとする地方政府・中央政府の思惑も働いていたことが明らかとなった。瀬川が指摘したように、「伝統文化を貪欲に資源化しようとする現代中国社会の文脈の中で、（宗族は）再び活性化への契機を得たのである」[4]。

一方、中国本土における宗族の復活と海外の華人との関連性については、華人の提唱及び資金提供が宗族の復活を可能にした重要な要因だという言及のみにとどまっている。これまで華人はなぜ宗族の復活を呼びかけ、多額な資金を提供してきたかについてはそれほど関心を払われてこなかったように思われる。中国本土における宗族の復活とは関係はないが、移民と宗族との関係を、香港新界の新田からロンドンへ移民した文氏一族の故郷とのかかわりを通して考察したジェームス・L・ワトソンの研究が示唆に富んでいる。ワトソンは、移民を送りだしていないほかの宗族は、物質的繁栄や西洋の影響および中国から流れてきた難民の影響などによって効率的社会組織として崩壊の危機に直面しているのに対し、移民を送り出し続けてきた文氏一族は族員の「移住斡旋媒体」としての社会的機能を果たし続けており、また移民たちの故郷への送金・寄付及び慣習への固執により、むしろ故郷新田の近代化に歯止めがかかり、村はより伝統的であり続けることができたと主張した[5]。ただこういった主張は、彼が対象にしている新田の移民が「逗留」に近い移住タイプであり、イギリス社会に溶け込む人は少なく、そこで永住に転じる人も少ないからだと考えられ、永住志向の強い他地域の華人や近年の新移民には適用できない部分が多い。

本稿では、一九八〇年代以降海外に移住した福建省北部にある福清出身の新華人に焦点をあて、彼らの移住・定住過程における血縁紐帯が果たす機能や移住後の母村との関わりなどを分析することによって、特に新華人にとっての宗族の存在意義について検討する。福清出身者に焦点を当てるのは、福清は一九八〇年代以後、かつて発達していた宗族が復興され、関連の儀礼が盛んにおこなわれるようになった地域の一つであり、また歴史上海外に移民を送り続けてきた僑郷であるため、移民および彼らによる文化伝承の連続性についての通時的・共時的分析が可能だからである。なお、二〇一一年現在、中国の国内外に住む福清出身者はおよそ二〇〇万人おり、そのうち福清や福州など国内の在住者は一二〇万人で、中国国外にいる福清出身華人は八十万人ほどいると推定される。中ではインドネシア在住者が半数近くを占めており、その次はシンガポール、日本の順となっている。

三、福清出身華人の系譜

福清地域に住む人々の歴史はそう長くない。複数の村で拝見した彼らの族譜によれば、彼らの祖先はもともと朝廷の官吏として務めていたもので、戦乱や政治的迫害から逃れるために、河南省から一族を連れて南へ南へと何度も移動した結果、明の末期に福清地域にたどり着いたという。一族の安全と共有財産を守り、外敵を防ぐために、族員間の結束を強め、父系出自に基づく家族形態すなわち宗族を形成したと思われる。一族の出自や移住の経緯を含め、代々の男子族員の名前と相互関係を記載する族譜が編纂され、祖先を祀る祠堂と保護神を祭る廟が建てられ、まとまりのあるコミュニティ「自然村」が形成された。現在でも、一つの姓からなる「単姓村」あるいは複数の姓があっても一つの姓が大多数を占め、ほかの姓が少数派である場合が多い。

福清は、農業用の平地が少なく、歴史上多くの余剰人口を移民として送り出してきた。十九世紀後半以後、福清出身の海外移住者は増加し、一九二〇〜三〇年代にピークに達した。親族紐帯を頼りに次から次へと海外に渡るというチェーンマイグレーションの移住パターンである。彼らが赴く先は、主にインドネシアや日本の規模の小さい都市や農山間地など交通の不便なところであり、そこで行商や雑貨商に従事するものがほとんどであった。移住先では、自分を連れてきて生活や商売などを世話してくれていた先輩華人の商圏を侵犯しないように、奥地へ奥地へと意図的に分散して居住していた。[6]日本を例にすれば、貿易商が多い広東や三江などの出身者が横浜や神戸のような主要都市に集中していたのに対して、福清出身者は北海道から鹿児島まで全国の地方都市や農山村地域、離島に居住していたのであった。人数が少なく居住も分散していたため、移住先で一族による祠堂などの建設は見られないが、同じ方言や文化を共有する者同士による「福清会館」や「福建同郷会」のような団体を形成し会員間の相互扶助や親睦を図ってきた。(7)(8)

その多くが単身で海外に渡った青壮年たちは、結婚適齢期になると、故郷に帰って結婚するか、行商先の娘と結婚する。結婚後、ともに移住先で暮らす場合もあるが、多くの場合は妻子を福清の実家に残し一人で商売をしていた。また、一族の儒家的教えに従い、海外にいる彼らはこうした故郷にいた家族を養うのみでなく、一族の中の貧困者を助けることも期待されていた。第二次世界大戦終戦前まで、福清出身の華人は不定期的に帰郷することや、家族への送金と一族または村の公共事業への寄付などを通して、母村との繋がりを保ち、同族、同郷者との血縁的、地縁的紐帯を維持・強化してきた。

一九四九年社会主義中国が成立した後、帰国した一部の華人を除き、多くの華人は移住先に根を張り（いわゆる「落地生根」）、エスニックチャイニーズ（老華人）となった。社会主義中国による対外政策および中国をめぐる複雑な国際環境の中、華人たちは自由に帰郷できなくても、香港経由で家族に送金したり友人に託して村へ寄付するなど、故郷との繋がりを保とうとしてきた。この間、先述したように彼らの故郷では、土地改革や文化大革命など大きな社会変革と文化変容が起きていた。それでも、海外で継承してきた中華文化のルーツをなくすまいと、老華人は一九七九年改革開放後いち早く故郷における祠堂の再建や族譜の再編を呼びかけ、かつ多大な資金を投入したのである。福清地域のほとんどの村における祠堂の再建、族譜の再編及び関連儀礼の復活は、華人による提唱と寄付によって実現したものである。中には、村の長老たちの意思ではあるが、「海外華人の要望」という形で政府に申請し許可を得たものも少なくはない。中国の経済発展に対する華人の投資の見返りとして、中国政府は華人の故郷における伝統や文化の復興に対する希求に最大限に応えようとしているのである。

四、移住・定住の連続性と「理想的華人像」の伝承

華人からの送金によって、故郷にいる家族は立派な家を建築し、祖先の墓を修復し、そして生活費と教育費にも充てたため、村のほかの家より「豊かな」生活を送ることが可能になった。言い換えれば、それは彼らの出国に託された希望であり、使命でもあった。一部の裕福な華人は故郷の道路、小

写真1　一族の祠堂に掲げられた小中学校の建設費用を寄付した華人を称えた扁額（2015年8月筆者撮影、東瀚村にて）

中学校の建設、祠堂や廟の修復、時には村が所属する県、省にも寄付し、新中国の建設を支援した。こうした華人の行為は石碑や扁額に記される形で村だけでなく県、省の政府から

も称えられ、「愛郷」「愛国」する「名誉」な「華人像」が作りあげられた（**写真1**）。一方、殆ど故郷に帰らず、あるいは寄付も送金もしない華人は「忘本」（自らのルーツを忘れる）といわれ、村民から軽蔑され、時には族譜から除名され一族から追放されることもある。

同じ村、同じ一族に属するこうした老華人の行為を見、そして村民の彼らに対する評判を聞いて、村の若い世代はおのずと老華人を憧れと模倣（あるいは反面教師）の対象としていった。いつか自分もそうなれたらと一獲千金の夢を見ながら出国の機会を手に入れようとする若者は昔も現在も後を絶たない。そして、彼らも海外に移住し、金銭的に余裕が出るや惜しまず故郷に送金・寄付するのである。このように、先に出国した華人は次の世代のロールモデルとなり彼らの出国を後押しした。また、実際の移住に際して彼らの間にある血縁的紐帯（姻戚関係も含む）が大いに機能していた。第二次世界大戦後から、再び大勢の中国人移民が留学やビジネスなどの名目で海外に移住するようになる一九八〇年代半ばまでの間は、中国からの移民の停滞期と見なされることが多いが、少なくとも福清のような僑郷からは、海外の華人との血縁紐帯を利用した移住は小規模でありながら続いた。この時期における出国ルートは、日本や香港で行ったインタビューで以下の種類があったことが明らかとなった。

（一）一九四九年中華人民共和国成立前後から一九七〇年代半ばまで、私有財産に対する共産党の関連政策から逃れるため、または家業を継ぐなどの事由により香港経由で親族のいる日本やインドネシアに渡った者は少なからずいた。

（二）一九七〇年代改革開放政策の実施を控えていた中国政府は、海外華人による一定額の外貨寄付があれば、中国にいる家族に出国する権利が与えられていたため、多くの福清人は香港経由で親族のいるインドネシア、シンガポール及び日本などの国に渡った。中には、経由地である香港にとどまり定住権を手に入れた者も少なくはなかった。

（三）第二次世界大戦以前、華人と結婚した数多くの日本人女性は、子どもとともに福清の義父母一族と暮らしていたが、一九四五年終戦後も日本に帰ら（れ）ず、日本にいる夫（福清老華人）と別居のまま中国に居住していた。一九六〇年代以降、諸事情により戦後すぐに日本に引き上げることができなかった中国や樺太在住のいわゆる「残留邦人」に対する引き上げ事業に伴って、こうした「日本人妻」が福清の家族を連れて日本に戻ったケースも少なからずあった。(9)

（四）日本には一九八〇年代半ば以降、留学などの名目で多くの福清人が移住した。その中の一部は日本に定住したが、数年間の滞在を経て帰郷し、日本で稼いだお金でビジネスを始めた者も多い。インドネシアには、インドネシアが中国と国交を回復した一九九〇年以降、そこにいる親族の伝手でやはり多くの福清人が移住し、ビジネスを展開した。

（四）のパターンは改革開放政策が実施された以降に出国したもので、受けた教育や価値観などにおいては第二次世界大戦以前のいわゆる「老華人」と明らかに異なることから、「新華人」と呼び、区別されることが多い。土地改革や文化大革命などによって宗族が解体した後に生まれ、宗族に対する観念が薄いとされる新華人は、老華人に負けまいと多額の寄付金や仕送りを海外から行い、母村における祠堂再建、族譜の再編に寄与した。

（一）～（三）の移住者は一九八〇年代以降、新華人が急増するまでの「過渡期」に移民したもので、少人数ではあるが、従来の老華人と新華人をつなげる重要な存在として機能している。何故なら、そのどちらかの状況しか知らない前の世代（老華人）と一九八〇年代以降来日した新華人と比べて、彼らは大きな社会的変動が起き、宗族が完全に解体する前とその後の中国を見て育ち、移住国と故郷の両方ともにつながりを持っているため、両方の価値観に理解を示しているのである。神戸においては、老華人が受け継いできた出身地の伝統文化の継承に新華人も参入し重要な役割を果たし始めていることは、こうした「過渡期」の華人によるところが大きい。(10)

五、宗族と伝統の部分的復興

さて、新華人の宗族に対する意識を知るために、彼らが出国する前後の宗族の復活状況を見る必要がある。早くから海外に渡った老華人にとって、自分たちの華人アイデンティティを確認・維持するためのシンボルとして、文化大革命中に破壊された祠堂や廟を再建し、焼けた族譜を再編纂する必要があった。また、彼らの寄付と情熱によって宗族及び関連の儀礼は一見復活したように思われる。しかし社会主義中国成立後の故郷は絶えずに変容し、宗族の族員意識や一族の結びつきを強化してきた宗教的儀礼は、ほんの一部しか復活できなかったのが実状である。

祠堂の再建と族譜の再編に伴って、一族に関わる出来事を、族員を代理し処理するための祠堂理事会が成立した。政府の末端行政機関である村委会は祠堂理事会と連携することによって村民を管理するところが特徴である。祠堂には、五十歳または五十五才以上の男性族員が入る組織「老人会」の事務所も併設され、族員の葬式の手伝いや劇の上演および村のお祭りなど一族または村に関わる実務に取り掛かっている。「復活」された宗族を物語ることができるのは、これらの「目に見える」ものに限られるのではないだろうか。「民主」と「科学」に代表される社会主義の理念や急激な社会的経済的変動の中で大きく変容した村と人々の意識にそぐわない宗族の要素は削ぎ落とされたのである。

例えば、本来は、祠堂は始祖をはじめ歴代祖先を祀っており、一族に関わる重大な出来事を行う場所であり、通常開放しない場所もあったが、現在は常時開放し、老人たちが集まり麻雀やトランプなどを楽しむ場となっている。それ以外、かつて行われていた多くの儀礼が復活することはなかったため、祠堂に一族が集まる機会はごくまれである。男児が誕生した際に祠堂で行う「添丁」(点燈)は、宗族に新たに成員が増えたことを祖先に報告するためのごく普通の儀礼であった。しかし、二〇一五年と二〇一六年に福清地域の複数の村で行った調査では、わずか一村のみでしかも小規模で行われている以外、みな途絶えている。女児より男児のほうが重んじられる観念が未だに福清地域では根強く残っているものの、男女平等を唱えているうえ、一人っ子政策が長らく実施されてきた中国では、男の子の誕生のみ祝うのは、いかにも時代の流れに逆行した行動だからである。

また、潘（二〇〇二）で報告された「晋主」（「進主」）は、族員が亡くなって一定の期間が過ぎたあと、その位牌が祠堂に編入・供養されるという、宗族にとって重要な儀礼の一つであったが、福清地域では現在ほとんど見られなくなった。これに限らず、死者の霊を済度するために行う儀礼、功徳も海外の華人が帰郷して行う以外、村人で行う人はほとんどいなくなった。そもそも存在しないとされる霊のために儀式を行うことは、未だに文化大革命を経験した村人から「做迷信」と呼ばれており、唯物論を信奉する若い世代からも敬遠される傾向がある。

現在の四十代以下（文化大革命、およそ一九六六年以後に生まれた）の世代は、大家族の形態よりは、核家族の形態を好んでいる。また最も簡略化した祖先祭祀である墓参り以外の宗教的儀礼を、「時代遅れ」で「無知」な行為として拒否している人が多い。一九八〇年代半ば以降出国した新華人の主体は、実際こうした無神論者で儒教的観念が希薄化した若い世代なのである。

六、血縁紐帯としての宗族

新華人の移住・定住過程において、血縁紐帯が大いに機能していることから、彼らはやはり宗族の受益者といえよう。しかしその輪は明らかに縮小しているようである。移住後しばらくの間は、新華人はできるだけ早く渡航費やブローカーに渡す高額な斡旋料を返済し、家族に送金できるようにするために、兄弟姉妹や従兄弟姉妹などの同族、または同郷者と一緒に安いアパートを借り、助け合いながら食住をともにするが、ある程度経済的基盤が出来たものは、そこから離れ、違う場所で新しく住居を構える。しかし、香港や日本のように生活リズムが早く、成功した一部の会社経営者を除いて、多くの新華人は余暇を楽しむ余裕がそれほど持てていない。一旦住居が離れれば、親族と一堂に集まるのは、お正月（春節）や清明節のような重要な行事に限られてしまう。かつての老華人は、移住先においても男児が生まれた時や結婚式などの際に同族を招き盛大に宴会を行っていたが、最近の新華人は、同じ祖父母を持ち血縁関係の比較的近いものや親しい間柄にある同族や友人のみを招待する。また、新華人の家族への仕送り対象は親、妻（夫）、子までとその範囲が以前の老華人より縮小した。故郷には、男性なら特に清明節には必ず帰郷し墓参りすることになっているが、墓参りの対象は、記憶にあり親しみを持つ祖父母や父母に限られている。墓参りの対象が父母や祖父母までに限られていることは、結

写真2　福清地域の農村でよく見かけられる一軒家。そのほとんどが新移民の送金によって建てられている（2015年8月筆者撮影）

婚式などほかの儀礼への参与と同様、新華人の大家族に対する帰属意識が希薄化した一方、核家族という家族形態が一般的に浸透していることを示している。血がつながっているからといって必ず義理を果たさねばならぬといったような従来の宗族意識は、新華人の場合は明らかに薄くなっていることが伺える。

七、公共事業への送金・寄付行為

新華人は経済的に余裕ができると、真っ先に故郷の家族に送金する。送金は家族の生活費や教育費などに充てられる以外、競って豪華な自宅を建てるのが従来の風習である。福清地域でどの村を回っても、四〜六階建ての洋風建築がずらりと並ぶ（**写真2**）。新華人が睡眠時間を削りアルバイトに励み、食費まで節約して貯めたお金で故郷にいる両親のために建てた自宅である。それは、儒家思想に因んだ「親孝行」の気持ちに由来する部分もあるが、同時に「某家の息子（娘）は某国で出世している」という村での評判につながるため、自分や故郷にいる家族の世間体を考慮した一種の合理主義的行為ともいえる。

他にも、祠堂の修復、族譜の編纂、牌楼の建築のような規模の大きい事業はもちろんのこと、毎年定例開催の普度など、

一族または村全体の公共事業であれば、新華人は必ず寄付するようにしている。帰郷の際に直接寄付することもあれば、仕事などで帰れない場合には、故郷にいる親族に頼んで寄付することもある。宗族または村の公共事業に対しては、すべての構成員は一定額の出資が義務付けられているが、「海外にいるものは多めに出す」という暗黙の了解に基づき、よほど困窮している状況でなければ新華人は「分子銭」（族員として出さなければならない最低金額）の少なくとも十倍ほどの寄付金を出すようにしている。一族の公共事業に常に熱心に寄付する者は学問的に業績をあげた者同様、宗族における発言権を持ち、ほかの構成員から尊敬される存在でもある。また、寄付者を顕彰する意図で（後世に自分の寄付金額、ひいては宗族または村への貢献度と忠誠心を示す永遠の「証拠」として）寄付者と寄付金の一覧が刻まれた石碑が残るのである。かつては、村への寄付という善行によって「功徳」を積もうという信仰心も働いていたが、新華人は、寄付という「目に見える」形で貢献することによって故郷における自分と家族の社会的地位を維持し向上させようとしているのである。

一方、移住先（居住国）においても、新華人は華人コミュニティの公共事業に対して積極的に寄付している。この種の寄付行為は、故郷に対する寄付と比べ、いくつかの特徴がみられる。居住国では、新華人は福清出身者のみによる同郷団体と多様な出身地の華人団体に同時に所属することが多いが、比較的同郷団体の事業にかかわる寄付を重要視していること、経済力が強く華人社会での知名度が高くなるにつれ、華人コミュニティ全体にかかわる公共事業への寄付行為も頻繁になっていく。居住国における同郷団体は、村を超えた複数の宗族によるものがほとんどであるが、たいていの場合は、血縁関係・姻戚関係によって互いにつながっているため、出身村での評判は間接的に広まり、自分のみならず家族の評価にも関わるのである。また、同郷団体であるがゆえに、故郷への愛着や帰属意識を示すほど、同郷者から信頼を得、同郷団体における自分の地位を維持しまたは向上させることにつながっていくのである。移住先の同郷団体あるいはより広範な華人団体における自らの地位を維持し、または向上させるための手段として公共事業へ寄付するという点に関しては、新華人も従来の老華人も同様である。

結びにかえて

以上の議論から、移民に対して宗族が果たしてきた機能を主に以下の三点にまとめることができる。

第一の点は、親族紐帯を利用して華人は次から次へと出国するという移住の連続性をつくりだした。大家族から核家族へと家族形態が変わり、日常生活のなかで血縁関係の遠い同族とのかかわりは希薄化したものの、出国という人生に関わるような重大な出来事の際に、血縁的結びつきは、相変わらず最大限に活用されているのである。香港新界の新田からイギリスへ移民した文氏一族の事例について分析したワトソンは、親族紐帯が文氏一族の移住斡旋や移住先での職業探しなどに役立っており、宗族の成員権を移民にとって一種の経済的・社会的資源として捉えている。また、宗族からその成員が何らかの形の経済的ないしは社会的有利さを引き出す限り、彼らは宗族に対する第一義的な忠誠心を保ち続けると結論している[11]。この点に関しては、本稿で取り上げた福清華人にも同様のことが言える。

第二の点は、華人が移住後故郷との関係を維持していくうえで、宗族は大きな役割を果たしている。一族の誰々が村のために何々をしてくれたとその都度石碑などに記載され、また学問的優秀者や一族への貢献が大きいものを称える扁額を祠堂に掲げるなどの行為は、一方、若い世代に対して訓示的意義を持っている。また寄付によって再建された祠堂、廟、橋などは、移民たちに「華人として、または華人だからこそやるべきこと」を自覚させ、「目に見える」形で彼らを故郷に結び付け、世界のどこにいても村、宗族の一員である意識を高めている。

第三の点は、宗族のシンボリックな存在である祠堂、族譜及び祖先の墓など、移民の文化的・民族的アイデンティティの維持・強化につながっている。老華人は移住地で長く受け継いできた伝統文化と民族としてのルーツを後世にも伝えていくために族譜や祠堂に拘ってきた。瀬川は、「(宗族は族譜や祠堂及び関連の祖先祭祀など)自らを対象化するための何らかのモニュメントや表象物の存在に依存しており、それによって人々は宗族をある種の中心性と輪郭を伴ったものとして認識することができ、族員全体レベルの組織的な協働が可能となるのである。そしてまた、こうした儀礼的・理念的文脈における宗族は常に他者の存在を前提としており、そうした他者との差異化を通じて、「われわれ～一族」としての集合的なアイデンティティーの確認が達成される」と指摘している[12]。実際、儒家思想の束縛がなく宗教的関心も薄いと思われる新華人も、移住地に定住する意向が高まるにつれ、自分たちの子ども世代の中国人アイデンティティをどう維持するか悩みはじめている。こうした彼らは、故郷に一族のルーツをたどることができる祠堂や祖先の墓があることに安心感を抱くのである。

社会主義中国以降、宗族の代わりに核家族の家族形態が発達しており、以前の大家族のような煩雑な人間関係が徐々に希薄化していく中で、家族の輪は、祖父母や父母、兄弟と子孫（自分から上下二世代）のみに限定されるようになった。民主と科学を共産党執政の指針とする一方、村社会が相変わらず存在しており、かつての儒教に基づく人間関係の基準とモラルなどは日常生活の実践を通して受け継がれてきた。たとえ自らは移住先で骨を埋めるつもりであっても、故郷に親や兄弟がいる限り、新華人は所属の宗族または村に対する忠誠心を示すことが期待されている。これは、彼らの族譜の編纂や祠堂の再建・修復など、一族及び村の公共事業への積極的な寄付行為から窺い知ることができる。一方、移住地に対しては未だに「故郷」といった愛着を持っておらず、あくまで仕事があって居心地の良い「居住地」として捉える新華人は少なくない。移住先の同郷団体以外の華人団体への参与も、一部の成功者を除き、それほど積極的ではなく、血縁や地縁紐帯に対する依存度がいまだに高いことがうかがわれる。故郷に族譜があり、そこに「自分がどこから来た何者であるか」が明確に示され、自分が存在している（いた）その事実を確かめたり確かめられることがある限り、新華人は宗族に依存し、また宗族も新華人に対して強い向心力を持ち続けるだろう。

注

（1） Kulp (1925)、Lin (1947)、清水（一九三九）、平野（一九四三）などがある。
（2） 瀬川（二〇一四：八五）。
（3） フリードマン（一九八七：二二五）。
（4） 瀬川（二〇一六：四五）。
（5） ジェームス・L・ワトソン（一九九五）。
（6） 許（一九八九）。
（7） 张（二〇一四）、張（二〇一五）を参照。
（8） 同じ苗字を持つ一族の集まりの例として、東瀚村出身の林一族が一九二八年に結成した「元帥府」が存在していた。出身村の保護神である田府元帥の誕生日である旧暦八月二十三日と命日の一月二十六日に、京都を中心として関西各地域に分散して居住していた林氏およそ三十〜四十人は一堂に集まり、祭祀儀礼を行うとともに同族・同郷の絆を固めてきた。日本社会への同化と後継者不足により二〇〇七年に解散した（二宮　二〇一三）。
（9） 許・安井（二〇〇五）。
（10） 張（二〇一五）を参照。
（11） ワトソン（一九九五）。
（12） 瀬川（二〇一六：五〇）。

参考文献

蔡文高「福建省西部における祖先祭祀の復興と客家――長汀県汀州鎮劉氏家廟の事例から」（瀬川昌久、飯島典子編『客家の創生と再創生』風響社、二〇一二年）二一七―二二四頁
中華会館編『（増訂版）落地生根：神戸華僑と神阪中華会館の百年』（研文出版、二〇一三年）

福清市志編纂委員会、福清市委党史研究室編『福清市志』（厦門大学出版社、一九九四年）

Freedman, Maurice. *Lineage Organization in Southeastern China*, London, Athlone Press. 1958.

——— *Chinese Lineage and Society: Fukien and Kuangtung*, London, Athlone Press. 1966.

韓敏「宗族の再興」（曾士才ほか編『アジア読本・中国』河出書房新社、一九九五年）七九―八七頁

Kulp, Daniel. *Country Life in South China: The Sociology of Familism.* New York: Columbia University Press.1925.

可児弘明編『僑郷　華南――華僑華人研究の現在』（行路社、一九九六年）

川口幸大、稲澤努編『僑郷――華僑のふるさとをめぐる表象と実像』（行路社、二〇一六年）

神戸福建同郷会『郷友』（年刊、一九七二―一九八一年各期）

廖赤陽「在日中国人の社会組織とそのネットワーク――地方化、地球化と国家」（游仲勳先生古希記念論文集編集委員会『游仲勳先生古希記念論文集』風響社、二〇〇三年）二七七―二九六頁

林同春『華僑波乱万丈私史　橋渡る人』（エピック、一九九七年）

劉文正（林松涛訳）「シンガポールにおける新移民社団試論」（清水純ほか編『現代アジアにおける華僑・華人ネットワークの新展開』風響社、二〇一四年）三三七―三七二頁

M・フリードマン（田村克己、瀬川昌久訳）『中国の宗族と社会』（弘文堂、一九八七年）

二宮一郎「関西における福清華僑の伝統的紐帯『元帥府』」（旅日福建同郷懇親会半世紀の歩み編集委員会編『旅日福建同郷懇親会半世紀の歩み』二〇一三年）三九六―三九九頁

日本華僑華人研究会編『日本華僑・留学生運動史』（日本僑報社、二〇〇四年）

西澤治彦「村を出る人・残る人、村に戻る人・戻らぬ人――漢族の移動に関する諸問題」（可児弘明編『僑郷　華南――華僑華人研究の現在』行路社、一九九六年）一―三七頁

潘宏立『現代東南中国の漢族社会――閩南農村の宗族組織とその変容』（風響社、二〇〇二年）

旅日福建同郷懇親会編集部編『旅日福建同郷懇親会　二十年の歩み』（一九八二年）

旅日福建同郷懇親会半世紀の歩み編集委員会編『旅日福建同郷懇親会　半世紀の歩み』（二〇一三年）

瀬川昌久、川口幸大編『〈宗族〉と中国社会――その変貌と人類学的研究の現在』（風響社、二〇一六年）

瀬川昌久、飯島典子編『客家の創生と再創生』（風響社、二〇一二年）

瀬川昌久『中国人の村落と宗族――香港新界農村の社会人類学的研究』（弘文堂、一九九一年）

――『中国社会の人類学――親族・家族からの展望』（世界思想社、二〇〇四年）

――「宗族研究と香港新界――中小宗族からの展望」（『文化人類学』五、一九八八年）一一三―一二八頁

――「現代中国における宗族の再生と文化資源化」（『東北アジア研究』十八、二〇一四年）八一―九七頁

――「宗族研究史展望――二〇世紀初頭の『家族主義』から二一世紀初頭の『宗族再生』まで」（瀬川昌久、川口幸大編『〈宗族〉と中国社会――その変貌と人類学的研究の現在』風響社、二〇一六年）

清水純ほか編『現代アジアにおける華僑・華人ネットワークの新展開』（風響社、二〇一四年）

谷垣真理子ほか編『変容する華南と華人ネットワークの現在』（風響社、二〇一四年）
内田直作『日本華僑社会の研究』（同文館、一九四九年）
王珂「経済開発と『民族』の役割の再発見」（『中国二一』三十四、二〇一一年）四九―七〇頁
王维、廖赤阳「在日福清移民的社会组织及其网络：以福建同乡会的活动为焦点」（刘宏『海洋亚洲与华人世界之互动』华裔馆、二〇〇七年）
渡辺欣雄『漢民族の宗教――社会人類学的研究』（第一書房、一九九一年）
ワトソン、ジェームズ・L（Watson, James. L.）（瀬川昌久訳）『移民と宗族――香港とロンドンの文氏一族』（阿吽社、一九九五年）
Watson, James. L. *Emigration and the Chinese Lineage: The Mans in Hongkong and London*. Berkeley: University of California Press. 1975.
許淑真「日本における福州幇の消長」（『摂南学術』B、一九八九年）五九―七七頁
――「日本における労働移民禁止法の成立：勅令第三五二号をめぐって」（松田孝一編『東アジアの法と社会』汲古書院、一九九〇年）一八―四八頁
許金頂、安井三吉「神戸福清華僑の国内親族調査」（『阪神華僑の国際ネットワークに関する研究』（平成十四～十六年度科学研究費補助金（基盤Ａ（一））研究成果報告書）二〇〇五年）二三五―二五四頁
山田信夫編『日本華僑と文化摩擦』（巌南堂出版、一九八三年）
曽士才「在日華僑と盆行事――移民社会における伝統行事の機能と変容」（『民俗学評論』二十七、一九八七年）四〇―七〇頁
――「在日華僑の社会組織と宗教行事：宇治萬福寺での盆行事」（宗教社会学の会編『宗教ネットワーク：民俗宗教、新宗教、華僑、在日コリアン』行路社、一九九五年）一八九―二四〇頁
張国楽「一九二〇・三〇年代における在日福清呉服行商の実態と動向：福益号を通じて」（『歴史研究』四、二〇〇六年）一―四四頁
張玉玲「『中華文化』の継承と『新』『老』華僑の融合――在日華僑の役割変化に注目して」（櫻井龍彦ほか編『変わる中国変わらない中国』全日出版、二〇〇三年）三五三―三九一頁
――「在日華僑社会の文化的変動と血縁・地縁紐帯の拡大――神戸在住福清出身華僑の事例を中心に」（『二一世紀東アジア社会学』七、二〇一五年）八四―九九頁
张玉玲〈在日华侨同乡意识的演变―以福清籍华侨的同乡网络为例〉《华人研究国际学报》第六卷第二期、二〇一四年）二七―五二頁

謝辞　本稿は、筆者が二〇一四年四月～二〇一六年八月までの約二年間、福清地域の竜田鎮、高山鎮、東瀚鎮などにあるいくつかの村落およびそこから送り出されている日本や香港在住の華人を対象として、断続的に行ったフィールドワークに基づいてまとめたものである。調査にあたり、多くの福清の友人からご協力いただいた。ここでは個々にお名前を挙げることはできないが、この場を借りて衷心より感謝申し上げます。
本研究はJSPS科研費15K03048の助成を受けたものです。

[Ⅲ　越境するつながりと断絶──復活と再編]

水上から陸上へ──太湖における漁民の社会組織の変容

胡艶紅

こ・えんこう──江戸東京博物館都市歴史研究室専門調査員。専門は中国民俗学。主な著書に『江南の水上居民』（風響社、二〇一七年）、論文に「現代中国における漁民信仰の変容」（『現代民俗学』四、二〇一三年）などがある。

太湖には、船上で暮らす漁民が多くいた。中華民国期以降の激動の時代において、彼らは集団化運動に巻き込まれ、さらに陸上に定住することになった。ここでは、彼らの水上生活から陸上生活にいたる社会組織の変容の一部を、生業と信仰の側面から明らかにする。太湖には様々な漁民集団が存在していたが、ここでは中国内陸で最大サイズの漁船で操業していた漁民を事例として取り上げる。本論で検討する社会組織は、具体的に、漁民の家族形態、共同操業の形態及び信仰組織を意味する。

はじめに

中国には、長江・黄河の二大河川や五大湖をはじめとした河川や湖沼が無数にあり、淡水面積は非常に広い。このような環境を踏まえるならば、かつて漁撈に従事しつつ船上で移動生活をしていた漁民の存在を無視することはできない。なかでも大運河や網目状の水路につながる太湖流域（長江下流域の南部、長江デルタの中心部）では、そのような漁民が多く生活していた。だが、陸上社会と比較すると、水上社会の事情についてはほとんど文献記録が残されていない。近年では、水上社会に関心を持つ研究者が増えたことにより、徐々に各地の河川・湖沼についての事例研究が積み重ねられているものの、その蓄積は、彼らの生活や歴史を解明するには、まだ十分とは言えない。

また、一九七〇年代以降の中国政府による、陸上への定住を推進する「陸上定居」政策によって、ほとんどの漁民は陸上生活に移行した。水上生活の記憶や物質文化が急速に失われつつある現在、過去の生活の状況や、陸上生活への適応にともなう変容についての研究は喫緊の課題である。本稿は一つの事例研究として、太湖で水上生活をしていた大型漁船漁民たちを取り上げ、生業や信仰に関する集団の特徴に着目することで、彼らの中華民国期から現代にいたる社会組織の変容を追ってみたい。

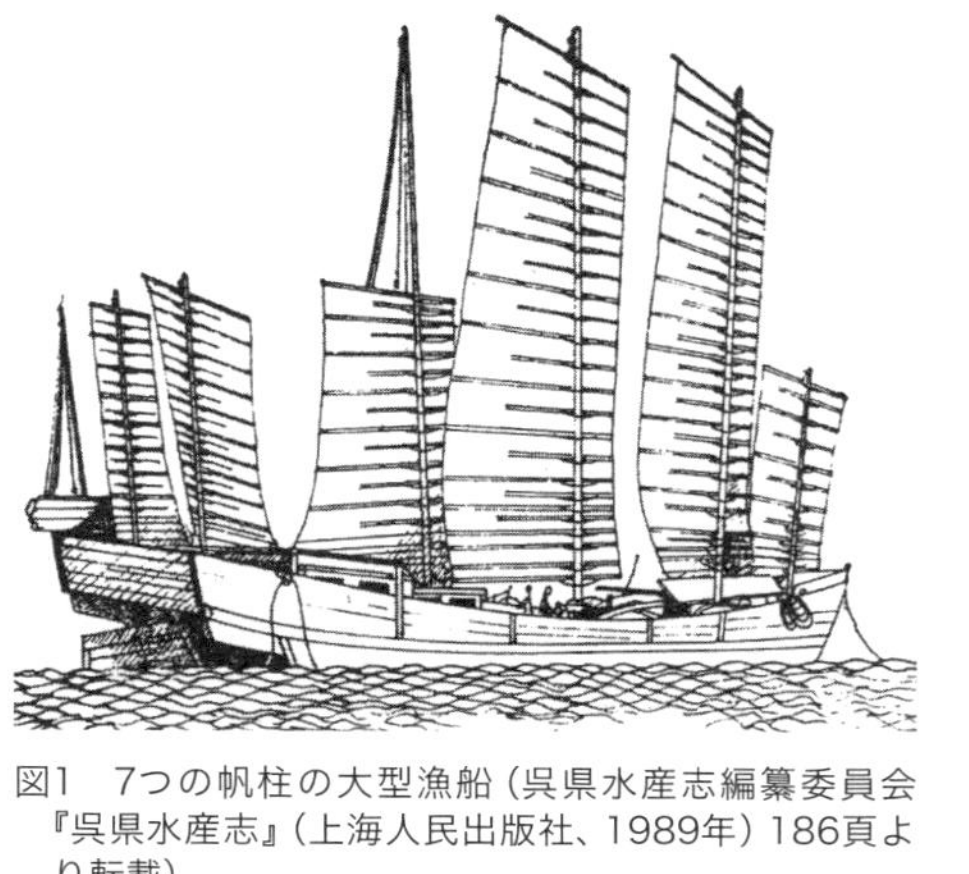

図1　7つの帆柱の大型漁船（呉県水産志編纂委員会『呉県水産志』（上海人民出版社、1989年）186頁より転載）

図2　5つの帆柱の大型漁船（県水産志編纂委員会『呉県水産志』（上海人民出版社、1989年）187頁より転載）

一、中華民国期における漁民集団

漁帮

太湖は「中国五大湖」の一つで、面積は琵琶湖の約三倍ほどもある。太湖流域には、古来、漁法ごとに様々な漁船が存在していた。本稿であつかう中華人民共和国の建国初期には、七つの帆柱や五つの帆柱を持つ大型漁船、三つの帆柱を持つ中型漁船、小型漁船などの船種が確認できる（図1〜図4）。

漁民たちは、漁船や漁具、漁法、出身地などに基づき、「漁帮（ぎょほう）」（幫）という集団を形成していた。当時のことについて、何人もの漁民が「我々のような船上人には村がなかった。だが、漁帮は村のようなものだった」と語った。民国時代を経験したある漁民によると、大型漁船漁民には三つの帮があり、彼らの祖先の出身地はおもに太湖周辺の蘇州か常州であった。このことを裏付けるように、『太湖備考』（太湖の状況を記述した清代の地方文献）では、漁船数は一〇〇ほどで、蘇州府と常州府に属していたと述べる。(1)

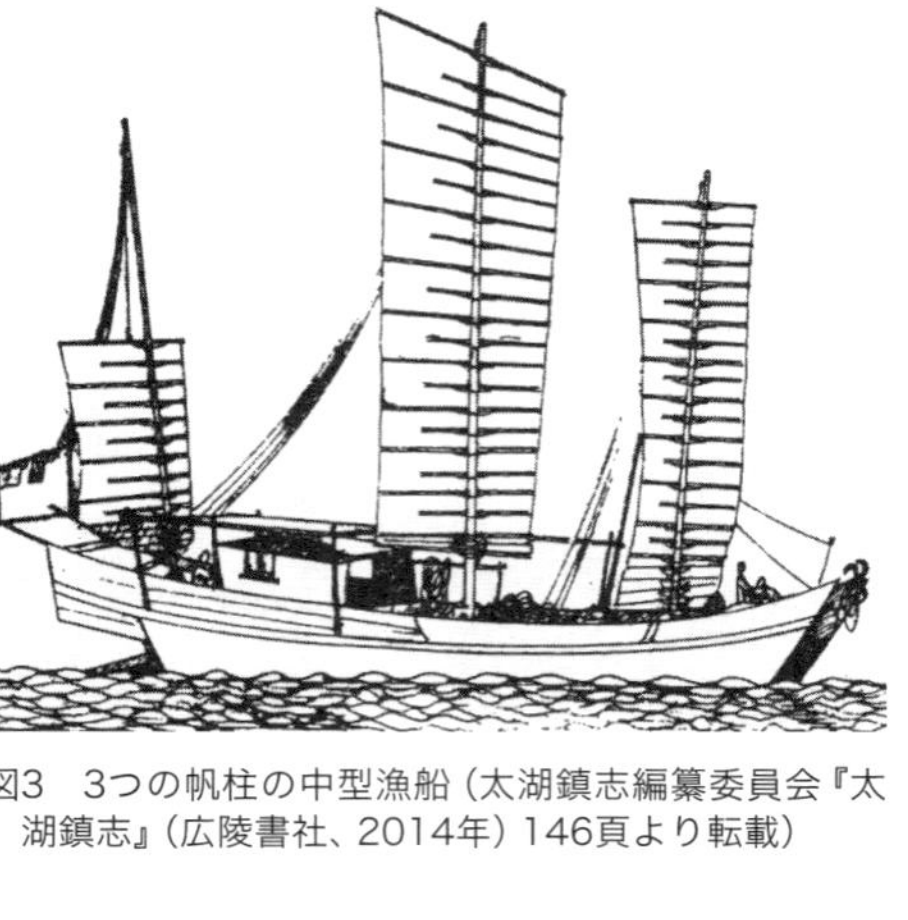

図3　3つの帆柱の中型漁船（太湖鎮志編纂委員会『太湖鎮志』（広陵書社、2014年）146頁より転載）

図4　小型漁船（鈎船）（太湖鎮志編纂委員会『太湖鎮志』（広陵書社、2014年）147頁より転載）

民国期の雑誌『工商半月刊』の記録からも、当時の太湖における漁幇の集まりの状況がうかがえる。それによると、太湖で魚を獲ることに関しては、政府による規定がないので、漁民は自由にできた。また、**図5**のように、漁民はおもに江蘇省と浙江省の両省出身であった。馬跡山（現在の馬山）の辺りは湖面が広く、水深もあるため、大型漁船が多かった。

聞き取り調査によれば、漁民たちは太湖全体を「大太湖」と「小太湖」に区分していた。つまり、**図5**に見られるように、島が多く分布する湖域や半島に囲まれた部分は「小太湖」と呼ばれ、太湖中央の水面が広がる部分は「大太湖」と呼ばれるのである。大型漁船は主に湖面が広く、水深もある「大太湖」で、小型漁船は「小太湖」で操業していたという。大型漁船が魚を獲る時は、一族に属す数隻の船が分業することが多かったという。その後は、夜間に特定の場所へ集合する。必ずしも同じ場所に集合できるわけではないが、特定の停泊場所があり、往来することが可能であったという。[2]

共同操業の形態

大型漁船は「対船」および「一帯」という操業形態で漁を幇によって大型漁船漁民の出身地、漁船や漁具の種類は違ったが、普段から共同操業を行っていた。他方、習俗には異なる点も見られた。たとえば祖先祭祀においては、興隆幇の作法は他との差異が大きい。これは彼らの祖先に由来すると考えられる。興隆幇は、かつて豆腐屋を営んでいた祖先が、漁のほうが稼げると考えて転業したのが始まりだという。現在は六代目だが、四代目までは、祖先祭祀の時に、豆腐を作る甕を小麦粉でかたどったものを供物にしていた。それに対して、より古くから漁撈に従事していると考えられる、他の漁幇の祖先祭祀には、この作法は存在しない。

行っていた。「対船」とは図6のように二隻で共同操業することで、大型漁船にとってはこれが漁の最小単位だった。彼らは春から秋までは対船でシラウオ、エツ類の魚、エビなどを獲っていた。冬になると、アオウオやレンギョなどの大きな魚が目的となる。大きな魚を獲るためには、船の速度を上げる必要がある。そのため漁民たちは、二隻の船をそれぞれ一隻の船で牽引する、四隻による共同操業を行った。これが「一帯」である。太湖では、大型漁船の共同操業は、三つの漁幇の間で行われていた。なかでも、漁獲量が多く漁船の規模や建造年代が近いものが、もっとも理想的な相手だった。また、その条件からさほど離れていなければ、近縁親族の漁船を優先していた。

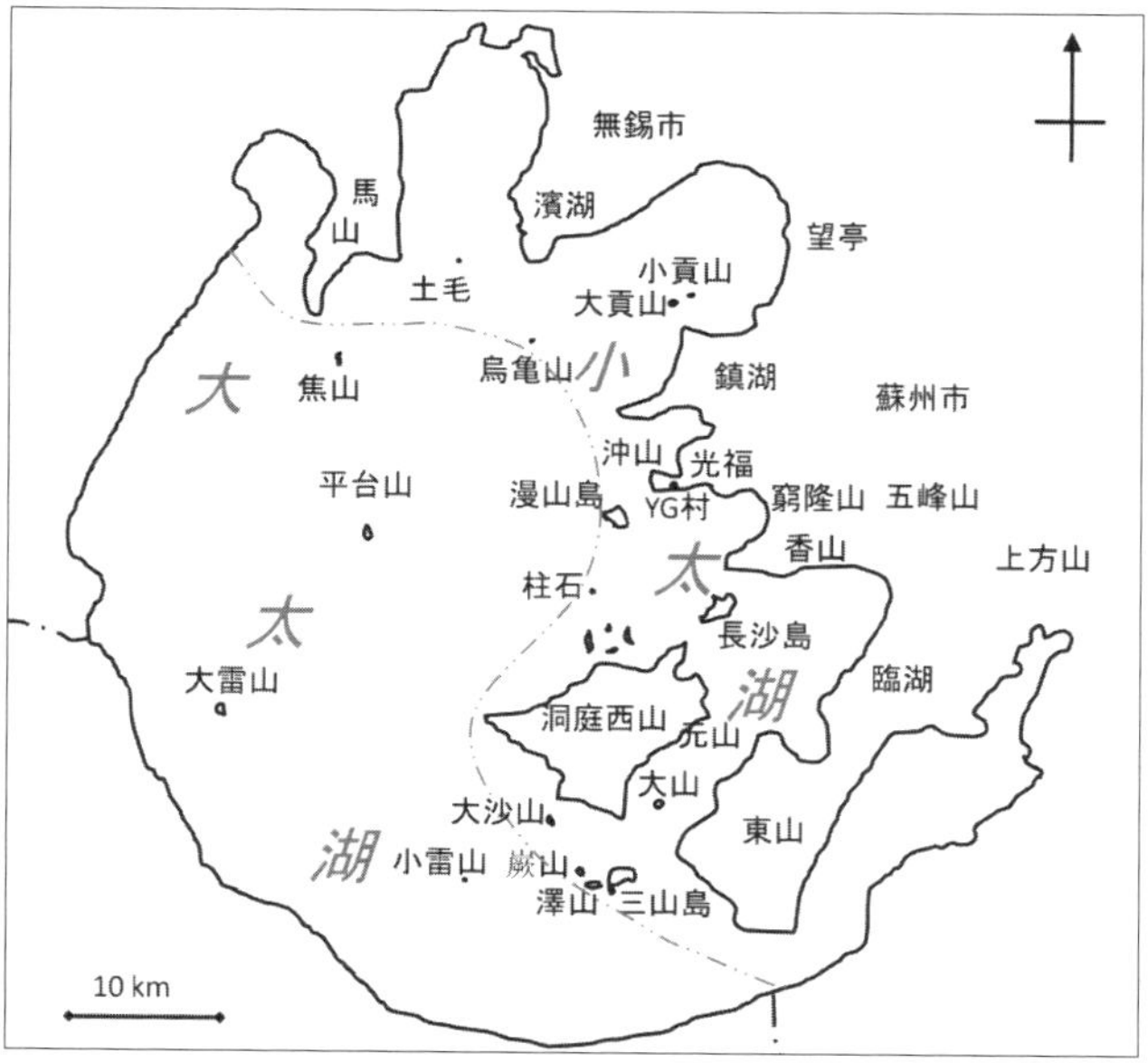

図5　大太湖と小太湖（google mapおよび聞き取り調査より筆者作成）

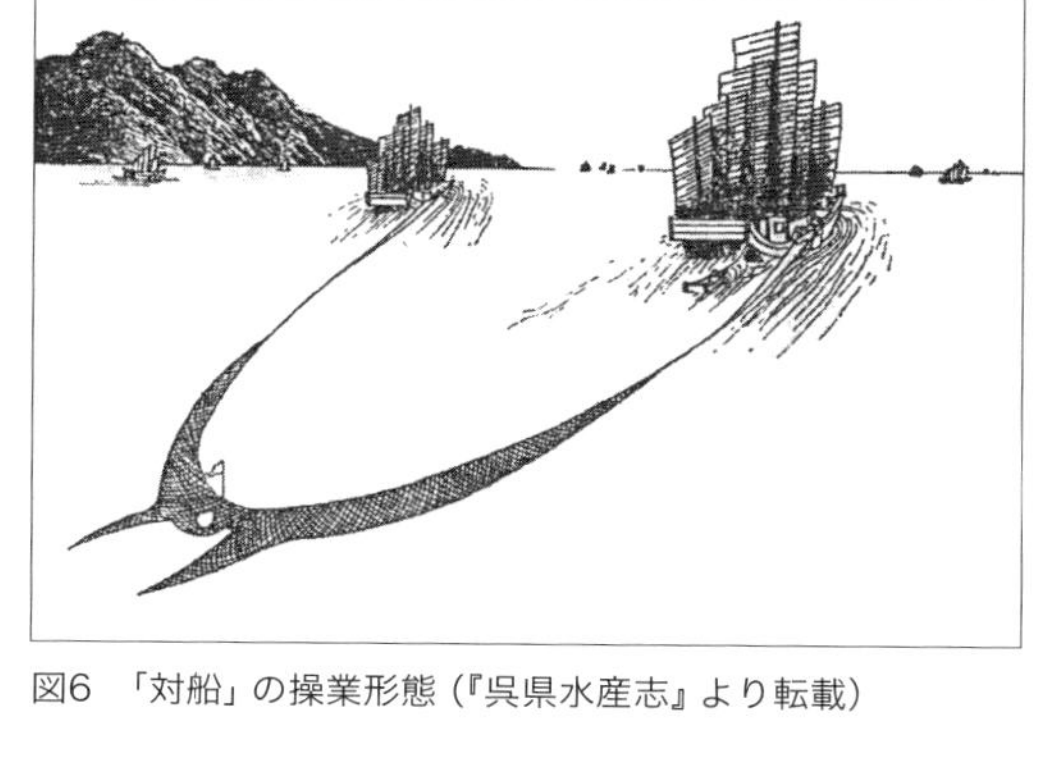

図6　「対船」の操業形態（『呉県水産志』より転載）

大型漁船の家族

大型漁船の寸法は全長約二五メートル、船幅およそ五メートル、重量は六〇トンである。この船では、基本的に夫婦を中心として、彼らの子供、夫の父母、夫の兄弟姉妹、兄弟の妻子など三世代が生活していた。前述の『工商半月刊』には「漁民の組織は、家庭を単位とする」とあり、また陸上の人々からすれば、同じ漁船で大勢で生活するのは「大家庭」であった。

漁船を操業するためには、「老大（ろうだい）」「看風（かんぷう）」「擋（とう）

櫓」「下肩艙」という四つの職種が必要であり、それぞれ一人の男性が担っていた。「老大」は、かじ取りから網作りまであらゆる仕事をこなせる漁民が担当する（主に船主）。「看風」は、風向きを見ながら船の進路を調整し、また投入から引き上げまで、網の様子を見守る。「揺櫓」と「下肩艙」は主に大型漁船に搭載される小舟に乗って網を引き上げる。これらは一般的に兄弟、父・息子などの男性が担当した。兄弟が多く家族の労働力があまった場合は、他の漁船に労働者として雇用された。逆に労働力が足りない時は、労働力が余った船から「工人」（自分の家族が船を持たず、他人に雇われる漁民）を雇い入れた。

船主になるのは基本的に長男である。また、船の収入はすべて船主が管理する。兄弟や甥など漁撈業務を担う成員は無給だが、生活費は船主の負担である。子供が成長し、労働力が充実し、貯蓄が増えると、船主は新しく造船し、兄弟や甥をその船に乗せ、独立させる。

日常生活における男女の役割分担は明確だった。聞き取り調査によれば、漁の仕事は共同で行ったが、男性は魚をとる以外に、漁船や漁具の修理、保管、食糧の購入および魚の加工、売買などを担当し、女性のほうは、基本的には食事の準備、育児、洗濯などの家事を担っていた。

大型漁船と小型漁船の操業形態の違いは、彼らの通婚範囲と信仰にも違いをもたらした。大型漁船漁民と小型漁船漁民は滅多に通婚しなかったが、大型漁船の三つの幇の内部では通婚していた。というのは、大型漁船の人々は、大型漁船で仕事ができる女性を求めたので、小型漁船の女性では難しいことが多かったからである。また、小型漁船漁民はほとんどがカトリックを信仰していたが、大型漁船漁民は神仏を信仰していた、という違いもあった。[3] 以下では、大型漁船漁民の神仏の信仰組織を考察する。

信仰組織

大型漁船漁民の信仰活動のうち、とくに重要なのは、「焼香」活動と漁船内での祭祀である。「焼香」とは神仏に線香や蠟燭をあげ、跪拝することである。集団の焼香活動は主に「廟会」（日本でいう縁日のようなもの）の時に行われていた。民国期、こうした焼香を行う集団は「香社」（または「香会」）と呼ばれ、そのリーダーは「香頭」と呼ばれた。香社に参加する人々は「香客」と呼ばれた。それぞれの香社が香客から徴収した資金で廟の敷地に神を祀る祭壇を作り、そこに供え物を供える。その費用は漁船一隻ごとに徴収された。

当時の太湖には数多くの香社が存在し、その数は二十にものぼった。[4] 香社の特徴を分析すると、それが出身地、漁船の規模、親族などに応じて構成されていたことが分かる。こうした要素を漁幇と比較すると、香社が漁幇を基盤としていたことが推測できる。また、個人による焼香活動も盛んだった。彼らは廟がある湖岸に近付くと、小舟に乗って陸に上がり、廟で焼香を行った。当時大型漁船漁民にとって定番の廟が四つあった（劉王廟、禹王廟、五老爺廟、黒虎大王廟という太湖周辺に位置する四つの廟）。

漁船での祭祀は共同操業の形態と大きく関わっていた。たとえば当時は、漁船ごとに行われる健康・安全・裕福のための「過長年」「焼路頭」という祭礼だけでなく、豊漁のために一帯の四隻の漁船が共同で行われる「春網利市」、「早出利」、「接太保」といった祭礼も見られた。

二、集団化運動と信仰の弾圧

供銷合作社・互助組

一九四九年の共産党政権成立以降、社会主義国家を作るために、社会主義の工業化、農業（漁業も含まれる）・手工業に対する社会主義改造、及び資本主義商工業への社会主義改造という三つの「改造」が行われてきた。漁業については、一九五二年以降に農村と同じような供銷合作社が設立された。供銷合作社の業務は、漁民たちに漁業生産のための資材や生活必需品、食糧などを提供することだった。また、これまで漁民たちは漁獲を仲介商人や漁行（魚問屋）に売っていたが、供銷合作社の設立以降はすべてそこに売ることになった。

一九五三年からは、太湖の漁民の間でも、すでに行われていた農業集団化を模倣した集団化運動が進められた。最初は互助組が組織された。生活が困難でまともな漁具のない漁民には、互助組が共同で稼いだ金で新しい漁具を与えた。船の修理や保管にも、共同で稼いだ金が使われた。さらに漁業技術の面で漁獲量が高い漁船からの助けもあった。このような利点があったので、漁民の加入者は増えていった。

組織された互助組は操業形態が同じ種類の漁船から構成されていたが、これは生業の面で協力できるためである。また、大型漁船は四隻で共同操業するので、互助組における漁船数は四の倍数であった。しかし、四隻の構成は民国期のように親族を優先した漁民主導の組み合わせではなく、地方役員主導で行われた。

初級・高級合作社から人民公社へ

大型漁船漁民の互助組は、一九五五年に拡大して生産隊になり、数個の生産隊が一つの大隊を構成し、そして数個の大隊が合作社として組織された。当時、大型漁船はすべて初級合作社として組織され、漁船や漁具は金銭換算で株式化され、共同で使用、管理するようになった。しかし漁船はまだ各家の所有で、各家で保管されていた。収入は、労働力・漁船・漁具ごとに点数をつけて、配当金に当てられた。一九五六年には二、三の初級合作社が合併して高級合作社になった。一九五七年には、太湖全体には十六の高級合作社ができた。[5] この時期、漁船や漁具は高級合作社が所有するものになり、漁船や漁具による配当金の分配はなくなった。この時期の分配方法は労働力のみによってなされた。[6]

一九五八年、中央政府は当時世界第二位の経済大国であったイギリスを十五年で追い越す（その後、三年に修正）という計画を立案し、農村の共産化が進められ、大躍進期に至った。「高級合作社」は合併が進められ、五〇〇〇戸から二万戸を一つの単位として、「一大二公」の「人民公社」が作られた。「一大」とは、人民公社の規模が大きいと意味する。「二公」とは、家畜、農機具などあらゆる私有財産が共有化されること、人々の生活必需品が殆ど供出され、生活費が均等に分配されることを意味する。[7]

大躍進政策に基づき、一九五八年の十月に十六の高級合作社が合併して一つの「震澤県人民公社」（震澤は太湖の古称）になった。その下に、漁具の種類によって、五つの軍営が組織され、大・中型漁船漁民は第一営に属した。[8]

大寨式

大躍進の後期、試行錯誤の政策は全国で飢饉を招き、大混乱を来した。一九六一年以降、大躍進への反省として、中央政府は様々な政策を施し、危機を解決しようと努力した。一九六二年に劉少奇が提唱した「自由市場」政策により、漁民は一定の漁獲を政府に徴収された後、残りを自由に販売することができるようになった。漁民の生活は一時的にある程度回復したが、長続きはしなかった。一九六六年に文化大革命が始まると、劉少奇は実権を握る資本主義派と批判され、その政策も「資本主義という毒」と見なされ、否定された。このため、こうした資本主義的な方法は完全に停滞し、文化大革命中は「大寨式評分」という分配方法が行われた。[9]「大寨式評分」では、職種や労働力のレベルだけではなく、政治的思想や階級身分も労働点数の多少にかかわっていた。

ある大型漁船漁民によると、当時、魚の私的販売や労働点数のごまかしなどの不正を防ぐために、共同で操業する工人を船主の意志で選ぶことができなくなり、船主たちは自分の船を使って漁をすることもできなくなったという。労動者はすべて地方役員の意志によって統一的に各船に派遣された。一九六八年、「大寨式」の政策に基づいて、漁船は再び社の所有になった。

信仰の弾圧

政府は、漁業社会主義改造を実施することによって、大型漁船漁民の生産手段や生業形態などの「改造」を行ったが、それに加えて、漁民たちの思想についても、数多の会議を通しての「改造」を実施した。建国初期、漁民の宗教や信仰に対しては、主に会議での宣伝や教育を通して「迷信」をやめるよう、漁民たちを説得する形をとっていたが、大躍進時代に入ってからは、地方政府による漁民の迷信活動に対する態度が厳しくなった。一九六〇年から江蘇省政府は「封建迷信」に関わる反動会道門（共産党政権に反する秘密結社）の復活を取り締まることについての指示を出した。その関連で、太湖漁民における信仰組織「香社」に対する大規模な取り締まり運動も、一九六〇年以降に見られるようになったのである。

一回目の取り締まり運動は、一九六〇年十月から一カ月かけて、十日間ずつ三段階に分けて行った。第一段階では、会議を通して漁民に取り締まり運動を宣伝した。第二段階では、「巫婆」・「神漢」という宗教職能者の情報を登録し、大会で一部の巫婆や神漢に犯罪行為を自白させることで、漁民たちに対して宣伝・教育を実施した。第三段階では、巫婆や神漢に対する批判や闘争のための様々な会議を開くことによって、漁民たちに対して宣伝・教育を行った。成果として六つの「反動迷信組織」が発見された。[10]

二回目は一九六一年に行われた。一回目に名前を登録した四十六人の巫婆・神漢に対して一人ずつ再調査を行った。調査と言っても具体的には、各種の会議を開いて漁民たちにより強力な宣伝や教育を行い、巫婆や神漢を自白させ、一般民衆に呼び掛けて摘発を行い、さらに巫婆や神漢を個別的に訪問するというものだった。また、香社を徹底的に調査し、香社を神漢が頭目として組織を利用して漁民の財貨を騙し取る「迷信組織」だと認定した。[11] ただし、反政府的組織とは考えられていなかった。

一九六四年の三回目の取り締まり運動においては、これまで「反動迷信組織」や「迷信組織」に認定された信仰組織は、「水上紅三教」という反動会道門とみなされ、より厳しく取り締まられるようになった。また、二回目の運動ではこれらの「迷信組織の歴史的背景にはスパイが発見されなかった」との結論が下されたが、ここでは「封建反動統治の基盤」とされた。[12]

初回と二回目の運動では、前述した香社について、「長い歴史を持つ」、「頭目たちは漁民を騙し取って迷信活動を行っている」、といった簡単なことしか書かれていなかった。しかし三回目の報告では、香社の創立年代、主な成員、頭目、頭目の継承方法などまで詳しく記述されている。また香社の頭目がいかに病気治療の名目で漁民たちの財貨を騙し取り、人命を軽視したのか、頭目がいかに財貨を騙し取り、恥も外聞もなく酒や女におぼれる生活を過ごしているのかといったことが記述されている。そして、全部で約八八〇の成員がおり、十五人の頭目がいるという統計が示されている。さらに、漁民たちが日常生活において行っていた祭礼も、「水上紅三教」の活動と認定されていたことが分かる。

三回にわたる取り締まり運動は徐々に厳しくなった。これは一九六三年の「社会主義教育運動」の政策に関わると考えられる。その政策のなかには、「地主、富農及び反革命分子は宗教や反動会道門を利用して罪悪な活動を行う」という記述が見られる。こうした認識の上で、反動会道門の取り締まり運動が行われたと考えられる。このような全国的な政治運動の影響で、漁民の信仰集団はついに反動会道門と認定されるようになった。

以上のことからは、様々な社会主義改造の運動を経て、漁民たちの伝統的社会集団は変化を迫られた。政府の意向で互助組が組織され、次第に初級合作社、高級合作社、人民公社へと拡大していった。また、社会集団の変化によって信仰の形態も変化せざるを得なかった。建国初期の互助組のころから、集団化された漁民たちは生活や生業の面での自由が徐々に失われ、香社が組織されにくくなったために焼香活動が減っていった。一九六〇年代からの「迷信」活動や反動会道門の取り締まりによって、集団での焼香活動だけではなく、家ごとの祖先祭祀さえも禁じられることになった。また、取り締まり運動においては、各種の会議が頻繁に行われ、その際に、幹部が出席者に対して迷信活動を行う人がいるかと問うことがあったので、祭礼の実施も恐れていた。文化大革命に入ると、信仰活動への制限はさらに厳格になり、小さな廟も破壊されていった。こうして、この時期、信仰組織は存続することができなくなった。しかし、廟、香社がなくなっても個人的に廟の旧跡で焼香を行うといった現象は多く見られた。

三、陸上定住

定住の経緯

「陸上定居」という政策は漁業社会主義改造の計画の一つとして提起されたものだった。その計画の第一段階は漁業生産手段の所有の改造であり、第二段階は漁民の生産や生活の拠点を決め、陸上定居を行うことだった。(13)

文化大革命初期、漁民のなかでも労働力を持たない老人や子供たちが、最初期に陸上で定住するようになった。子供たちは学校に通う都合上、定住したほうが便利なのである。老人は子供の世話をするために定住したという。

一九七〇年からは、漁民全体の定住のために陸地を増やす必要があり、太湖沿岸で埋め立て工事が始まった。その後の三年間、漁民たちは大漁期以外は埋め立て工事で働いた。一九七三年には工事が終了し、その結果、かつて島だった地域は半島になり、埋め立て地には政府によって家屋が建造された。家屋を建造するための資金は、漁業社会主義改造の「陸上定居」の政策に基づいた政府からの支出金であった。およそ一九七〇年代後半から、HZ・HS・HFという三つの大隊の大中型漁船漁民が、徐々にこの土地に定住するようになった。

一九八〇年代の改革開放以降、漁民は一戸当たりの金額を政府に支払い、家屋を私有化した。その後は、最初に分配された家屋がとても狭く簡素なものであったため、漁民たちは現金を貯蓄すると政府に建築用地を申請し、直ちに新しい二階から四階建てほどの家屋を新築した。

二〇〇〇年以降、上述した三つの大隊が合併され、G村という一つの行政村となった。一九九九年の統計によると、HZ大隊の人口は二八五八人、八二八世帯であり、[14]一世帯あたり三人である。しかし、一九六一年の統計によると、HZ大隊の人口は一八四三人、一〇〇世帯であり、[15]一世帯当たり十八人だった。このような変化は、定住によって、漁船での兄弟夫婦からなる拡大家族から、家屋での一組夫婦を中心とする核家族に変化したことによるものである。

経営・生業の変容

集団化時代が終わり、改革開放以降、漁船や漁具は漁民に返却され、彼らは再び各家で漁を行うようになった。魚が自由に販売できるようになり、金銭を稼ぎやすくなった。漁民は稼いだ資金で漁船トン数規模が小さいコンクリート製漁船を造ったり、中古船を買ったりした。こうした小型漁船には動力機械が取り付けられるようになった。また、網も飛躍的に改善されたため、漁獲量は大幅に増加した。さらに、一隻の大型漁船に本来必要な七~八人分の労働力が小型漁船に二~三人で済むようになった。そのため、一組の夫婦を中心とする操業形態が主流になった。

また、一九九〇年代から、漁船に冷凍庫が設置されるようになった。冷凍庫がない時代は、漁民たちは魚を買い取る船に大きく依存していた。買い取り船が遅れてくると、魚が腐敗しはじめ、安く売ることしかできなかった。冷凍庫が普及してからは、獲った魚を冷凍してそのまま市場に持ち込めば、以前より高い値段で売れるようになった。

このように、定住によって、一隻の大型漁船に依拠した拡大家族が失われ、一組の夫婦を中心とする核家族が現れてきた。同時に、技術の進歩による漁船や漁法の改良・変化と共に、「一帯」や「対船」、「大家庭」から、夫婦一組を単位とする操業形態に変わっていった。

信仰集団の再編

家族形態及び操業形態の変化は漁民の信仰生活に影響をもたらした。一帯に密接に関わっていた祭礼は、形式的には失われ、復活できなかった。しかし、集団化時代に弾圧を受けていた焼香活動が、改革開放以降の信仰政策の緩和とともに、再開されていった。焼香活動を行う団体も再編された。

現在、G村のほとんどの家庭はいずれか一つの団体に所属し、必ず一人がその家庭を代表して、集団で廟を巡る焼香を行っている。二〇一四年二月の時点で、G村にはおよそ十三の焼香活動の団体があった。これらの団体の規模は様々で、六~七戸の小規模なものから、一〇〇戸以上の大規模なものまでである。戸数の総計はおよそ六九〇戸以上である（現在G村には一三六五の世帯がある）。こうした団体のことを、漁民たちは現在は「香社」と呼ばず、かわりに「香会」または「部隊」と呼んでいる。それぞれの香会には香頭がおり、人々を組織し、春と秋の年二回、焼香を実施する。この時期は民国期の廟会の会期である春の正月と秋の八月に近い。

香頭によって香会の特徴は異なる。ここでは三つの事例を挙げる。

香頭Y（女性、六十代）は、G村が属する光福鎮に隣接した鎮湖鎮の農民出身で、改革開放後、最初にG村で焼香活動を組織した。彼女の香客にはG村の漁民だけではなく、G村以外の農民や町の住民など様々な職業と階層の人々がいる。そのためYは、農民が訪れる廟も焼香のスケジュールに組み込んでいる。G村の香会の中では、彼女が組織した焼香活動のスケジュールが最も頻繁で、その範囲も最も広い。また、漁民の要求に応じて、前出の漁民が重要視した四つの廟もスケジュールに組み込まれている。

香頭J（男性、七十代）は漁民出身で、村政府の幹部を務めたこともある。定年後香頭として活動し始めた。彼によって組織された焼香の場所は、漁民が重要視した四つの廟のみである。香客はすべてG村の漁民である。

香頭Z（男性、六十代）は漁民出身で、彼の父親は文化大革命の時に弾圧された宗教職能者の一人である。改革開放以降父親は香頭になり、一九九七年に亡くなった。そして彼が後を継いで香頭になった。彼は香頭Yのやり方を真似て、四つの廟以外に、以前は漁民が訪れなかった廟も焼香のスケジュールに加えている。香客はほとんどがGの漁民である。

これらの焼香の場所を地理的に考察すると、かつては太湖の湖岸に近い廟で焼香を行っていたが、現在では香頭Yのように、北は南京や南通まで、南は普陀山まで焼香活動の場を広げていることが分かる。全体的にみると、焼香活動の範囲は拡大したが、かつて重視された四つの廟で依然として焼香活動を行っているということが分かる。

どの香会に入るのかは各家が任意に決めるが、香会の内部における社会関係を見てみると、親族や知り合い、同じ(元)大隊の出身などのつながりが多く認められる。集団化運動には、互助組、生産隊、大隊、合作社のような集団が組織され、規模が徐々に大きくなっていった。こうした集団は本来ある漁民集団の漁幇をもとに作られたため、一つの生産隊、大隊には親族のつながりが多いのである。

Jの香会には香客は五十一人いる。その内の四十四人の香客には兄弟関係、先代の兄弟関係、姻戚関係などの親族関係がある。農民出身のYが組織した香会には、G村以外の香客もいるが、G村内部の香客には親族のつながりが多いことが確認できる。実際に、香会に加入する時は、香頭が親戚や知り合いで信頼できることが重要であった。また定住以降の漁民たちで、陸上とのつながりが強くなり、転職した人々も少なくない。Zの香会では、八十五人の香客の中、三十四人は漁業から転業した。

全体的に見ると、再編された信仰集団、復興した焼香活動は変化がある一方、持続している部分も見られることが分かる。たとえば焼香活動の経費の徴収の単位は漁船から家屋に変わった。また、陸上とのつながりの強化によって、農民出身の香頭が率いる香会が現れた。この香会には、漁民だけではなく、様々な職業や階層の者がいる。この香頭が組織した焼香の範囲は、農民が訪れる廟も加わることで、以前よりも広くなった。他方で、どの香会も、必ず民国期から重要視されていた四つの廟に焼香に行っている。また、信仰集団は必ずしも生業とは結びつかなくなったが、以前から集団を構成するうえで重要な役割を果たしてきた親族のつながりは、現在も同様に大きな構成要素となっている。

おわりに

民国期から現代にいたるまで、太湖の漁民は、水上生活から陸上生活へと生活領域が変化するという激しい転換に見舞われた。さらにその間、彼らは陸上の人々と同じように社会主義改造を被り、生業や生活が集団化され、あげく信仰が弾圧された。こうした歴史の流れをみると、水上から陸上へという変化には一見して断絶があるが、深く見ていくと、そこには過去とのつながりが潜んでいることがうかがえる。社会変容は避けることができないが、その変容に存在するつながりを見ることによって、漁民たちの観念や考え方に通底するものを見出すことができる。これこそ、まさに掘り起こす必要がある重要なことであろう。

注

(1) 金友理（清）、薛正興校点『太湖備考』（江蘇省古籍出版社、一九九八年）。
(2) 無記名「無錫之漁業」（『工商半月刊』二（十）、一九三〇年）三〇―四二頁。
(3) 小型漁船漁民がカトリックを信仰することは、心の救いや支えという理由だけではなく、神仏の信仰に比べ、供物やお布施などの負担が少なく、教会からの医療面や経済面などの援助を受けられたという現実の理由もあるから、社会的に弱い小型漁船漁民たちに広く受け入れられた。李勇、池子華「近代蘇南漁民的天主教信仰」（『中国農史』四、二〇〇六年）九八―一〇四頁。
(4) 陳俊才「太湖漁民信仰習俗調査」（『中国民間文化――稲作文化与民間信仰調査』学林出版社、一九九二年）八〇―一一三頁。
(5) 江蘇省太湖漁業生産管理委員会『太湖漁業史』（内部発行、一九八六年）七六頁。
(6) 蘇省太湖漁業生産管理委員会『太湖漁業史』（内部発行、一九八六年）六〇頁。
(7) 林蘊暉『烏托邦運動――従大躍進到大饑荒（一九六一～一九六五）』（香港中文大学当代中国文化研究中心、二〇〇八年）二〇九―二一六頁。
(8) 蘇省太湖漁業生産管理委員会『太湖漁業史』（内部発行、一九八六年）八頁。
(9) 江蘇省太湖漁業生産管理委員会『太湖漁業史』（内部発行、一九八六年）六〇頁。
(10) 「関与取締反動会道門巫婆神漢的専題報告」（S市Z区檔案局、一九六〇年）。
(11) 「取締反動会道門巫婆神漢復査験収的専題報告」（S市Z区檔案局、一九六一年）。
(12) 「関於紅三教調査摸底情況報告」（S市Z区檔案局、一九六四年）。
(13) 江蘇省太湖漁業生産管理委員会『太湖漁業史』（内部発行、一九八六年）六一頁。
(14) 太湖鎮志編纂委員会『太湖鎮志』（広陵書社、二〇一四年）三九頁。
(15) 「呉県太湖公社歴史資料匯編（一九四九～一九七九）」（S市Z区檔案局、一九八〇年）。

「災害復興」過程における国家権力と地域社会

――災害記憶を中心として

王暁葵（翻訳：中村貴）

おう・しょうき――南方科技大学社会科学高等研究院特任研究員。専門は記憶論、日本民俗学。主な著書に『記録と記憶の比較文化史』（共編、名古屋大学出版会、二〇〇五年）、『現代日本民俗学的理論与方法』（編著、学苑出版社、二〇一〇年）、『民俗学与現代社会』（上海文芸出版社、二〇一一年）などがある。

本稿は中国の海原大地震（一九二〇年）・唐山大地震（一九七六年）の遺跡保存、祈念施設の建造、祈念儀式の挙行、災害知識の総括・教育・伝承過程の分析をとおして、この一世紀における中国社会の災害記憶の構築と伝承をめぐる国家権力・地域社会・文化伝承・遺族間の複雑な力学関係について明らかにしようとするものである。

はじめに

一般的な意味での災害復興とは、災害発生後の被災者や被災地域を災害前の状態へと近づけることを意味する。例えば中国では、復興のプロセスは通常三年から五年後に被災者が新築された安置房へ入居し[1]、地域の生産や生活秩序が基本的に定まってから災害復興の完了が宣言される。だが、本論で分析するのは、〝長期間〟にわたる災害後の事柄で、その時間は数十年或いはより長期にわたるものである。多くの調査や研究によれば、甚大な災害が発生すると、たとえ人々の生活・仕事及び社会組織の再建が終わったとしても、災害によって残された心理的・文化的なトラウマは、しばしば文化的記憶となって地域社会の基層部分に沈殿する。そして、国家権力と地域社会は記憶の再構築という方式によって、トラウマをなくし、地域社会のアイデンティティーを再構築し、さらには災害記憶を利用して経済・政治的目標を達成しようとする。ある地域の災害記憶の構築と意味化の過程は、災害への対応の形式であり、またその社会の基本的な文化的ロジックの現れでもある。

民俗学における災害研究は、ローカル・ノリッジの発掘に注意が向けられているが、この傾向は災害人類学の社会強靭性の概念と類似するものである。災害人類学の社会強靭性概念は、災害のリスクや災害事件に遭遇した際に、人類社会の文化体系の内部に潜む能動的反応メカニズムや自己回復能力を強調している。これに比して、災害民俗学は、考察対象の地域を他地域と隔絶した社会として設定し、具体的な本土（ローカル）の実践・実質を、経験的な本土性（特定地域のみで形成されたローカル・アイデンティティー）へと変えてしまい、これらの地方社会の強靭性メカニズムが、実は他の社会との相互作用や文化接触による産物であることを軽視している。

このため、災害民俗学はたんに災害における社会の強靭性メカニズムのローカル・アイデンティティーを強調するのみである。これは、災害後に現れる様々な社会文化関係を隠蔽し、また土着社会の「原始的な智慧神話」を創造してしまうという嫌疑もある。(1)

グローバル化を迎えた現代において、災害に対応する地方の実践や地方社会の強靭性メカニズムは「ローカル化」といえるが、それは純粋な「ローカル・アイデンティティー」であるとは言えない。八〇年代以降、政治・経済学派の影響を受け、人類学の研究は災難を権力関係の展開と形成過程とみなした。それが集団の日常行為の背後のより深い部分にある社会権力構造を表している点に注目し、災難への対応における隠された社会関係ネットワークの背後にある権力メカニズムについて深い分析を行っている。(2)

災害記憶の構築は特定のエスニック・グループの災害対応の一部であり、「社会権力構造」の影響は避けることができないし、この「社会権力構造」によって災害記憶の基本的な構造や特徴が決定されるとさえいえる。このため、社会関係ネットワークの権力メカニズムの分析は、我々が特定社会の災害対策を理解する助けとなるだけでなく、その社会の本質的な特徴を深く理解できるものとなる。

本論では、国家権力と地域社会の文化的伝統を主要な論点とし、現代中国の二大大地震、つまり海原大地震（一九二〇年）と唐山大地震（一九七六年）における災害記憶の構築過程について考察を行う。

二〇一〇年十二月十五日、中国西北の内陸部にある寧夏回族自治区海原県で、災害に関する祈念儀式が挙行され、海原地震博物館も同日開館した。これはともに九十年前にこの地で発生したマグニチュード八・五の〝海原大地震〟と称される巨大災害と関係するものであった。海原大地震は一九二〇年十二月十七日に発生し、二十数万人が亡くなり、被災地域は数十の県城に及んだ。しかしながら、この半世紀にわたる時間のなかで、この災害はついぞ民衆の視野に入ることはなく、少数の自然科学者が地質学や地震学による科学調査を行った以外は、マスメディアや人文科学の研究者で、この〝環球大震〟或いは〝全球大震〟（地球規模の大地震）と称された巨大災害に注目する者はほとんどいなかった。

また一九七六年に北京近郊で起こった唐山大地震は、十年の沈黙があった後、唐山市の中心部に宏大な記念碑と記念館及び記念広場が建立された。筆者は、かつて唐山大地震の記憶が地震発生後四十年にわたり構築されてきたプロセスについて注目し、このプロセスにおける国家権力・地域社会・文化的伝統・商業資本および被災者などにおける対抗・妥協・協調・摩擦・共謀などの複雑な力学的関係について分析した。

海原地震とその記憶に関する調査後、それらについて（唐山大地震とは）対照的な視角が形成される。その視角とは、まず一九四九年以降の中国の社会制度の変化が、一九二〇年の海原地震と一九七六年の唐山大地震の記憶構築に差異をもたらすものであるかどうか、また、海原の回族と漢族が雑居する村落と、唐山という計画経済によって発展した重工業都市では、おのずから社会組織や文化的伝統において区別される点である。

本論で問題とするのは、中国の近代以降の一世紀において、災害記憶がいかなる方式で伝承され構築されてきたのか、またこのプロセスにおいて、国家権力と地域社会の相互関係はどのような影響や改変をもたらしたのか。そして、このプロセスの背後にどのような文化的ロジックが隠されているのか。海原と唐山における時間・空間の差異性は、災害記憶の構築においてどのような影響を生じさせるのか、この影響は現今の中国社会における意義とは何か、などである。

一、海原大地震

海原大地震は一九二〇年十二月十六日（旧暦十一月初七日）夜八時六分に発生し、マグニチュード八・五、震度十二、[2]震源の深度は一七キロメートルで、地震の死者は一九二二年八・九期『地学雑誌』の資料によると、二十三万四一一七人であった。その内、海原県の死者は七万三〇二七人で、死亡者数は全県の人口の五九パーセントを占めた。四つの都市が壊滅し、数十の都市が破壊された。これは中国の歴史上、波及範囲の最も広い地震で、地震の体感面積は二五一万平方キロメートルで、それは中国の総面積の四分の一強を占める。この地震の激しさは中国では有史以来稀なもので、また世界でも最も大きい地震の一つで、強烈な揺れは十数分余り続き、当時世界の九十六の地震観測所でこの地震の揺れが記録されたので、〝地球規模の大地震〟とも称される。地震の概況については、地質学者謝家栄氏が、地震発生後始めて被災地に赴いて調査を行い、その後に書かれた調査報告には次のような記述がみえる。

同日（十二月十六日）夜七時に大地震が起こり、突然強風が吹いて黒い霧が現れ、紅色の閃光が見えた。大地震は約六分ほど続き、地は船が波で揺れ動くようにうねり、人々は立っていられなかった。震動は、西北から東南へと起こり、雷のような音を立てた。土地・岩石・山々はみな崩壊して動いたが、特に土山の崩壊が多かった。山間の平地には長短の異なる亀裂が走り、平地に生じた亀裂から緑や黒色の泉が湧き出た。山崩れによって河川が塞がった所が大変多く、特に南郷が甚だしかった。また、楊明後堡崖窟上と東郷王浩堡何家溝の二ヵ所では、山崩れにより河川が塞がり、積水は数十丈の深さ、五・六里にわたる長さ、十余丈の幅で、水は逆流した。また、突然強風が吹いて、土山が崩壊した。南郷の井戸の多くは地震後に涸れ、県知事の鐘文海の子女と警佐羅某は、役所が地震で倒壊したことにより犠牲となった。都市の家屋は、ほぼ全てが（倒壊して）平地と化し、土でつくられた城壁の大半は損壊した。

（謝家栄『民国九年十二月甘粛地震報告』地震）

地震発生によって交通が遮断され、世間とほぼ隔絶した六盤山地区では、国家の行政組織も重大な被害を受け、被災民を救助する力がなかった。当時は冬で、寒空で地は凍てつき、被災民は凍傷・飢餓・疫病によって相次いで死んでいった。当時の資料には、被災民は「着る物・食べる物・住む所がなく、離散する有様は、見るに忍びなかった。被災して苦しむ人々はオンドルで暖を取り、衣服や寝具は粗末で、頼る場所もなく、厳寒で強風が吹き荒れ、寒さや飢えを忍び、震えながら野宿をし、地震で負った傷をおして腹這いに進み、泣き声は荒野に響き、人々は餓死したり、行き倒れになった。また家畜は死に絶え、狼や野良犬が群れを成して人々を襲った。」とある。

（「陝甘地震記略」『地学雑誌』一九二二年第八期）

海原大地震の被害は甚大であったが、発生地が辺鄙な地であったこと、また一九二〇年代の中国社会は政治動乱期であり、その後の政治革命や戦争なども海原大地震が社会の関心事となるのを妨げ、さらに救助作業の進行にも影響を与えた。当時甘粛出身で北京へやってきたある人物は「甘粛は国のために税金を拠出しているから、甘粛の人民は国家を担う一部だ。今このような古来なかった大災害に遭い、人民が国の恩恵を受けられないのは、与論にも合致せず、人道にも悖ることだ。」と糾弾した。

国家権力の空白は、救助活動の遅延と疎漏をじかに招き、また後の災害記憶への〝介入〟も比較的少ない。海原県地震局は、地震発生から九十年後に、海原大地震に関する調査を主導し、その調査の成果を収集したものは『海原大地震1920』と題する著作となり、その内容には海原地震の特有の記憶の特徴が表れている。

口頭伝承

筆者の調査では、当地に大量の民間口頭伝承が流布しており、その中で最も多い内容は地震の〝予言〟に関するものであった。

民　謡

海原県では、口述者はみな〝揺擺歌〟を知っている。彼らは地震発生前に海原県の子供達が〝揺擺歌〟を歌っていたと話した。その歌詞は次のようなものである

一椀羊肉揺一揺、白花了。世上的好人揺揺擺、賊殺了、咯呀咯噔揺、嘩哩嘩啦揺。大豌豆開花揺一揺、没出穂。大脚片子揺揺擺、没処去、咯噔咯噔揺、嘩啦啦揺。絲線簾子揺一揺、甩着呢。尕尕脚児揺揺擺、栽着呢、咯噔咯噔揺、嘩呀嘩啦揺。

（『海原大地震1920』）

歌詞に「一碗羊肉揺一揺、白花了。」とあるが、羊肉は当地でよく食べられる食材で、羊肉を暖めたが、誰も食べに来なかった（人々は地震で死んでしまった）、時間が経つとカビが生えていた。当地では食物にカビが生えることを「白花了」と言う。「絲線簾子揺一揺」とは門簾（防寒のため家の入口に垂らす布）が地震で揺れ動くこと、「嘎嘎（音）脚」とは旧時の女性の布で巻かれた小さな足（纏足を指す）のことで、地震で地面が揺れると、彼女たちは立っていられず倒れたこと、「大脚片子」は地震が起こると、大きな足の人（纏足をしていない女性）も上手くたっていられないことを意味する。歌謡の要点は、〝揺揺擺〟つまり地面が動き山が揺れる地震の状況のメタファーである。当地の多くの人々がこの民謡を歌い、これが地震が起きる前に海原県で流行した民謡であることを認めている。類似の「予言」の伝承は、他の類型の語りのなかにも多く現れる。

宗教叙事

海原で最も有名なイスラム建築である九彩坪嘎德仁耶拱北（拱北とはイスラム教の高位にある聖職者の墓である、筆者注）で、次のような話を聞いた。

M：沙溝の哲合忍耶（教派の一つ）の教主が、我々の前で言った、どんな宗教活動をしているのか？　あなたがご馳走をふるまい、私がご馳走をふるまい、お互いの（村で行われる）宗教活動に参加しようと。この時、就是打発這箇（意味不詳）その伝説は、人々はみなこれが災難に関するものだと知っていた。就打発這箇（意味不詳）

L：彼らはどうやってそれを知ったのですか？

M：教主の使者がやって来て……

L：十一月初八に

M：十一月初八に

M：君はこう返事しなさい、初八があれば（来れば）、行きます。初八がなかったら（来なかったら）行きませんと。結局初八は来なかった、初七日の夜に地震が発生したから……

口述者：イスラム今教経学校の副校長A氏（九彩坪嘎德仁耶拱北）記録者：劉慧

地震は旧暦の十一月初七日に発生し、教主はもし初八がある（くる）なら相手方の宗教儀式に参加し、もし初八がない（来ない）なら参加しないと言ったのは、前日の初七日に災難が降りかかることを暗示している。

イスラム教の教義において、災害は運命の巡り合わせの一部であり、避けることの出来ないものであり、教主は災害を予知できるが、〝天機〟を周囲に漏らすことはできない。しかし、地域社会の文化エリートとして、彼らもコミュニティーに対する〝人道的責任〟から免れることはできない。このため、ある種の〝暗示〟を用いて信徒に災害の発生を告げ、信徒たちが〝暗示〟を理解して災難から逃れることを願う。それが彼らの唯一の選択となった。上述の対話はつまり「もし初八がなかったら（来なかったら）」という隠喩的言い方であり、前日の初七日の災害発生を予知しているものである。

家族叙事

海原の名家の家族叙事においては、災害の対応も先祖の偉業を顕彰する重要な内容として〝組み込まれ〟た形となっている。現地には著名な宗教家丁道主の拱北があるが、彼の子孫には次のような叙述が伝わっている。

寧老太爺と洪爺（地元のイスラム教の有力者）はただ地震が起こることを知り、コーランによってアッラーを祀り、災難から逃れられるよう願うのみだった。彼らは牛を殺し、コーランを念じた。洪爺と丁爺はアッラーに祈りを捧げたが、（地震のことは）話すことができないし、他人に教えることもできない。もし話したらイスラム教の禁忌に触れることになるから、ただ祈るのみで、（他人に）暗示することもできない、暗示さえも禁忌を犯す行為だからだ。万一地震が起こると言って、結局地震が起こらないなどの空言を話すことは出来ない。だが、しまいに

写真1　九彩坪嘎徳仁耶拱北（筆者撮影）

本当に地震が起こることが分かると、丁爺はコーランを読誦し、人々を見ては泣いた。災難がやって来ると言った。

丁爺と洪爺は、地震はまもなく起こると知っていたが、教義に反することはできないので、「コーランを読誦し、他人を見て泣いた。災難がやってくるといい、人に羊・牛・鳥を殺し、悪事をせず、善事を行うよう説く」方法で、彼自身の「人道的関心」を表現するほかなかった。家族の祖先の叙事では、災難に関する情報は、上述のように固定化して後代へと流伝した。

宗教節日

海原県では、回族の生存者が儀礼的な行為をとおして災害を記憶した。これを〝紀難節〟という。中華民国九年（一九二〇年）海原の特大地震の後、生存者は大部分の死者の屍を埋葬できなかった。地震後、回族の生存者は山の麓に立ち、声高に〝者那則〟（殯礼）を行い、コーランを読誦した。その後、多くの回族民衆は毎年旧暦十一月初七日に、家庭或いはモスクを一つの集団として〝爾麦里〟（イスラム教の先人達を祈念する儀式）を行い、油を注ぎ死者に思いを馳せ、平安を祈った。

月日が流れるにつれて、この節日は五〇年代・六〇年代に

は次第に忘れ去られたが、八〇年代より〝紀難〟活動が当時特に被害がひどかった地区の回族によって、再び行われるようになった。海原県県城の西南の一角に二〇〇畝近い広さの〝万人墳〟があり、そこに埋葬されているのは地震の犠牲者である。毎年十一月初七日の前後、陝西・甘粛・青海及び寧夏やその他の地方から人々が遠路はるばるやってきて、海原県県城外にある〝万人墳〟や他の場所で供養を行う。とりわけ〝万人墳〟での供養には参加者が多い時で一〇〇〇人以上にも達する。回族はこれを〝紀難日〟と称し、漢族は〝劫難日〟と呼んでいる。上述の災害に関する記憶と儀式活動は、当地特有の文化的伝統と地域的特徴に基づいている。例えば、揺擺歌は当地特有の民間歌謡〝花儿〟の歌唱の伝統によるものであり、また宗教的な叙事は、当地のイスラム教の宗教性叙事と直接的な関係にある。そして、国家権力の影響は災害記憶の形態を異なる方向へと向ける。

神物と記念物——〝柳爺〟から〝震柳精神〟へ

海原県西安郷哨営には、葉が繁茂した樹冠の大きな古柳がある。古柳の下には人が一人入れるくらいの洞穴があるが、この古柳は地震の断裂面上に位置していたため、地震で地表が動いて引き裂かれた。地震で左に四〇センチメートル移動し山も地滑りをおこし、この古柳も二つに引き裂かれたが、頑強な生命力を持つこの古柳は生き永らえ、木の上部はやはり樹木としての状態を保っている。

当初、当地の人々はこの木を柳爺と称し、木の上をつたう水を神薬とみなした。地震で引き裂かれた古柳にとっては、禍が転じて福となり、人々に神木として奉られ、人々は線香を上げ、叩頭し、饅頭や果物を捧げ、柳爺が守ってくれるよう祈る。

中国地震局地質研究所の専門家は、一九八四年にこの木を調査した後、地震が地層のずれを起こした標本としての価値を認め、それ以降この木は専門家から〝震柳〟と命名され、地震研究の活きた標本となった。また同時に、海原県人民政府はそれを県級の文物保護点に認定した。ここにおいて、伝統的な柳爺崇拝の神聖空間は、科学者の言説の広がりによって、地震知識の科学を普及させる空間へと転換し始めた。二〇〇九年には〝震柳精神〟は新たに編纂された『海原県志』に書き入れられ、本書ではこの震柳精神について、不屈不撓・互済互助・堅忍不抜・自強不息（撓まず屈せず・互いに助け合う・忍耐強く頑張りぬく・自ら努力して弛まない）と表現している。

二〇一〇年には海原地震博物館が開館し、震柳の現物大の模型を作製し、地震博物館の重要展示物とし、また〝震柳精神〟

神”はパネルによって紹介されている。二〇一一年には中国共産党海原県第十三回党代表大会で、海原県県委書記の王文宇氏が『弘揚震柳精神、推動科学発展、為加快建設和諧富裕新海原而努力奮闘』という題目で報告を行い、震柳精神を“堅忍不抜・自強不息”（困難を耐え忍び、意志を曲げず努力を怠らない）と定義した。これにより、この地震によって引き裂かれながら、依然として今まで生き永らえてきた柳木は、正式に現代の海原の精神的象徴物となったのである。

この震柳の認知度については、当地の人々において非常に興味深い現象がみられる。地元村落でこの柳木の存在を知る人は少数にとどまり、逆に小中学生で知っている者はかえって多いのである。通海中学にてアンケート調査を行ったところ、九〇パーセント以上の学生がこの柳木の存在を知っていたが、それは学校教育の一環として地震博物館に参観し、海

写真2　震柳

震柳精神

1920年12月16日（民国九年十一月初七）20时06分，海原县发生8.5级大地震，烈度为12度，其地震波绕地球两圈，被学术界称为“环球大震”。

地震造成大地扭曲、错位、升降，尤其是地震断裂带从西安镇西北20里西华山北麓哨马营村的一棵古柳躯干中间穿过，从下而上，将古柳撕成两半，左旋错动将其错位。

古柳虽遭摧残，但劫后余生，历百年风雨，依然葱绿遒劲，堪称奇观，被称为“震柳”。震柳，遇摧弥坚、不屈不挠、互济互助的精神，激励和鼓舞着海原人民负重拼搏，团结奋进，在推进海原科学发展，和谐发展和建设美丽、文明、富饶新海原的征程上奋力前行。

写真3　“震柳精神”の解説パネル

写真4　海原地震博物館

原の精神的象徴物としての震柳について学ぶ機会があり、また政府系メディアによって多く紹介されたことによる。一方で県城外に住む村民にとって、この柳木はもともと村落から離れた場所にあり、村民たちは従来それを見る機会もほとんどなく、柳木の存在を知っている人も少なかった。さらに、柳木が〝震柳〟となり、その模型が博物館に展示されても博物館を参観する機会が少なく、また政府メディアの影響を受ける機会も少ないので、村民の震柳に対する認知度は高くないのである。

一世紀近い沈黙の後、二〇〇〇年前後に海原県地震局・県志辦・県工商局などの部門が、海原地震の生存者と彼らの子孫に対して、地震の体験に関する口述調査を行い、地震博物館の建設・地震記念碑の設立・地震関連の遺跡の認定・ドキュメンタリーの撮影・書籍の出版・学生の博物館や遺跡などへの組織的な参観などの方式を通して、一世紀前の海原地震の記憶を新たに喚起し始めた。国家権力の記憶の再構築に対する最も特徴的な行為とは、象徴物の認定や意味の表象化の操作である。

国家権力主導の災害記憶は、経済開発の領域において現れる。海原は辺境地区にあり資源が乏しいことから、経済を発展させ、投資を引き込む条件に制限があるので、現地政府は地震災害を利用して、地域の知名度の拡大を図ろうとしている。海原に関する紹介では次のような説明がなされている。

災難は富みへと転換できる。歴史上の災害遺跡は、眼識のある政策決定者によってまさに利用される。観光資源は観光活動の主要対象であり、かつまた拠り所で、各地区の観光業発展の基礎である。海原大地震の観光資源の独自性や独占性あるいは唯一性は、（観光）資源においてその特色や優位性を有し、観光客に対する吸引力を備えている。であるから、海原地震観光とは開発を待たれる未墾の地であり、現段階では一定の対策や手段をとおして、この資源を合法的に開発・利用し、その効果や利益、そして働きを発揮せねばならない。海原地震観光は、二〇〇〇年四月に国務院に批准された我が国で始めての国家級扶貧実験区六盤山旅遊区に位置し、地震観光の開発と利用は六盤山のエコツアー・濃密なノスタルジー・華やかなシルクロード文化と多彩な遺跡と緊密に関係・相互補完し、このような多元性と独自性の有機的結合は、必ずや本地区の旅行資源の独自の優位性を保つものとなるだろう。

（海原地震局資料）

地震観光は、観光開発の起爆剤として開発の具体的措置のなかに含まれ、二〇〇六年十二月には寧夏回族自治区人民政府が、正式に寧夏海原地震地質公園の建立を承認し、〝海原大地震遺址〟はすでに〝国家級典型地震遺址〟として認定されている。

三、唐山大地震

唐山大地震は一九七六年七月二十八日に発生し、震度七・八の大地震により二十四万人が死亡し、十六万人余りが重傷を負い、唐山市はほどんと平地と化した。地震発生後の八年もの間、中国社会はこの災難に対してほとんど何の関心も寄せなかった。現地のメディアでさえ、長きにわたり地震災害に関する報道や記録は皆無であった。地震発生から八年後の一九八四年になって、唐山市政府が市の中心に唐山抗震記念碑と唐山抗震記念館を建て、地震に関する話題は、やっとメディアに徐々に現れるようになった。つまり、この災難の話題は災害の時間が経過するにしたがって、次第に中国社会の注目を集めるようになったのである。

唐山抗震記念碑

唐山地震から十周年を迎えた一九八六年に、〝唐山抗震記念碑〟という記念物が建立され、周囲には記念館と記念広場が建設された。記念碑の名前が唐山抗震記念碑であるのは、名称と碑の趣旨が災害そのものではなく、災害救助の過程にあることによる。碑文記念館の内容からすると、この記念空間の主要な内容は、震災に立ち向かう過程での政府の働きと、社会主義制度の優越性を顕彰するものであり、記念碑では特にこの点を強調して、次のように記している。

今昔を想い比べ、忽ち十年が過ぎた。この間、一枚の煉瓦、一片の石、一掴みの草、一株の木は、みな次のような真理を示している。それは中国共産党の英明さ・偉大さであり、社会主義制度の比類なき優越性であり、人民解放軍の忠貞・信頼であり、自らの命運をつかさどる人民の不屈の精神である。ここにこの碑を建てることにより、地震で亡くなった人々に哀悼を捧げ、献身的英霊を讃え、現代に生きる人民を鼓舞し、後代の子孫を教育する。とくにこの文章を記し、ここに刻んで永久の記憶とする。

唐山のこの災害対応の記念碑は、国家権力の災害に対する態度を表明しているが、権力側の論理や発想に基づいて構築された記憶は、人心の深い部分での故人の尊重に対する心理的要求を満たすのは難しい。市民は記念広場に行き自己の哀悼を表すことができない。このため、唐山市民は長い間、七月二十八日に唐山の市街で焼紙という独特の方法を通してのみ、自己の家の死者を祭祀した。[3]

有料の〝哭墻〟（嘆きの壁）

二〇〇六年の唐山大地震三十周年の際、唐山市南湖揚陥区にいくつかの巨大な壁が建った。これが後に唐山社会に論争を引き起こすことになる〝哭墻〟である。

この壁の建設者はある民間企業で、名前を華盈実業集団有限公司といった。華盈集団と香港の企業の合弁で、地震科技園の名称で始まり、唐山地震記念壁が建設され、二〇〇四年三月二十二日香港の『文滙報』が特集を組み、『唐山打造地震科普紀念園』という広告を載せた。

まず、広告にはゴシック体が用いられ、唐山市政府と関係部門の大きな支持のもと、河北華盈実業集団有限公司と外資が、二〇〇一年五月十八日に河北省第十一回経貿洽談会外資項目調印式にて調印し、合弁で唐山に唐山市〝七・二八地震祈念園区〟を建設したことを大々的に宣伝した。

二〇〇六年に紀念墻と鐘鼎の一部が建設され、人々は初めてこの地震科普園の営利モデルについて知ることとなった。死者の名前の刻印は無料ではなく、正面の区画に名前を刻印するのであれば一〇〇〇元、背面であれば八〇〇元支払う必要がある。規定では一家すべてが犠牲となった者や、外地や人民解放軍の犠牲者は無料ではあるが、この〝千八百〟の〝哭墻〟（名前の刻印に一〇〇〇元或いは八〇〇元かかる哭墻という意味）は、やはり唐山で大きな論争を巻き起こした。他方で、少なくない人々がこの条件を受け入れ、金銭を払って自己の犠牲となった親類の名前を刻んだ。彼らにとっては、市の中心の抗震記念碑と比べると、ここが親類の亡霊が存在する場所であると考えており、彼らはここで献花したり、刻印された親類の名前を手で撫でながら哀悼の意を表す。また、彼らの代表的な意見としては、七月二十八日に街角で〝焼紙〟するのと比べると、ここは結局〝固定された場〟であるからこの場所で犠牲者へ哀悼の意を表すということである。

これに反対する者は、この壁は本来有料であってはならず、政府によって建設されるべきであると考え、この種のビジネス化された方式は〝発死人的財〟（死人を利用して金儲けをする）であるとする。また、結局すべての人々にこの費用を支払う経済能力があるわけではない。このため、この嘆きの壁は実際には唐山地震の遺族を引き裂くことになった。政府の態度は非常に微妙なもので、政府系新聞は建設初期に報道を行い、紀念壁の建設を文明的なモラルや秩序の整った祭祀活動であると評価し、支持する態度を表明した。しかし、政府は時を置かずして、突然この記念壁は違法建築であるとして、撤去するよう要求した。(3)

無料の〝哭墻〟

哭墻の問題で波風が立ってから二年して、政府は自ら出資して無料の哭墻を建設することを決定し、二〇〇八年唐山市郊外に大規模な地震記念墻が完成した。すべての犠牲者の家族が、申請の際に簡単な手続きを経れば、地震で犠牲となった家人の名前を壁上に刻むことができ、また費用はかからないようにした。さらに、園区の管理機構は検索サービスを提供し、慰問者の訪問の際に名前さえ告げれば、係員がパソコン上で犠牲者の名前の壁に記された位置を調べてくれるが、それは慰問者が親族の名前を探す際の助けとなっている。そして、有料の哭墻は国家権力と反対派市民の共同の挟み撃ちに遭い、すぐにその名を聞くことはなくなり、当時の会社の責任者はすでに刑事によって拘留され、その罪名は〝非法集資〟（違法に資金を集めた）であったという。

唐山の二つの〝哭墻〟をめぐる攻防は、現代中国の災害記憶に関する文化ポリティクスを反映している。近代の民族国家は喪儀・埋葬・祭祀過程における全面的な掌握、例えば火葬・お骨の保存・追悼儀式制度の規範を定めることによって、人の死に対する行政的な管理を実現してきた。

その一方で、民間で部分的に喪儀・埋葬の伝統、例えば焼紙などが残っていることも認めている。この官民の互助的枠組みは、長きにわたり基本的には双方の要求を満足させてきた。しかしながら、唐山大地震がもたらした大規模な死亡事件は、この枠組みを無効化し、死体は火葬できずにまとめて埋葬され、個人の祭祀を行う場所もなかった。政府は公共の記念施設を建て、公共の祈念式典を行い、部分的には被災者のトラウマを解消したが、政治的スキームにおける記憶の枠組みは、生命のいま一つの本質的特徴―個人（個人性）への関心を包摂したり、それに取って代わることは出来ない。このような時、抜け目のない商業資本が介入し、有料の〝哭墻〟を建て、市場原理によって人々のこの心理的要求を満足させようとした。けれども、有料の〝哭墻〟と高くそびえたつ〝抗震紀念碑〟が対峙関係になった時、権力側の記憶の枠組みに対する挑戦が生れた。

商業資本の攻勢に対して、権力側の反撃は疑いもなく有効であり、また有力なものであった。無料の〝哭墻〟は何の苦労もなく有料の〝哭墻〟のすべての役割に取って代わった。政府はまた行政管理の方式で、有料の〝哭墻〟に死刑を宣告したのである。抗震紀念碑や有料の哭墻から、後の政府建設の無料の哭墻まで、これらは現代中国の災害記憶をめぐる国家権力と、地域社会及び商業資本の対峙と妥協関係を反映している。

〝感恩体〟体験談と〝災害救助英雄事跡〟[4]

唐山大地震から八年後、唐山の共産党機関紙『唐山労働日報』では地震の体験談が載るようになり、被災者を選別して訪問し、救助過程と災害後の生活状況についての紹介がなされた。その後、毎年災害記念日の前後には、新聞に同じような報道や体験談が載っている。このほか、当時の〝先進人物と事跡〟（人民の先頭を進む人物と事跡）を称揚するものもある。この種の文章にはある共通点、つまり固定的モデル（被災―救出―感恩）がある。例えば、次の事例において、文章の最も重要な部分は、政府組織の災害救助と被災者の救出の叙事と、災害後に満足のいく安住の地を得られたことを通して、政府に感謝し、共産党や人民解放軍への好ましい感情を表明する部分にある。

〝地動山揺、花子扔瓢〟[5]、私が赤ん坊の時、地震があるたびに、祖母はこのいつから言われ始めたのか分からない言葉を、ぶつぶつと口ずさむ。……一九七六年七月二八日、稀に見る地震が唐山を平地にしてしまった。祖母は幸いにも（この世から）〝去って〟二年だったので、この大災害には遭わなかった。思うに、もし祖母が生きていても、決して同じ言葉を口ずさむことはなかっただろう。〝地動山揺〟というのはすでに歴史（的事実）となって、社会の進歩によって、祖母の〝天命を信じ、鬼神を敬う〟という思想も、つとに共産党を信じることに変わったからだ。……夜のとばりが下り、転居に喜ぶ唐山の人民は時に、地震で犠牲となった人々を想って悲しみ痛む。だが、私がやはり思うのは、新しい生活に対する憧憬と共産党に対する称賛である。

（『唐山労働日報』一九八六年七月二十八日）

このような感恩体の災難叙述は、毎年の災害記念日に、公共メディアにおいて大量に出現し、すでに災害叙事モデルとなっている。二〇〇八年に起こった四川汶川地震の後、筆者はその調査過程で小中学生の災害に関する作文を見て、その文章の構造が軌を一にするものであると気づいた。感恩体災難叙事の出現と共に、さらに〝救助災害英雄事跡〟の叙事もある。その内容の多くは、災害発生後、ある共産党幹部・教師・共産党員などが、自分や家族の安全・危険を顧みず、他人を救うというものである。その結果、しばしば自身が重大な犠牲を蒙りながらも（例えば、家族が救命治療の甲斐なく亡くなるなど）、他の被災者を救い出すことになる。

豊南南孫荘郷馬新荘村党支部書記の陳維強と彼の子供は、地震の際、倒壊した家屋の下敷きとなったが、彼は難を逃れたあと自分の子どもの救助を顧みず、まずその村の医者を救助した。医者は助かったが、彼の子供は下敷きとなった時間が長すぎたため、窒息して死亡した。彼は「自分の子供を救っても一人の命を助けるだけだ、一人の医者を救えば（その医者の治療によって）多くの人々を救うことが出来る。」と言い、彼の模範的行為は全村民を感動させた。

（河北省愛国教育基地資料叢書編委会編『唐山抗震紀念紀念館』）

中国の伝統的な〝差序格局〟における人間関係の原則から考えると、[6] 自己の家人の命を犠牲にして、血縁関係にない他人を助けるという行為は、決して奨励に値するものではないし、また自然な人倫にも反するものである。しかし、社会主義社会によって新たな道徳規範が示される。それは〝階級兄弟〟という他者観の表出である。つまり同一〝階級〟に属する人々は、たとえ血縁や地縁の関係になくとも、最も重要な社会的関係となるのである。災害発生時の多くの英雄は、すべてこのようなロジックによって〝舎己為人〟（己を捨てて他人のために尽くす）した偉大なる行為者となるのである。

結語

海原地震は一世紀前に発生し、その初期の災害記憶は、基本的にその地域固有の社会の文化的伝統によって形成された。神話式による災難原因の解釈の出現は、宗教的な予言と神秘的故事の交錯であり、前科学時代の天人関係の特徴を反映している。二十一世紀に入ると、国家権力は全面的に災害記憶の構築過程に介入し、これによって災害記憶の形態も本質的な変化が生じた。現有の民間口頭伝承では、その固有の形態を保持すると同時に、〝科学的言説〟の災害原因に対する解釈が導入された。このほか、経済開発や地域的アイデンティティーなどの現代的言説が災害記憶の構築過程に入って来て、新たな言説モデルを形成した。唐山大地震については、一九七六年という中国社会が高度に政治化した時代に発生している。さらに、唐山は北京に近い高度工業化都市であった。居住民の多くは国営企業の労働者とその家族であった。彼らの生活は、生産と休暇が同一の空間〝単位〟で行われていた。結婚・葬式から祭日、さらには食品や生活用品の配給など、すべてその工作単位によって按排された。このような特殊な〝単位文化〟は唐山大地震の災害記憶に根本的な影響をもたらした。新中国建国以来の唯物主義教育は、神話式の災害要因の解釈となる文化的基礎を徹底的に破壊した。そして、災害記憶の構築ではすでに宗教的な〝伝説〟或いは予言方式は現れなくなり、それにかわり国家権力の主導下での記憶空間の構築が現れ、感恩体の体験談と〝救災英雄事跡〟が大量生産される方式が現れた。また、商業資本の介入が不成功に終わったことは、現代中国の社会権力構造が再構築されている段階で、大地震のような災害が、被災地の人々の生存の物質的基礎を破壊するだけでなく、地域共同体の社会組織が生存の基本的価値・行動規範及び文化モデルへの挑戦であることを明らかにした。一九九〇年に唐山出身の作家、張慶洲氏が『唐山警示録』というルポルタージュを発表したが、このルポは青龍県の地震予報の成功事例を紹介しながら、唐山地震予報過程における干渉が、二十四万人という死者を出すことになったとして、鋭い批判を行っている。このような報道の出現は、たんに国家権力の救助過程における行為に疑義を提起するばかりでなく、権力の言説下の災難記憶の枠組みへの挑戦でもある。

注

（1）凱・米爾頓『環境決定論与文化理論：対環境話語中的人類学角色的探討』（袁同凱、周建新訳、民族出版社、二〇〇七年）一三七―一四二頁。
（2）湯芸『社会弾韌性与可持続的生活世界――中国西南民族地区減災防災経験与科学減災防災長効机制建設研究』（未刊行）。
（3）華夏時報二〇〇六年八月一日第A12版。

訳者注

［1］安置房とは一般的に政府による道路建設や土地開発にともなって、立ち退いた人々が入居する家屋のことを指す。

［2］中国では地震の震度を一―十二までの十二段階に分ける。震度十二とは震度の最大値で、壊滅的被害を受ける状態を表す。

［3］焼紙とは、銭の形などをした紙を焼いて死者に手向け、死者を祭祀する民間習俗である。

［4］〝感恩体〟とは叙事内容に関する形式の一つで、その内容は特定の対象への感謝の言葉が綴られる。

［5］〝地動山揺〟とは、本来地震を意味するが、その寓意は政治的動乱による政権交代を指す。また〝花子扔瓢〟とは、花子（＝乞食）が〝扔瓢〟（茶碗がわりの）瓢を投げ捨てるという意味だが、これは生活が向上して瓢を茶碗がわりにする生活が終わり、安逸な日々を過ごすことを指す。つまり、政権交代により生活が豊かになったことを表す俗語である。

［6］差序格局とは、中国の著名な社会学者である費孝通（一九一〇年―二〇〇五年）が提起した概念で、中国のいわゆる伝統的農村における社会構造の特徴を表したものである。この差序格局では、自己を中心としてそこから同心円状に社会関係が構築される。また、その構成要素として血縁・地縁・経済水準・政治的地位・知識水準などが挙げられる。

参考文献

阿部安成、小関隆等編『コメモレイションの文化史・記憶のかたち』（栢書房、一九九九年）
藤原帰一『戦争を記憶する』（講談社現代新書、二〇〇一年）
青木保等編『岩波講座文化人類学9――儀礼とパフォーマンス』（岩波書店、一九九七年）

藤田弘夫、吉原直樹『都市社会学』（有斐閣、一九九九年）
櫻井龍彦「論災害民俗学」（王暁葵、何彬主編『現代日本民俗学的理論与方法』学苑出版社、二〇一〇年）
長坂俊成『記憶と記録——3・11まるごとアーカイブス』（岩波書店、二〇一二年）
外岡秀俊『地震と社会』（みすず書房、一九九八年）
笠原芳光、季村敏雄『生者と死者のほとり』（人文書院、一九九七年）
スザンナ・M・ホフマン等『カタストロフィと文化——災害の人類学』（明石書店、二〇〇六年）
陳永弟編『回億唐山大地震』（山西人民出版社、二〇〇一年）
唐山市地方志編纂委員会編『唐山市志』（方志出版社、一九九九年）
銭剛『唐山大地震』（当代中国出版社、二〇〇五年）
樽川典子編『喪失と生存の社会学』（有信堂、二〇〇七年）
王暁葵「国家権力、喪葬習俗与公共記憶空間——以唐山大地震殉難者的埋葬与祭祀為例」（『民俗研究』二〇〇八年第二期）
大衛、格羅斯「逝去的時間論晩期現代文化中的記憶与遺忘」（『文化研究』第十一輯、二〇一一年）
馮驥才、陳建功等『唐山大地震親歴記』（団結出版社、二〇〇六年）

◎コラム◎

〝内なる他者〟としての上海在住日本人と彼らの日常的実践

中村　貴

なかむら・たかし——華東師範大学民俗学研究所博士研究員。専門は中国古代史、現代上海の日本人社会。主な著書・論文に『楚辞』と『楚文化の総合的研究』（共著、汲古書院、二〇一四年）、「四君子から治水人物へ：太湖流域における春申君伝説の形成と伝承について」（九州中國學會報第五十五巻、二〇一七年）、「探究普通人日常生活及其背后的心意——兼論現代民俗学研究中口述史方法的目的与意義」（鄭州大学学報（哲学社会科学版）第五〇巻第一期、二〇一七年）などがある。

中国上海には近代以降日本人社会が形成され、一九四〇年代には十万人を超える日本人が滞在し、現在でも四万六〇〇〇人以上が長期滞在している。(1) 近代上海の日本人社会に関する研究は既に一定の蓄積があるが、現代上海の日本人社会の研究は少数に留まっている。(2) 筆者の関心は、現在上海に住む日本人がいかに「生きている」か、という彼らの日常的実践にある。具体的には、彼らは上海という異国の地で、日中両国の政治・経済的な影響を受けつつ、いかなる〝日常〟を送っているのか、またその〝日常〟によって醸成される生活実態と認識について、オーラルヒストリー研究の手法によって明らかにしたい。以下に、近代上海の日本人社会について言及したうえで、現在上海に住む日本人社会及び彼らの日常的実践の実態と特質について述べたい。

近代上海の日本人社会と年中行事

中国では、近代中国に暮らした日本人を「日本僑民（略称は日僑）」と呼び、近代上海の日本人は「上海日僑」と称される。また「上海日僑」とは、一般的に十八世紀半ばから一九四五年の間に上海に在住していた日本人を指す。彼らの多くは、イギリス租界・フランス租界とは蘇州河を挟んだ対岸にあった虹口（ホンコウ）という地域（現上海市虹口区の一部、上海の北東部に位置）に住み、そこに日本人倶楽部・日本人学校・飲食店・病院・娯楽施設・宗教施設などからなる〝日本人街〟が形成された。彼らは、基本的に日本語を話し、日本食を食し、日本式家屋に住むなど、日常は、日本と変わらない生活を指向し、そこには「かりそめの日本」といえる社会が現出していた。

また、社会組織として上海日本人居留民団や上海日本人各路連合会などが存在し、(3) それらは「上海日僑」の生活を維持・管理すると同時に、日本人社会としての一体感を醸成する役割を果たした。

そして、彼らは「日本の民俗」にもとづいて日々の生活を送り、特に年中行事は官民一体となって過ごした。

たとえば、正月には領事館にて遥拝式が行われ、家々では玄関に注連縄を飾り門松を立て、人々は正装して神社に参拝をする。お盆になると、虹口地区では浴衣姿の老若男女が盆踊りに参加し、麦藁で作った精霊船を河に流して祖先を供養する光景が見られたという。[4] さらに、花見・月見・七夕などの年中行事が行われたほか、当時の世相を映した絵入り旬刊誌『点石斎画報』には、天長節を祝う日本人の姿が描かれ、現地の人々から見た「上海日僑」の風俗習慣が記録されている。

図1　『点石斎画報』「日妓歌舞」（出典：陳祖恩『上海日僑社会生活史（1868-1945）』より転載）

年中行事は、周期的に行われる集団的行為であり、それは身体的記憶をともなって伝承されるが、「上海日僑」にとっての年中行事は、異国の地における日本人としてのアイデンティティーの再確認と、「上海日僑」という社会集団を団結させる重要な機会であったといえる。また同時に、近代上海の日本人社会は、年中行事などの社会活動や、居留民団・各路連合会・町内会などの社会組織によって形成されたが、それは一方で、当該社会とそれ以外の社会を差異化するものとして機能し、結果として〝閉じたコミュニティー〟となった。このような閉鎖的な共同体となった背景には、当時日本が帝国列強の一員であったことや、上海事変や租界占領など、日本が当地に残した〝負の記憶〟とも関係している。

上海日本人社会の現在と彼らの日常的実践

近代と現代の上海日本人社会には、日本の敗戦（一九四五年）から日中国交回復（一九七二年）までの〝断絶期〟が存在する。現代上海の日本人社会の形成は、一九九〇年代に改革・解放政策の流れの中で、浦東地区の開発など外資の進出機会が増加し、日系企業の駐在員とその家

族が上海に滞在し始めたことによる。また、彼らは主に浦東地区と古北地区に居住し、その人口規模は毎年増加し続け、二〇〇七年には四万七七九四人となりニューヨークを抜いて、在留邦人が最も多い都市となったが、その後両国間の政治情勢の影響もあり、二〇一〇年代はおおよそ五万人前後で推移している。(5)

彼らが生活するエリアでは、日本語での生活が可能で、日本食レストランが軒を連ね、家では日本のテレビ番組を観賞するなど、近代上海の日本人社会と同様に、そこは日本での生活をそのまま上海に移したような生活空間となっている。

しかしながら、社会組織としては、上海日本商工クラブなどの法人組織はあるものの、現地の日本人を統合するような組織（趣味や仕事関連のコミュニティーは除く）は管見の限りではみられない。また、上海では定期的に「日本周」といって日本の文化を紹介する催事が行われる。その演目には和太鼓の演奏、盆踊り・阿波踊りなどが日本の「伝統文化」として紹介されるが、これはあくまで現地の人々に向けてのオーセンティックな「日本」を演出するもので、近代上海の日本人社会のように上海の日本人を結びつける要素であるとは言い難い。

では、彼らは何によってつながっているのだろうか。彼らは、そもそも日本人としてのつながりを必要としているのか。筆者のみる限りでは、現在上海に住む日本人は、特定の社会組織や年中行事などによる強固な社会組織ではなく、SNSやブログ、あるいは日本人向けの生活情報誌などを通して、情報を共有する〝ゆるやかな共同体〟を形成しているといえる。

では、上海という異国に住む彼らの日常的実践とはいかなるものなのか、またそれらをいかに捉えられるかについてであるが、既述したのはあくまで〝外部〟からみた彼らの社会生活であり、上海に

図2　上海市茅台路179号にある金虹橋商場に建設中の“日本街”の広告（2017年6月筆者撮影）

住む一日本人としての生活観念や、彼らの集団心性（あるいは心意現象）といったものを捉えることは困難である。そこで、筆者はオーラルヒストリーの手法を用いて、聞き取り調査を行い〝内部〟からみた彼らの生活世界について理解しようと試みている。

以下に一事例として、二〇一二年に尖閣諸島（中国名：釣魚島）の領有を起因として中国各地で発生した反日デモと、彼らの〝反応〟について、紹介したい。上海在住の日本人にとって、この〝事件〟は個人及び当該社会の日常生活に大きな影響を及ぼすものであった。このような外からの大きなインパクトに対して、彼らはどのように〝反応〟したのだろうか。

本件に関するマスター・ナラティヴとして、「恐怖を覚えた」というものがあるが、彼らにとっての「恐怖」とは、主として〝いま―ここ〟で発生しているできごとに対する心理的反応であり、またそれは身体的記憶として語られることとなった。

一方で、本件に関するメディアの「偏向的」「刺激的」報道によって、〝在日日本人〟は容易に中国・中国人に対し恐怖を覚えることになった。彼らの多くが一連の報道の偏向性に気づきながらも、本件に関する情報源の多くはメディアに頼らざるを得ず、結果として中国に対する好感度が下がることとなった。つまり、〝在日日本人〟における「恐怖」は、メディアを通して構築されたものであり、ある意味でそれはイメージとして作られた「恐怖」であったといえる。

上海在住の日本人は、本件について複雑な感情を抱きながらも冷静な態度で接し、また政治とは一定の距離をおく傾向がみられた。これは彼らが上海に長期間滞在し、当地に適応した生活を送っていることがその理由として挙げられる。

また、本件に関する彼らの語りから、両国の〝はざま〟において生活する人々が存在し、彼らが同様の境遇にいる人々（たとえば日系企業で働く中国人や日本語学科の中国人学生）に対して〝共感〟を覚える人や、日中両国の〝つながり〟を強調し、両国の友好を強く望む声もあった。

彼らは日本人として中国上海に暮らしており、両国間にセンシティブな事件が起こると直接的影響を受ける集団である（こうした点は、在日中国人も同様である）。周知のとおり、両国には過去の戦争や戦争記憶をめぐって異なる立場や見解が存在し、さらに現今の両国間の政治問題についても、世論が容易に沸騰する状況にある。

また、日中両国の〝はざま〟に生きる彼らと〝在日日本人〟との間には、新聞・テレビ・ネットなどメディアの介在があり、両者間には微妙な〝距離〟が生じている。つまり、彼らは自らの生活体験をとおして中国・中国人と接しているのに対し、〝在日日本人〟の多くはメディアを通して中国・中国人を理解することから、両者間における「中国」・「中国人」観に差異が生じている。（たとえば、筆者は上海にて特に問題なく生活を送っているが、帰国すると周りから「現地の生活で危ない目に遭ってないか？」などとよく聞かれる。）

その意味において、彼らは日本人でありながら〝在日日本人〟との間に〝距離〟を感じてしまう傾向がある。ここから、彼らの存在は日本人でありつつも他者性を有する〝内なる他者〟として位置付けられている。

では、上海在住の日本人としてのアイデンティティーとはいかなるものか、また彼らはいかにして他の上海在住日本人と〝つながり〟を維持しているのか、そして両国の〝はざま〟で、彼らの生活世界はどのような影響を受け、彼らはそれに対してどのような日常的実践を行っているのか。今後、さらにこれらの問題について調査を重ね、理解を深めていきたい。

注

（1）外務省『海外在留邦人数調査統計』によると、二〇一六年十月時点で、上海に長期滞在（三カ月以上、永住者含む）する日本人は四万六一一五人だが、これは在上海日本国総領事館に在留届を提出した在留邦人の総計である（未提出者も相当数いるといわれる）。また、近代上海の日本人人口については、陳祖恩『上海的日本文化地図』（上海錦綉文章出版社、二〇一〇年）八―九頁、藤田拓之「「国際都市」上海における日本人居留民の位置――租界行政との関係を中心に」（環太平洋地域における日本人の国際移動：3．移住先地域から見た環太平洋日本人世界）一二二頁。

（2）近代上海の日本人社会の研究については、陳祖恩『上海日僑社会生活史　1868―1945』（上海辞書出版社、二〇〇九年）、『上海的日本文化地図』（上海錦綉文章出版社、二〇一〇年）、高綱博文『「国際都市」上海のなかの日本人』（研文出版、二〇〇九年）などがある。また、現代上海の日本人に関する研究としては、石川照子『上海で働く日本人女性の現状と意識――アンケート調査にもとづく考察』（『大妻女子大学比較文化学部紀要』第十二号、大妻女子大学、二〇一一年）、趙夢雲「上海「和僑」の生活諸相――アンケート調査からその意識と特徴を析出する」（『ASIA――社会・経済・文化』第一号、東大阪大学アジアこども学科、二〇一一年）、またインタビュー集として須藤みか『上海ジャパニーズ――日本を飛び出した和僑24人』（講談社＋α文庫、二〇〇七年）などがあるが、質的社会調査を行った研究はほとんどみられない。

（3）上海日本人居留民団は一九〇七年に外務省によって発布された「居留民団法」に基づいて設置された公的組織であり、上海日本人各路連合会とは複数の町内会によって形成された連合会で、基本的には民間の組織であった。

（4）陳祖恩『上海日僑社会生活史　1868―1945』（上海辞書出版社、二〇〇九年）三七九―三八二頁。

（5）外務省『海外在留邦人数調査統計』によると上海に長期滞在（三カ月以上）する日本人人口は、二〇一〇年五万四三〇人、二〇一一年五万六四八一、二〇一二年五万七四五八人、二〇一三年四万七七二五人、二〇一四年四万七四二三人、二〇一五年四万五九四一人となっている。

グローバル化時代における民俗学の可能性

島村恭則

民俗学とは、覇権、普遍、中心、主流とされる社会的位相とは異なる次元で展開する人間の生を、前者と後者の関係性を含めて内在的に理解することにより、前者の基準によって形成された知識体系を相対化し、超克する知見を生み出す学問である。ここでは、グローバル・コンテクストにおけるこの学問の新たな可能性について論じる。

一、民俗学とは何か

グローバル化時代における民俗学の可能性を考える前提として、まず、民俗学とは何か、について論じておきたい。現在、筆者は、民俗学を次のように定義している。

民俗学とは、十七世紀イタリアのヴィーコ（Giambattista Vico, 1668-1744）に発し、十八・十九世紀の対啓蒙主義、対覇権主義の社会的文脈の中で、ドイツのヘルダー（Johann Gottfried von Herder, 1744-1803）、グリム兄弟（Jacob Ludwig Karl Grimm, 1785-1863, Wilhelm Karl Grimm, 1786-1859）によって強力に推進された文献学と、メーザー（Justus Möser, 1720-1794）による郷土社会研究が合流することで形成され、その後、世界各地に拡散し、それぞれの地において独自に発展したディシプリンで、覇権、普遍、中心、主流とされる社会的位相とは異なる次元で展開する人間の生を、前者と後者の関係性を含めて内在的に理解することにより、前者の基準によって形成された知識体系を相対化し、超克する知見を生み出す学問である。

民俗学を理解する上で最も重要なことは、この学問の本格

しまむら・たかのり――関西学院大学社会学部教授。専門は現代民俗学、グローバル・フォークスタディーズ。主な著書・論文に『〈生きる方法〉の民俗誌――朝鮮系住民集住地域の民俗学的研究』（関西学院大学出版会、二〇一〇年）、『引揚者の戦後』（編著、新曜社、二〇一三年）、「フォークロア研究とは何か」（『日本民俗学』二七八、二〇一四年）、"Cultural Diversity and Folklore Studies in Japan: A Multiculturalist Approach", *Asian Folklore Studies*, 62, 2003などがある。

的な形成が、十八・十九世紀のフランスを中心とする啓蒙主義や、ヨーロッパ支配をめざしたナポレオンの覇権主義に対抗するかたちで、ドイツにおいてなされた点である。そして、ドイツと同様に対覇権的な文脈を共有する社会が、ドイツの民俗学の刺激を直接・間接に受けながら、とくに強力にそれぞれ自前の民俗学を形成していったという点である。具体的には、フィンランド、エストニア、ノルウェー、スウェーデン、アイルランド、ウェールズ、スコットランド、日本、中国、韓国、フィリピン、インド、新興国としてのアメリカ、ブラジル、アルゼンチンといった地域において民俗学が発達した。(1)

民俗学が、その学史を通じて今日まで一貫して追究してきたのは、覇権、普遍、中心、主流とされる社会的位相とは異なる次元の人間の生であり、そこに注目することで生み出される知見である。一般に、近代科学は、覇権、普遍、中心、主流とされる社会的位相の側から生み出される知識体系であるが、民俗学は、それらを相対化し、超克する知を生み出そうとしてきたところに強い独自性がある。

また、覇権、普遍、中心、主流とされる社会的位相とは異なる次元で展開する人間の生の理解を内在的に行うことをめざすゆえに、調査研究のプロセスに、調査対象者、生活者としての当事者を組み込むことを重要な方法の一つとしてきた。民俗学は、アカデミー（academy＝大学等の専門教育研究機関）に所属する研究者に加え、それには属さない多様なアクターをも研究の担い手としているところから、「野の学問」（菅二〇一三）、「アカデミーの親密なる他者（the intimate Other of the academy）」（Noyes 2016: 14）という名称で呼ばれることもあるが、これは、内在的な対象理解のための方法として、調査対象者、生活者としての当事者を研究上の重要なアクターとして組み入れてきた歴史に由来する。また、このことは日本の民俗学のみならず、アメリカをはじめ各国の民俗学にも程度の差はあるものの広く見られる現象である。

アメリカの民俗学者のドロシー・ノイズ（Dorothy Noyes）は、民俗学というディシプリンの特徴を、ハンブル・セオリーという概念で整理している。ノイズによると、民俗学における「理論」とは、社会学や人類学や心理学が構築するようなグランド・セオリー（Grand Theory＝大理論）ではなく、ハンブル・セオリー（Humble Theory＝つつましやかな理論）であるという。グランド・セオリーは、グランド・セオリー自身のために「人間の本性、社会の本質など巨大な対象を構築してしまう」。それに対して、「アカデミーの親密なる他者」としての民俗学は、「グランド・セオリーとローカルな解釈の中間領域（middle territory）」、「輝ける天上の英知」（グランド・セオリー）へと通じる梯子の「はるか高み」（グランド・セオリー）と梯子の下のグラウンド（ground＝大地、現実）、「偶発性（contingencies）、もっと小さな声たち（softer voices）、言語・歴史の制約性（the constraints of language and history）」との中間領域にあって、グランド・セオリーを批判する位置にあり、そこに立ち上がる理論がハンブル・セオリーだというのである（Noyes 2016: 14）[2]。

また、同じくアメリカの民俗学者であるチャールズ・ブリッグズ（Charles L. Briggs）は、民俗学は、啓蒙思想に根差したグランド・セオリーとは異なる「新理論」を生み出す学問だとして、次のように述べる。民俗学では、フィールドに暮らす人びとを「理論や分析の創造の主な源泉」として位置づけた上で、民俗学者は、彼ら現地の人びとの言葉を「哲学、歴史、民俗学、人類学、民族・人種研究、民族音楽学、その他の分野との対話に導くこと」により、民俗学における「解釈」を形成する。その際、インフォーマント（informant）、および現地の知識人＝ヴァナキュラーな理論家（vernacular theorists）、すなわち「社会生活とその言説的表象について積極的、創造的知見に立つ人びと」による理論化の実践、つまり「学術的理論化が創造する共同体から排除されるメタ言説」が詳細に記録される。そしてこのような一連の『理論』という概念の民主化」の上に、他学問における知識形成の実践をも取り込むことで、斬新なアプローチが生まれるのであり、そこでは、啓蒙思想に根差したグランド・セオリーとは異なる「新理論」の共同体——研究者に加え、学術ネットワークから排除されてきた思想家を含めた幅広い理論家の共同体——の形成が可能となる。ここに他の学問に対する民俗学の特徴がある（Briggs 2008）。

これらの考え方に通じる議論は、日本の民俗学においてもなされている。菅豊は、研究者に限定されない多様なアクターの参加による学問形成を特徴とする民俗学のあり方をこの学問の積極的特徴として位置づけながら、これからの民俗学（「新しい野の学問」としての民俗学）を次のような学問として理解すべきだと論じている。

民俗学は「地域への深い沈潜を通じて、他のディシプリンが見過ごすような、あるいは無視するような、そして、地域の人びとも気がつかないような、触れることができない（intangible）、数える事ができない（uncountable）、そして、置き換えることができない（irreplaceable）価値を、向き合った人びとのなかから抽出し、社会内外に提示しなければならない」。そして、「個別の地域と人びと、そしてそれが育む文化へ深く入り込み、人びととのダイアログを通じて、内在化している社会的価値、経済的価値、精神的価値などを掬い取り、『つつましやかな理論』（Noyes 2008）で理解することが、『新しい野の学問』としての民俗学の使命である」（菅　二〇一二：二三五）。

ノイズ、ブリッグズ、菅という現代の最先端の民俗学者たちの議論では、いずれも、覇権、普遍、中心、主流とされる社会的位相の側から生み出される知識体系を民俗学の知で相対化し、超克しようとする学問的使命が明確に論じられているといえよう。そして、この問題意識こそ、民俗学史を一貫するこの学問の特徴なのであった。

二、柳田國男の世界民俗学構想

ストックホルム大学教授として長くスウェーデンの民俗学を牽引してきたバルブロ・クライン（Barbro Klein）は、一九九七年刊行の民俗学事典 *“Folklore: An Encyclopedia of Beliefs, Customs, Tales, Music, and Art”* 中の “Folklore” の項目を執筆し、民俗学と人類学の関係について言及している。そこでは、現代のアジア・アフリカの民俗学者たちは、Anthropology のことを植民地主義的な学問であると見なしており、彼らにとって、「ネイティヴ・フォークロア」の研究は、植民地支配に対するネイティヴ自身による対抗的自文化研究であるとともに、彼らを「他者」として表象してきた人類学に対する対抗的自文化研究としての意味を持っていることが指摘されている。そして、日本、インド、ナイジェリアのように民俗学が確立している国以外のアジア・アフリカ各国の民俗学者たちは、自らのフォークロアについて研究できるようになること、すなわち民俗学が確立することを望んでいるとも述べられている（Klein 1997: 335-336）。

右のクラインの言及の中にも登場するように、日本は、まさにクラインのいう「ネイティヴ・フォークロア」研究としての民俗学が確立している国であり、その思想的主張と方法論的枠組みは、たとえば柳田國男の言説の中に見出すことができる。彼の言葉を拾いながら、その論理をまとめると、次のようになる。なお、以下で、柳田のいう Ethnology、土俗学、殊俗誌学は、いわゆる「人類学」に相当するので、要約にあたってこの語を補った。

人類学（Ethnology、土俗学、殊俗誌学）が、「外部からの調査、世界の多くの民族が、先進開化の国の人々に知って貰ふだけの学問」（柳田　一九八六：四七）であるのに対して、民俗学は、「内部からの調査、進んだ僅かの国が自ら知る為の学問」（柳田　一九八六：四七）である。たしかに、人類学（Ethnology、土俗学、殊俗誌学）は、「一大躍進」（柳田　一九八六：四五）を遂げており、「その成績には感謝すべきもの」（柳田　一九七六：四二）も多く、「諸国のフォクロア」研究にも大きな刺戟を与えているが、一方で、「手近い部分を各自が分担するに如くはな」（柳田　一九七六：四二）い。人類学（Ethnology、土俗学、殊俗誌学）の研究対象とされる側の人々が、「母語の感覚をもって直接に自分の遠い過去を学びうる幸福」（柳田　一九七六：四二）が追求される必要があるのだ。そして、「殊俗誌学がもっともっと進展し、一国民俗学によき刺戟と影響を与へ」（柳田　一九八六：五六）るとともに、「一国民俗学が各国に成立し、国際的にも比較綜合が可能になって、其結果が他のどの民族にも当てはめられるやうになれば、世界民俗学の曙光が見え初めたと云ひ得るのである」（柳田　一九八六：五五）。

柳田はここで、人類学（Ethnology、土俗学、殊俗誌学）を全面否定するわけではないが、それだけが存在するのでは不十分で、人類学（Ethnology、土俗学、殊俗誌学）とともに、各国の一国民俗学が発展し、一国民俗学間での比較綜合が行われることで、「世界民俗学」が成立するという論理を提示している。そしてまた次のようにもいう。

先行して一国民俗学が形成されている日本と違い、周辺隣国ではまだその段階にない。しかし、やがて、「この学問の本当の世界協力が、各国民をして自ら調査せしむるにあることを、彼らが言いだすのも近いうちのことだろうと我々は信ずる」（柳田　一九七六：二七六―二七七）。「民間伝承論の役目は、単に日本のやうな資料の豊富な一国に、日本民俗学を建設したといふだけで、もう御終ひになるやうな小さなものであってはならぬ。（中略）此実験は当然に第二第三の隣国、もしくは不幸にして国をなさない或種族の集団にも、順次に応用することが出来るばかりでなく、更に練習を積重ねて、末には此複雑を極めた世界全体を一つとして、是を現在の如くならしめた力と法則とを、尋ね出すことも亦決して他の学問の領分では無い筈である」（柳田　一九八六：三九）。

こうした柳田の「世界民俗学」論は、一九二〇年代後半から三〇年代にかけて提示されたものだが、[3] 近年、この「世界民俗学」論に着目する人類学者が現われている。桑山敬己は、世界の人類学の現状を分析し、これと世界民俗学との関わりについて次のように論じている。

あらゆる学問は、世界システムを形成しており、そこには中心と周辺がある。人類学の場合、その中心に位置するのはアメリカ、イギリス、フランスである。この世界システムの中、これらの中心以外の位置からの発言は、意識的にも無意識的にも抑圧されるという支配・服従の関係が存在する。そこでは、長らく人類学の対象とされてきた非西洋のネイティヴ（ここには一般の住民だけではなく、現地の研究者も含まれる）は、人類学の中心にとって、対話の相手としては排除されてきた。この構造は、現在においても基本的に変わっていない。ただ、全体からみれば一部であるが、近年、それまで人類学の対象でしかなかった地域の人びとが自らの社会と文化を人類学的に研究するという動きも見られるようになってきている。人類学的自己（anthropological self）——諸民族の文化を観察して描くエージェント——の多様化である。この動きがさらに進めば西洋による知的支配の構造は根本的に変革されることになるが、現状はそこまでには至っていない。

そのような中で、現状を打開し、現在も続く西洋の知的支配を解体するにはどのようにすればよいか。そこで求められるのが、「研究者を含む周辺のネイティヴと中心の西洋人が、対等な立場で話し合える『対話の場（dialogic space）』」としての「座」（比喩的にcommunal theater）である。そしてこの「座」に相当するのが、柳田が構想した世界民俗学である。「西洋による知的支配が続く中で、ネイティヴによる自文化の語りが登場しつつある現在、民俗文化に関する知識の比較総合の場——『座』——としての世界民俗学という柳田の構想」が重要性を帯びてきているのだ（桑山 二〇〇八：三一一八四）。

桑山は、人類学の世界システムを相対化する、世界中のネイティヴの学問の綜合を「世界民俗学」と位置づけている。同様の見解は、川田順造によっても表明されている。人類学者である川田も、桑山同様、現代の人類学がおかれている状況を、ネイティヴからの発信の時代ととらえ、そこでは世界民俗学が有効であるとして、次のように述べる。

> 私は民族学や文化人類学における研究者と研究対象との関係が、まさに柳田先生の予見された『世界民俗学』の状況に来ているということを思わざるをえない。そこから私は、かつて石田（英一郎—引用者注）先生が、一国民俗学が比較民族学ないし文化人類学に展開すべきことを主張したのとは逆に、民族学ないし文化人類学が日本民俗学とともに世界民俗学になるべきときが来ていると思う。（川田 二〇〇七：一二七）

柳田、桑山、川田に共通する民俗学への評価は、民俗学が対覇権主義的な学問であり、その綜合体としての世界民俗学もまた、対覇権主義的な学問であるという点である。民俗学史を一貫する民俗学の対覇権主義的性格は、ここにおいても確認されるところとなっている。

三、グローバル・フォークスタディーズ

柳田が対覇権主義的な世界民俗学を構想したのは、いまから八十年以上前のことである。しかし、そこに見られる思想には、現代のポスト・コロニアル思想と驚くほど通じるところがある。それは、次のような点においてである。

ガーヤットリー・チャクラヴォルティ・スピヴァク（Gayatri Chakravorty Spivak）は、次のように述べる。

「この地球上には、覇権を有するいくつかのヨーロッパの言語と、無数の南半球の言語とが存在している」が、そもそも、その無数の南半球の言語を母語とする「『ネイティヴ・インフォーマント（現地人の情報提供者）』はメトロポリスの言語に基礎を置いた仕事とは毛色の違った「文化研究」の主体となることができるのか。このような問いかけを行なってみると、たんにメトロポリス中心的なものでしかないカルチュラル・スタディーズが提唱しているような流動化は、みずからの都合のよいように、メトロポリスで仕事をする移入者の文化的要求を優先して、多くの事柄を排除するほかないものであることが判明する」[4]。つまり、「ネイティヴ・インフォーマント」は、「文化研究」の主体として排除されているのである。

これまで、「世界各地に無数に存在する土地固有の言語」、「南半球におけるグローバルな他者（たち）の慣用的な語法にたいする関心は、人類学やオーラル・ヒストリーの客体化的で、不連続的で、コード変換的な旅行者の視線を経由したものを除いては、欧米の大学の構造にあっては制度化されることがな」かったが、しかし、それらの言語、語法は、「メトロポリスで仕事をする移入者の認可された無知による文化研究の対象としてではなく、能動的な文化的媒体としてあつかわ」れなければならないのである（Spivak 2003: 1-23）。

同様の主張は、ホミ・バーバ（Homi K. Bhabha）によってもなされている。バーバはこのことを、「ナラティブの権利」という概念を用いて次のように論じる。

ナラティブの権利とは、「歴史の網の目をつくり出したり、歴史の流れを変えるような物語を語る権威」であるとともに、また「自由に対する人間の根源的関心のメタファー」でもある。この権利が顧みられない社会とは、「言葉が聴こえない沈黙の社会である。それは権威主義の社会であり、警察国家であり、外国人恐怖症に罹った国である。ナラティブの権利が守られなければ、巨大スピーカーから流される怒鳴り声、サイレンや拡声器の音によって、この沈黙が埋められてしまう危険が生じてくる。その音が人びとの姿を個性をうしなっ

た大衆へと変えていってしまうのだ」。わたしたちは、「植民地化、アパルトヘイト、ホロコースト、ベトナム、アフガニスタン、南アフリカ、ルワンダ、コソボといった、過去や現在の沈黙に支配された殺戮現場に、気が重いことであっても」、思いをはせるべきであり、「そこで沈黙を強要された人びとにたいして、声を与えるよう試みるべきなのである」。

「異なる生き方や自分と他者のあいだに公平な関係を打ちたてようとする動き」、ナラティヴの権利を保証しようとする動きは、「新たなコスモポリタンの秩序」、「新しい生き方」が、「都市の只中に、人びとが行き交う場所のなかに、わたしたちの生まれ暮らす国々のなかに、姿を現わすこと」を促す。「わたしたちの住むこの世界は過去から伝えられた遺産であると同時に、未来に開かれた文化・倫理的な地平をかたちづくるものである。ナラティヴの権利を守りひろめていくことで、最善の道をとおって、未来に開かれた地平へとたどり着くことが可能となるのだ」(Bhabha 2016)。

これまで「文化研究の主体」とされてこなかった「ネイティヴ・インフォーマント」、「沈黙を強要される人びと」の「ナラティヴの権利」が保証され、彼らが「文化研究の主体」とならねばならないとするポスト・コロニアルの思想は、バルブロ・クラインがいうところの、植民地支配に対するネイティヴ自身による対抗的自文化研究としての民俗学、ネイティヴを「他者」として表象してきた人類学に対する対抗的自文化研究としての民俗学、柳田國男がいうところの、「内部からの調査」によって自ら知り、自ら語る学問としての民俗学、すなわち対覇権主義的な学問としての民俗学の考え方そのものである。民俗学とその複数形的綜合としての世界民俗学には、現代のポスト・コロニアルの思想をフィールドワークにもとづく個別実証科学の次元で実質化する学問としての意義がある。

民俗学とポスト・コロニアル思想との関わりについては、韓国の民俗学者も議論を行っている。韓国・ソウル大学人類学科教授で韓国・中央アジアをフィールドとする民俗学者の姜正遠 (Kang Jeong-Wong) は、「民俗人 (Homo Folkloricus) と脱植民主義」と題された論文(原文は韓国語)で、次のように述べている。

民俗学の認識論的基盤はポスト・コロニアリズムにある。ヘルダーにまで遡及されるこの学問認識は、その後グリム兄弟を経て実証的な方法論を獲得することで近代科学として成長し、全世界の被抑圧民衆の希望の学となった。民俗学は外部権力による精神的抑圧を克服する重要な手段となり、また人類史を正しい方向へ進展させる力となった。このことは、特にフィンランドやアイルランドなどヨーロッパの小国における民俗学やアルゼンチンなど中南米の民俗学の状況にはっきり見て取れる。またそれだけでなく、ドイツやアメリカ合衆国の民俗学にも、第三世界諸国の民俗学に通じる性格を見出すことが可能である。なぜなら、もともと両国は後発資本主義国家であり、過去から現在までの過程においてアイデンティティをめぐる苦悩を経験してきているからである。こうしたことを踏まえ、今後、ヨーロッパやアメリカ、韓国の民俗学とともに、第三世界の民俗学をも包括した世界民俗学の樹立がめざされることになるだろう。

（姜　二〇一三）

姜の論旨は、本稿での議論とまさに一致する内容である。われわれは、「ヨーロッパやアメリカ、韓国の民俗学とともに、第三世界の民俗学をも包括した世界民俗学の樹立」をめざそうとする姜の呼びかけに応答し、協業をはじめなければならない。

ところで、柳田が世界民俗学の構想を公にした当時、柳田は、世界民俗学を民俗学研究の理想的なかたちであると考えながらも、同時に、「問題の繁多と比較の障碍、殊に人の一生の限有るなどを考へ合せると、勿論容易ならぬ計画には相違なく、現在の世情に於て、それは一個の壮麗な夢に過ぎぬといふ、引込思案に傾く者が多いのも亦致し方はない」（柳田　一九八六：五三―五四）というように、その実現は遠い将来のことと考えていた。

これは、当時の時代状況でいえば、当然のことであっただろう。しかし、それから八十年以上のときが経過して、事態は大きく変化してきている。グローバル化時代の現在[5]、地球規模での高度情報化の進展により、また先に見たポスト・コロニアル思想の隆盛もあって、「世界民俗学」は「遠い将来」どころか、目下の課題として、実現の方向に動き出しているといってよい。

筆者は、理念的な次元で柳田が構想した民俗学の世界展開のことを「世界民俗学」とし、これが現実の社会において実現の方向に動き出した段階のものを、「グローバル・フォークスタディーズ（Global Folk Studies, GFS）」[6]と呼んでいるが、まさに、現代の民俗学は、「グローバル・フォークスタディーズ」としての新たな段階へ出発しつつある。以下、これと関連するこの数年間の日本民俗学会の動向を紹介してみよう。

（1）第六七回日本民俗学会年会（二〇一五年十月、関西学院大学）は、全体テーマを「世界のなかの民俗学」とし、国際シンポジウム「世界のなかの民俗学」を開催した。登壇者として、二〇一二年に世界の民俗学の動向をまとめた“A Companion to Folklore”[7]を編集したドイツ・ゲッティンゲン大学のレギーナ・ベンディクス（Regina F. Bendix）教授、日本とアメリカ両国の民俗学の架け橋として活躍するアメリカ・インディアナ大学のマイケル・フォスター（Michael Dylan Foster）准教授（現、カリフォルニア大学デービス校教授）を招聘した。報告のタイトルは、それぞれ「過去の大志と現在の必要——変容する政体における民俗学」（ベンディクス教授）、「アメリカ民俗学から見た日本民俗学」（フォスター准教授）である。また、同年会では、アメリカ・ユタ州立大学のリサ・ギャバート（Lisa Gebbert）准教授を迎えてミニシンポジウム「フォークライフの再文脈化」を開催した。さらに、個別研究発表でも、ドイツ、フランス、中国からの研究者の発表が行われた。

（2）日本民俗学会・ドイツ民俗学会共催国際シンポジウム「ドイツと日本における民俗学の視点と位相」（二〇一六年十月）をドイツ・ミュンヘン大学において開催した。これは、二〇一五年に日本民俗学会とドイツ民俗学会が国際学術交流協定を締結したことを記念して企画されたものである。シンポジウムは二日間にわたって行われ、民俗学理論、民俗学史、戦争、暴力、災害、権力、記憶、文化遺産、観光、多文化主義、ナショナリズムなどをテーマに、日本から十二本、ドイツから五本の報告があった。また、シンポジウムの期間中、日本・ドイツ両国の民俗学専攻大学院生（各三名）によるポスター・プレゼンテーションも実施され、若手研究者同士の交流も進展した。さらに、シンポジウム終了後、日本側参加者の一部は、ラインラント・プファルツ州に移動して現地での民俗調査も行った。従来、日本研究（日本の社会・文化の研究）を主題とする国際シンポジウムが欧米において開催されることは少なからずあり、そこへの民俗学者の参加も見られたが、今回のシンポジウムは、これとは違い、民俗学者集団による民俗学の研究それ自体を主題とした欧州での国際シンポジウムであった。これは、日本の民俗学史上、最初の試みである。なお、二〇一八年には日本において第二回日本民俗学会・ドイツ民俗学会共催国際シンポジウムを開催する予定である。

（3）日本民俗学会二〇一四年度国際シンポジウム「〝当たり前〟を問う——日中韓・高層集合住宅の暮らし方とその生活世界」（二〇一四年十月、成城大学）を開催し、中国から四本、韓国から三本、日本から四本の報告が行われた。このシンポジウムは、ヘルマン・バウジンガー（Hermann Bausinger）以来、ドイツ民俗学を中心に民俗学の理論的枠組みとなってきた「日常」「生活世界」をめぐり、ドイツの状況も視野に入れつつ、中国・韓国・日本の三か国における研究状況の相互照合をめざしたものである。この問題については、中国・韓国両国の民俗学において、ここ十年の間に急速な理論的進展を見ており、日本の民俗学にとって大きな刺激となる議論が展開された。

（4）日本民俗学会二〇一六年度国際シンポジウム「民俗から考える東アジア世界の現在――資源化、災害、人の移動」（二〇一六年七月、福岡大学）を開催し、科学技術、生活革命、権力、記憶、移民、文化遺産、観光などをテーマに、中国、台湾、日本で活躍する研究者十二名が報告を行った。これまで、東アジアを対象とする民俗学のシンポジウムでは、地域間における具体的事例の異同や歴史的関係を問題にする比較民俗学的研究が主題とされてきたが、このシンポジウムでは、それとは異なり、各国の民俗学者が理論的射程を確保しながら互いの事例分析を照合しあうことで、東アジア民俗学の理論的深化をともにはかろうとしていたところに大きな特徴がある。

この他、日本民俗学会機関誌『日本民俗学』では、特集「アメリカと中国の民俗学のフロントライン」（第二七三号、二〇一三年）において、アメリカ民俗学から四本、中国民俗学から四本の論文を翻訳・掲載し、また特集「海外の現代民俗学――欧米編」（第二六三号、二〇一〇年）において、アメリカ民俗学、ドイツ民俗学の、特集「海外の現代民俗学――東アジア編」（第二五九号、二〇〇九年）において、韓国民俗学、中国民俗学、台湾民俗学のそれぞれ最新動向についてのレビュー論文を掲載している。

以上が、日本民俗学会の近年の状況であるが、同学会以外にも、現代民俗学会や理論民俗学研究会、科学研究費補助金・基盤研究A「東アジア〈日常学としての民俗学〉の構築に向けて：日中韓と独との研究協業網の形成」（研究代表者岩本通弥東京大学教授）による共同研究などを舞台に、欧米、アジアの民俗学との交流や世界各地の民俗学についての情報収集が活発に行われるようになっている。[8]

最後に、現在、グローバル・フォークスタディーズ実現のプラットフォームとして、国際民俗学会連合（International Federation of Folklore Societies, IFFS）の設立が準備されていることを紹介しておきたい。この組織は、世界の民俗学会の連合体となることを目的としたもので、アメリカ民俗学会、中国民俗学会、日本民俗学会が発起組織となって世界各国・各地の民俗学会の参加を呼び掛け、二〇一七年の設立を予定している国際学会連合である。すでに、アメリカ、中国、日本の各民俗学会理事会において同連合設立への準備に着手することが承認されており、現在、規定案の策定作業が進められている。[9] したがって、間もなくこの組織が設立されることになるが、設立後は、四年に一度、各国を持ち回りで民俗学世界大会の開催が計画されることになっており、まさに世界の民俗学の綜合がはかられることになる。柳田國男が構想した世界民俗学、本稿でいうグローバル・フォークスタディーズは、そう遠くない将来に現実のものとなるだろう。

注

(1) 民俗学のこうした形成史は、人類学のそれと対照的である。人類学は、イギリス、フランス、強国としてのアメリカといった覇権的強大国において、非キリスト教圏の「他者」を覇権的に研究するプロジェクトとして生まれた学問である。なお、この場合、イギリスやフランスにおいても民俗学が研究されていたという事実があり、この点をどのように位置づけるかという問題があるが、これについては次のように説明できる。たしかに、イギリスでは、一八四六年に、ウィリアム・トムズ（William John Thoms）が、ドイツのグリム兄弟の著作の影響のもと、Folklore（フォークロア）という英語を創出し、その後、多くの民俗学的研究が生み出されてきた。しかしそれらは、フォークロアを、「文明中の残存文化」、「未開民族文化と比定し、人類文化的に解釈し取り扱ったにすぎず」、そのため、イギリスのフォークロア研究は、ほどなく人類学に吸収されてしまい、ドイツにおける民俗学のような「独特の学問領域が、はたして存在したか疑わし」いとされる歴史過程をたどった（岡 一九九四：二〇一）。フランスにおいても、民俗学的な研究分野の発生はあったが、独立科学としての体系化を志向するよりは、社会学の一部門への吸収を自ら志向する傾向が強く（サンティーヴ 一九三四）、その結果、国立民芸民間伝承博物館（のちに国立ヨーロッパ・地中海文明博物館に発展解消）をはじめとする博物館を主な舞台とした個別資料研究的な領域としては自立したものの（キュイズニエ／セガレン 一九九一）、アカデミック・ディシプリンとしての独立は見ることなく、社会学や人類学に吸収されているといってよい現状である。民俗学史をめぐるイギリス、フランス両国とドイツとの相違の背景には、対覇権主義的な社会的文脈の有無が関係していると考えられる。

(2) ドロシー・ノイズの論文"Humble Theory"は、同氏の単著（Noyes 2016）の第一章として収載されているものだが、同論文については、及川高による日本語訳（ノイズ 二〇一一）が刊行されている。本稿でも、同訳文を一部参考にしている。

(3) 柳田國男が世界民俗学構想を公にするのは、一九二〇年代後半になってからだが、ここには柳田の国際連盟委任統治委員（一九二一―一九二三年）の経験が反映していると考えられる。すなわち、アメリカ大統領トーマス・ウッドロウ・ウィルソン（Thomas Woodrow Wilson）の提唱によって結成された国際連盟では、ウィルソンの「民族自決主義」の考え方がとられており、これが、「自ら調査する」「自ら知る」学問としての民俗学とその綜合としての世界民俗学の構想に反映していると推測されるのである。この点については、岡村民夫による指摘がある（岡村 二〇一三：三五四―三五六）。なお、柳田と国際連盟との関係については、佐谷眞木人（二〇一五）も参照。

（4）ここでスピヴァクは、カルチュラル・スタディーズに対して批判的であり、次のようにも述べている。「メトロポリスの一現象である、アカデミックな『カルチュラル・スタディーズ』には（中略）、メトロポリスの言語に基礎を置いた、現在主義的で、個人的な政治信条以上のものがない。そしてそこから出てくる結論も、しばしば、見えすいた、ありきたりのもの」である（Spivak 2003: 8）。

（5）ここでグローバル化時代とは、「人やモノ、情報、カネなどが国境を越えて大規模かつ迅速に移動し、地球全体があたかも一つのシステムとなるような現象ないし過程」（上杉　二〇一六：一五八）としてのグローバル化が急速に進展した一九九〇年代以降の時代をさすものとする。

（6）ここで、「フォーク・スタディーズ」という用語を用いるのは、民俗学に関して世界各地で用いられているさまざまな名称を包括する概念として、この語を設定したからである。民俗学に相当する学問の名称として、たとえば、アメリカ合衆国では、フォークロア研究（Folklore Studies）、フォークロリスティクス（Folkloristics）、フォークロアとフォークライフ研究（Folklore and Folklife Studies）といった語が用いられ、またドイツでは、フォルクスクンデ（Volkskunde）、経験文化学（Empirische kulturwissenschaft）、ヨーロッパ民族学（Europaeische Ethnologie）、アラブ首長国連邦では、フォークロアとフォークライフ研究（Folklore and Folklife Studies）、フィリピンでは、フォークロリスティクス（Folkloristics）、インドでは、フォーク・メディア研究（Folk Media Studies）、ブラジルでは、フォーク・コミュニケーション研究（Folk Communication Studies）、中国と韓国では、民俗学、などが用いられており、多様である。また、日本語の民俗学の英語訳を、フォークロア・スタディーズやフォークロリスティクスとは別に、エスノロジカル・スタディー・オブ・ジャパニーズ・フォークライフ（Ethnological Study of Japanese Folklife）とする案も示されている（川田編　二〇一六：六二における川田牧人の発言）。また、民俗学の研究対象を表す語として、Folklore以外に、Folklife や Folkways, Folk Custom, Folk Cultureといった語も存在する。こうした状況の中、これらの多様な用語、概念を包括し、「民俗学的なるもの」「フォーク的なるもの」を表現する方法として、the Folkという用語が提案されており（川田編　二〇一六：六五における桑山敬己の発言）、ここでは、このthe Folkというアイディアに示唆を受け、フォーク・スタディーズという語を用いることとした。なお、フォーク・スタディーズという語の先行使用例としては、リチャード・ドーソン（Richard M. Dorson）編による“*Folklore and Fakelore: Essays toward a Discipline of Folk Studies*”という書名、およびウェスタン・ケンタッキー大学（Western Kentucky University）の学部名「フォーク・スタディーズと人類学学部（Department of Folk Studies and Anthropology）」などがある。

（7）二〇一二年に刊行されたレギーナ・ベンディクス（Regina F. Bendix）とガリット・ハサン—ロケム（Galit Hasan-Rokem）の編になる“*A Companion to Folklore*”は、世界各国のフォークロア研究者三十三名が執筆した、まさにグローバル・フォークスタディーズの基本図書といってよい書物である。全六六〇頁からなる本書は、「概念と現象」「ロケーション」「内省」「実践」の四部構成で、そのうちの第二部「ロケーション」には、中国、日本、インド、オセアニア、ラテンアメリカ、アメリカ合衆国、イスラエル、アフリカのフラニ語圏（ブル、フルフベ、ブラー）、ドイツ語圏（ドイツ、オーストリア、スイス）、フィンランド、アイルランド、ロシアの学界動向がかなり詳細に紹介されている。また、地域間の民俗学研究の異同をふまえた上での一般理論化もめざされており、第一部「概念と現象」では、「フォークロアの社会的基盤」「終わりなき伝統」「フォークロアの詩学」「口頭テキスト性の三つの局面」「パフォーマンス」「神話・儀礼・シンボル」「宗教的実践」「しごとと職業」「物質文化」、第三部「内省」には、「フォークロアと文学」「フォークロアと音楽、音楽におけるフォークロア」「フォークロアとフィルム、フィルムにおけるフォークロア」「文化遺産」「文化財」「フォークロアと法」、第四部「実践」には、「見ること、聞くこと、感じること、書くこと」「パブリック・フォークロア」「フォークロア研究の組織化」といった論文が収められている。"*A Companion to Folklore*"を一読すると、柳田が理念として構想した「世界民俗学」が、いまや実現に向かって動き出していることが実感される。

(8) たとえば、科研共同研究「東アジア〈日常学としての民俗学〉の構築に向けて:日中韓と独との研究協業網の形成」は、世界中の民俗学に本在する「柔らかな抵抗としてのヴァナキュラー (vernacular:風土的/日常疎通的)な市民実践や生活改善という〈野の学問〉的意義を再創造し、国際的な研究協業網を構築する」ことをめざしており(岩本 二〇一五)、日中韓三か国語による学術誌『日常と文化』(冊子版、および電子版)を刊行している。また、これまで情報収集が遅れていた地域の民俗学の動向を把握すべく、現代民俗学会では、第32回例会「フォーク・メディアとフォーク・コミュニケーション――〈いくつもの民俗学〉と現代民俗学」(二〇一六年八月)を開催し、ブラジルとインドの民俗学についての報告(荒井芳廣「ブラジル民俗学への道」、竹村嘉晃「神霊祭祀が具象化するインド民俗学の視座」)と議論の機会を持った。

(9) 二〇一六年七月には、中国・内蒙古フフホトにおいて、アメリカ・中国・日本の各民俗学会代表者が集まり、IFFS設立へ向けての協議を行った。日本民俗学会からは、小熊誠会長(当時)、桑山敬己国際民俗学会連合検討特別委員会委員長、および同委員・日本民俗学会理事として筆者が出席した。

参考文献

(英語)

Bendix, Regina F. and Galit Hasan-Rokem eds., 2012, *A Companion to Folklore*, Chichester: Wiley-Blackwell.

Bhabha, Homi K., 2016[2009] "The Right to Narrate," *Harvard Design Magazine* 38, Accessed at http://www.harvarddesignmagazine.org/issues/38/the-right-to-narrate.(『ナラティブの権利――戸惑いの生へ向けて』磯前淳一/ダニエル・ガリモア訳、日本語オリジナル編集版、みすず書房)

Brigs, Charles L., 2008[2012], "Disciplining Folkloristics,"*Journal of Folklore Research*, 45(1): 91-105.(「民俗学の学問領域化」『アメリカ民俗学――歴史と方法の批判的考察』小長谷英代・平山美雪編訳、岩田書院)

Dorson, Richard M. ed, 1976, *Folklore and Fakelore: Essays toward a Discipline of Folk Studies*, Cambridge, Massachusetts and London: Harvard University Press.

Haring, Lee ed., 2016, *Grand Theory in Folkloristics*, Bloomington: Indiana University Press.

Klein, Barbro, 1997 "Folklore," *Folklore: An Encyclopedia of Beliefs, Customs, Tales, Music, and Art*, Thomas A. Green ed., Santa Barbara: ABC-CLIO, 331-336.

Noyes,Dorothy, 2008[2011], "Humble Theory," *Journal of Folklore*

Research, 45(1): 37-43.（「ハンブル・セオリー」及川高訳、『現代民俗学研究』三）

Noyes,Dorothy, 2016, *Humble Theory*, Bloomington: Indiana University Press.

Spivak, Gayatri Chakravorty, 2003［2004］, *Death of a Discipline*, New York: Columbia University Press.（『ある学問の死――惑星思考の比較文学へ』上村忠男／鈴木聡訳、みすず書房）

（韓国語）

강 정원　2013　「민속인（民俗人; Homo Folkloricus）과 탈식민주의」『한국민속학』57, 141-176.（姜正遠Kang Jeong-Wong「民俗人と脱植民主義」（Homo Folkloricus and Postcolonialism）、『韓国民俗学』五七、原文韓国語）

（日本語）

岩本通弥（二〇一五）「発刊の辞」（『日常と文化』創刊号）

上杉富之（二〇一六）「『グローカル民俗学』の構想――柳田國男の『世界民俗学』の今日的展開として」（『社会接触のグローカル研究』上杉富之編、成城大学グローカル研究センター）一五七―一七二頁

岡　正雄（一九九四）『岡正雄論文集　異人その他　他十二編』（大林太良編、岩波書店）

岡村民夫（二〇一三）『柳田國男のスイス――渡欧体験と一国民俗学』（森話社）

川田順造（二〇〇七）『文化人類学とわたし』（青土社）

川田牧人編（二〇一六）『二つのミンゾク学から世界民俗学、そしてその先――グローバルでローカルで複数のフォークロア研究へ』（SEIJYO CGS WORKING PAPER SERIES, 12、成城大学グローカル研究センター）

キュイズニエ、ジャン／マルティーヌ・セガレン（一九九一）『フランスの民族学』（白水社）

桑山敬己（二〇〇八）『ネイティヴの人類学と民俗学――知の世界システムと日本』（弘文堂）

佐谷眞木人（二〇一五）『民俗学・台湾・国際連盟――柳田國男と新渡戸稲造』（講談社）

サンティーヴ、ペー（一九四四）『民俗学概説』（山口貞夫訳、創元社）

島村恭則（二〇一四）「フォークロア研究とは何か」（『日本民俗学』二七八）一―三四頁

島村恭則（二〇一六ａ）「民俗学の研究動向と方言研究との接点」（『方言の研究』二）一五一―一六三頁

島村恭則（二〇一六ｂ）「複数形人類学とフォークロア研究」（川田牧人編『二つのミンゾク学から世界民俗学、そしてその先――グローバルでローカルで複数のフォークロア研究へ』（SEIJYO CGS WORKING PAPER SERIES, 12、成城大学グローカル研究センター）二五―三六頁

菅　豊（二〇一二）「民俗学の喜劇――『新しい野の学問』世界に向けて」（『東洋文化』九三（特集「民俗学の新しい沃野に向けて」））二一九―二四三頁

菅　豊（二〇一三）『「新しい野の学問」の時代へ――知識生産と社会実践をつなぐために』（岩波書店）

柳田國男（一九七六［一九二八］）『青年と学問』（岩波書店）

柳田國男（一九八六［一九三四］）『民間伝承論』（第三書館）

付記　本稿は、日本学術振興会科学研究費補助金による研究プロジェクト（基盤研究Ａ「東アジア〈日常学としての民俗学〉の構築に向けて：日中韓と独との研究協業網の形成」課題番号26244052、研究代表者 岩本通弥東京大学教授）による成果の一部である。

［IV　グローバル時代の民俗学の可能性］

「歴史」と姉妹都市・友好都市

及川祥平

本稿では自治体同士が姉妹都市・友好都市としてつながりを構築する営為に、地域史が持ち出されるケースを取り上げる。姉妹都市は第二次大戦後に国際社会に展開した市民交流の文化であるが、日本では国内自治体間の交流関係を派生させている。このような関係構築が過去の取り扱いにどのように作用しているかを明らかにする。

はじめに

全国の多くの自治体は国内外の自治体と「姉妹都市」「友好都市」等と称す盟約を結んでいる。姉妹都市という言葉自体は誰しも聞いたことがあるであろう。しかし、日々の暮らしのなかでそれがつよく意識される機会は少ないかもしれない。

姉妹都市の名のもとで行なわれる交流の実態は多様である。親睦交流を介して精神的つながりを確認するにとどまらず、非常時の人的・物的支援、宿泊施設の優待協定や物産展の開催等、実際的な相互協力が行なわれている。自治体間連携は、地域課題を解決するための一つの手段でもあるといえる。

一見すると、姉妹都市・友好都市という事象は民俗学の研究対象のイメージとは遠い。たしかに、自治体の営為であることもあり、個々の生活者や生活集団の調査にこだわる姿勢においては掬い上げることが難しい。しかし、民俗学が調査対象にしてきた「人々」とは、行政サービスに生活を支えられ、または行政のフレームに日々を規定され、それに対する

おいかわ・しょうへい──川村学園女子大学文学部講師。専門は民俗学。主な著書・論文に『偉人崇拝の民俗学』（勉誠出版、二〇一七年）、「近代の贈位と人物顕彰をめぐる基礎的考察」（小島孝夫編『地域社会・地方文化再編の実態』成城大学民俗学研究所・グローカル研究センター、二〇一〇年）、「武田信玄祭祀史考」（『日本民俗学』二六八号、二〇一一年）などがある。

不満や希望を抱きながら日々をおくる「市民」（町民、村民）でもある。自治体という行政体の営為や行政区画というフレーミングが人びとの生活世界にどのように関与するのかという問題は、現在の民俗学においてむしろ積極的に深められるべきものといえる。

本稿では自治体が他の自治体との間になにがしかの「えにし」を見出し、「つながり」を構築しようとする様態を示すことになるが、特にそこに地域史が関わるケースに注意を向けてみる。対象は一部をのぞいて国内自治体間の姉妹都市締結に限定する。後述するように、姉妹都市という文化そのものはグローバルな動きのなかで発生しているが、国内自治体間連携を姉妹都市と呼ぶことは日本のユニークな展開とみることができよう。姉妹都市を社会・文化のグローカリゼーションの一様態として提示することで、グローバル時代の民俗学の一つの視点としてみたい。

一、姉妹都市とはなにか

姉妹都市の定義と名称

あらためて、姉妹都市とは何であろうか。自治体間のなんらかの連携・盟約を指すということは了解できるが、実は、これに関わる法令があるわけではない。むしろ、これは慣習と理解されるべきものであり、明確に定義づけることは難しい。一般社団法人自治体国際化協会が国際姉妹都市の件数把握に際して依拠するのは、①両首長による提携書があること、②交流分野が特定のものに限られていないこと、③交流するに当たって、何らかの予算措置が必要になるものと考えられることから、議会の承認を得ていることの三点の基準である。(1) もっとも、以上の根拠を必ずしも満たさない姉妹都市「的なるもの」は全国に無数に存在する。そのような諸交流には、やがて姉妹都市化する可能性を潜在させているものやかつて姉妹都市であったものも含まれており、狭義の姉妹都市には該当しないとはいえ看過し難いものがある。もっとも、これらを視野においてしまうと、自治体間交流の総数は明確に把捉しがたくなってしまう。拙稿では『市町村要覧』に依拠して国内姉妹都市の数量把握を試みたことがあるが、(2) 同要覧は自治体からの申告に依拠しており、いささかの遺漏がある。当然、姉妹都市「的なるもの」も取りこぼされている。

また、名称にも規定がないため、各自治体の交流への名付けは多様である。国際的な関係の場合、「姉妹都市」は欧米との関係のなかで使用されてきた。一方、「友好都市」は、「姉妹」という語が長幼のニュアンスをはらむことを忌避して中国との交流において選びとられてきた。国内自治体間の姉妹都市関係についても兄弟都市、夫婦都市、交流都市、友好親善姉妹都市などと名称は様々である。自治体によっては、自治体間の関係を「姉妹都市」と呼び、観光協会間の交流を「友好都市」と呼ぶなど、語の用法は統一されてはいない。

姉妹都市の発生とグローカル化

姉妹都市という文化の発生は、第二次世界大戦後の国際情勢と関連する。すなわち、世界平和を希求する流れのなかで、国家間ではなく市民間の交流が求められたがために発生し、日本にはアメリカを経由してもたらされた。とりわけ、アメリカの三十四代大統領ドワイト・D・アイゼンハワーが、一九五九年に提唱した「People to People Program」の影響が大きかったとされている。日本の初期の交流対象も、主にアメリカの都市であった。日本で最初の姉妹都市は、昭和三十（一九五五）年に長崎市がアメリカのセントポール市と交わした盟約であった。これは国連協議会からの斡旋によるものであり、長崎が選ばれたのは原爆を投下された都市であるからにほかならない。

いずれにせよ、「姉妹都市」は新しい文化である。したがって、昭和三十年代には、姉妹都市がどのようなものであるかは国民に認知されずにいた模様である。「ふえる〝姉妹都市〟」と題する『朝日新聞』昭和三十四（一九五九）年十一月二十六日号（夕刊）の記事は、「『姉妹都市』というのはアメリカ人の発想で、『都市提携』または『都市同盟』というのが正式の名」であるなどと、姉妹都市の基本的説明を行なっている。

言うまでもなく、姉妹都市は日―米関係に終始するものではない。セントポール市について言えば、長崎市以外に中米やロシア、中国、ヨーロッパ、アフリカの諸国家の十都市と姉妹都市関係を締結している。日本の自治体においても、アメリカ以外の都市との姉妹都市が増加していく。引き続き長崎市を例にとれば、昭和四十七（一九七二）年に移住者やサンパウロ州議員の働きかけでブラジルのサントス市と姉妹都市になり、昭和五十三（一九七八）年にはポルトガルのポルト市およびオランダのミデルブルフ市と、出島での交流を縁として姉妹都市の盟約をかわしている。さらに、昭和五十五（一九八〇）年には多数の長崎華僑の出身地である中国福建省の福州市と友好都市関係を締結している。また、昭和五十三（一九七八）年に旧外海町が姉妹都市交流を締結していたフランスのヴォスロール村との関係を、平成十七（二〇〇五）年の合併に際して引き継いでいる。ちなみに、合併に際して旧自治体の姉妹都市関係を引き継ぐか否かは、そのつど協議されるものであり、必ずしも新自治体に継承されるわけではない。市町村合併によって多くの姉妹都市関係が解消されている。

そして、興味深いことに、市民間の国際的な文化交流の形式として出現した姉妹都市という文化は、日本において、国内自治体間の交流を派生させていくことになる。本稿では主としてこの国内姉妹都市の事例を取り上げる。国内姉妹都市関係で最も早い例とされているものは、昭和三十六（一九六一）年、神奈川県藤沢市と長野県松本市が結んだ姉妹都市関係である。ともに日本の海と山の代表的な観光都市であることが締結の理由であり、自治体ホームページでも国内自治体同士の提携としては「全国初」であることが強調されている。[3] なお、これ以前から姉妹都市に類する交流を締結していた自治体もある。[4]

締結根拠の諸相

姉妹都市がなんの根拠もなく締結されることは少ない。どこかの自治体と姉妹都市関係を締結したいという思惑が先行し、交流先の探索・検討が行なわれるケースも少なからず存在するが、そのような場合でも、関係を結ぶだけの相応の理由づけが行なわれていく。理由としては、自治体規模の相似性、地域条件の共通性や対称性、地域が経験した出来事の類似性、名称の共通性、保有する文化資源の親近性、住民交流の拡張等をあげることができる。

先述の藤沢と松本の例は、海と山の観光都市というお互いの対称性が意識されていた。相似した事例は多い。千葉県横芝光町（旧光町）と長野県千曲市（旧上山田町）の姉妹都市協定は、旧上山田町の申し出によって、平成八（一九九六）年に、海と山の交流を目的として開始された。また、都市と山村という名目の交流も見出せる。栃木県日光市（旧栗山村）と東京都板橋区が締結している友好都市協定がそれである。なお、板橋区はフレンドシップ協定と称して、提携先の市町村の宿泊施設を区民が利用する際に割引を適用できる制度を設けている。板橋区の場合、割引の適用先は必ずしも姉妹都市ではない。ただし、他の自治体に目を向けてみると、姉妹都市間で同種の割引制度を設けているケースが見出せる。例えば、埼玉県新座市と新潟県十日町市（旧中里村）は平成十四（二〇〇二）年に友好都市協定を結んでいるが（市町村合併後の十日町市との協定は平成二十年）、新座市民に対し十日町市での宿泊優待が行なわれている。異なる環境の自治体間での交流は、住民が余暇活動を行なう上で魅力的な地域が選出されている場合も見出せるし、締結の結果として相互の訪問に際して市民を優遇するサービスを発生させる場合もある。なお、新座市と十日町市の協定は昭和六十一（一九八六）年の新座市スポーツ少年団の交流が姉妹都市化したものであり、後者のケースにあたる。また、これは住民交流の拡張によって姉妹都市化した事例ということになる。

祭礼・芸能をめぐる交流が姉妹都市化した事例も紹介しておこう。北海道積丹町と高知県香美市（旧土佐山田町）は平成十四（二〇〇二）年に姉妹都市関係を締結している。この背後には、YOSAKOIソーラン祭りの誕生が関わっている。YOSAKOIソーラン祭りは、高知のよさこい祭りを実見した北海道大学の学生によって創始されたイベントである。第一回YOSAKOIソーラン祭りの実行委員一二〇名が高知のよさこい祭りに参加した際、旧土佐山田町が宿泊所を提供した。そこで同メンバーのなかに加わっていた積丹町出身の学生と土佐山田町の若者組織のメンバーが意気投合し、積丹町・土佐山田町がYOSAKOIソーラン祭りで合同チームを結成するなど、祭りへの相互参加が開始され、姉妹都市化に至る。地域を越えて展開していく現代の祭礼文化が自治体間の提携を取り持っている点は興味深いものがある。

地域が経験した出来事の類似性を根拠とする例としては、先述の長崎市が広島市と昭和五十（一九七五）年に締結した「平和文化都市」がある。これは、両市の被爆三十周年を契機としている。

また、災害を機縁とする姉妹都市も見受けられる。災害時は、自治体間の協力関係が前景化する局面でもある。近年の度重なる災害をふまえて防災協定を結ぶ自治体も多い。とりわけ、平成七（一九九五）年の阪神淡路大震災以降は非常時の相互援助協定の締結が相次いだ。事実、平成二十三（二〇一一）年の東日本大震災に際しては、姉妹都市・防災協定その他の自治体間の結びつきに基づいて人的・物的支援が行なわれ、また、防災協定を結ぶ動きがさらに活発化している。なお、東京都板橋区と岩手県大船渡市の平成二十四（二〇一二）年の友好提携等、震災時の助け合いが新たな姉妹都市を生みだしてもいる。

先述のように、未だ盟約を結んでいない交流関係であっても、実態としては他の姉妹都市と相似するものは多いが、南米のチリと宮城県南三陸町は、姉妹都市化はしていないものの、震災を介した交流を継続している。昭和三十五（一九六〇）年のチリ地震津波によって、旧志津町も大きな被害をうけている。平成二（一九九〇）年、地震の記憶を継承するためにチリから国鳥・コンドルの碑が送られ、平成三（一九九一）年にはチリの彫刻家の手によるモアイ像が町域に建設された。当該交流に基づき、東日本大震災後には破損したモアイにかわる新しい像が南三陸町に寄贈されている（**写真1**）。

写真1　南三陸町のモアイ像（2016年筆者撮影）

二、記憶と姉妹都市

「過去の取り扱い」と姉妹都市

既にあげた事例の中にもうかがわれたように、姉妹都市には「過去の取り扱い」と連動しているものがある。「記憶の継承」というかたちをとる場合もあり、また、過去のわだかまりを超えようとする性格のものもみられる。過去を現在において語ることは関係を未来へ投機する行為である。諸々の思惑の介在を考慮におくべきではあるが、この種の姉妹都市も、過去そのものではなく、過去をふまえて未来の関係を構築しようとするものと理解できる。

そもそも、国際的な姉妹都市関係の成立それ自体が、直近の「過去」の取り扱いと結びついていた。日本ではじめて姉妹都市を締結した長崎市の場合、姉妹都市の締結は戦争記憶の取り扱いに影響を及ぼしている。例えば、多くの信徒の命が奪われ、廃墟と化していた長崎市の浦上天主堂は、市議会において「原爆遺構」として保存することが可決されていたが、姉妹都市締結に向けた流れの中で、日米関係に配慮した市長の決断により、瓦礫・廃墟類を撤去したうえでの再建へと方向性を変化させている。姉妹都市という日米市民の調和的関係の演出は、ほんの十年前までの不調和な関係の痕跡ないし象徴の取り扱いに大きく作用したのである。ここから、姉妹都市を政治的ツールであると理解することは容易である。民俗学においては、それが人々の過去認識・現実認識を方向づける可能性をもつことを重視すべきであろう。

対立の和解

自治体間ないし市民間での交流が、過去の清算や記憶の継承という文脈で語られる事例を検討してみよう。この種の交流としては、幕末・維新期の対立が持ち出されるケースが目を引く。平成十三（二〇〇一）年に友好姉妹都市盟約を締結した山形県温海町（現鶴岡市）と鹿児島県大隅町（現曽於市）は、戊辰戦争に際して関川地区で戦闘した経緯がある。また、昭和四十三（一九六八）年に茨城県水戸市と滋賀県彦根市が結んだ親善都市の盟約は、明治一〇〇年の記念として、安政の大獄や桜田門外の変等の「歴史的なわだかまり」を超えようとするものであった。これに際しては福井県敦賀市の仲立ちがあったという。姉妹都市は、「わかりやすい」和解のパフォーマンスたり得るわけである。それゆえであろう、姉妹都市をめぐる言論の場は、異なる歴史認識の表出する現場ともなる。昭和六十一（一九八六）年、山口県萩市が会津若松市に申し入れた姉妹都市提携は拒否されている。時期尚早との声が相次いだとされるが、三十年もの時間が経過した今日でも状況は大きく変化したわけではないようである。東日本大震災に際し、萩市は会津若松市に対して救援物資を送っており、会津若松市長は返礼として萩市を訪問しているが、戊辰の和解に赴くのではないという発言を行なっている。この発言もまたある種の政治的パフォーマンスとみて良いが、こうしたふるまいがパフォーマンスたり得るような歴史認識の状況があることには注意しておいて良いだろう。

ちなみに、幕末・明治初期の共闘関係が姉妹都市化を導いた例も存在する。平成十三（二〇〇一）年に「有縁都市」締結をした秋田県協和町（現大仙市）と宮崎県佐土原町（現宮崎市）は、戊辰戦争に際して味方の関係にあった。奥羽越列藩同盟に参加しなかった秋田藩への援軍に向かった佐土原藩は、協和町唐松周辺や各所で戦死し、遺体は同市内で祀られていた。有縁都市関係は、佐土原藩士の子孫が協和町を訪問する中で生まれた交流がもとになっている。これなどは、次にあげる慰霊行為を介した交流の一例とみるべきものかもしれない。

慰霊と交流

戦争や事故の遺族らによる市民交流もまた姉妹都市化する。高知県野市町（現香南市）と沖縄県具志頭村（現八重瀬町）が平成五（一九九三）年に姉妹都市関係を締結しているが、これは昭和四十一（一九六六）年、具志頭城址に高知県「土佐之塔」が建立されたことを機縁としている。同塔は沖縄戦における高知県出身の戦死者の慰霊碑である。この「土佐之塔」に高知県遺族会が毎年の慰霊訪問を行なったことから交流が開始されたのである。同種の交流は、岩手県葛巻町と沖縄県北中城村の姉妹町村関係（平成元年［一九八九］締結）、愛知県蒲郡市と沖縄県浦添市の友好都市関係（昭和五十六年［一九八一］締結）などが確認できる。

また、慰霊が取り持った関係という点でいえば、平成二十五（二〇一三）年締結の岩手県雫石町と静岡県富士市の友好都市提携のような例も新たに生まれている。昭和四十六（一九七一）年の「全日空機雫石衝突事故」の犠牲者一六二名に富士市民一二五名が含まれており、雫石町と遺族らの実際的交流を自治体間の関係に拡張させたものにほかならない。同交流では、事故の悲惨さを語り継ぐために、遺族のみならず児童交流も行なわれており、地元児童は「慰霊の森」の清掃活動も行なっている。

以上からは、姉妹都市の締結が交流の永続化への意志をはらんでいることがうかがえる。戦後七十年を過ぎ、戦争体験世代の死没が相次いでいる。いつかは「体験の記憶」ではなく、間接体験としてしか戦争や戦死を知らない世代に、死者を悼む行為は引き継がれねばならないわけであるが、その際に、姉妹都市として関係を恒常化させることは、記憶や当事者性の継承に一定程度の効果を期待することができるであろう。交流関係のなかで、それぞれの自治体の参加者は間接的にではあれ、当事者「性」を発揮すること、当事者「的」な振る舞いを求められ続けることになるからである。そこで発生する交流や記憶の変容をおさえていくことも民俗学の大きな課題となろう。

名和清隆によれば、御巣鷹の尾根への日航機墜落事故をめぐる地元上野村の児童・生徒の記憶は、事故後間もない時期と今日とでは明確に変質しているという。(5) すなわち、当初は事故現場の町として認知されることへの忌避感が児童・生徒の間でもたれており、すみやかな忘却を求める声があったというが、今日の児童・生徒からは、事故が間接体験化されていることに加え、慰霊に訪れる人びととの交流を介して、犠牲者や遺族への共感や教訓化、継承への意欲が読み取れるというのである。出来事の記憶を次の世代にどのように引き継ぐべきかという問題には種々の意見があるが、ここで指摘しておくべきことは、当初地元で発生した「歓迎されざる出来事」でしかなかったものに、地元の人びとが「私たちにとっての」というかたちでコミットしはじめた点である。上野村の場合、毎年の慰霊登山等の機会に、児童・生徒らが遺族の姿を目撃し、交流をもってきたことが大きく影響しているものと思われる。

日航機墜落事故の場合、姉妹都市関係は発生させていないが、ここでの交流関係およびその永続化も、現在における／未来における「過去」の取り扱いを相応に方向づけるものといえる。姉妹都市化しているか否かは措くとして、過去を背負った具体的な人間同士の交流は、相互の過去への認識を変えていく力をもっているといえる。

移住と疎開

北海道の市町村ないし集落のなかには、近代以降に集団的な開拓・移住によって形成されたものが少なからず存在する。移住にともなう文化の継承・変化については民俗学的研究がすでに蓄積されてもいる。母村との関係は住民にも相応に意識されており、これを縁とする姉妹都市交流が発生している。まず、奈良県十津川村と北海道の新十津川町の交流を取りあげてみよう。

明治二十二（一八八九）年の集中豪雨によって壊滅的打撃をうけた十津川村からの六〇〇戸二四八九名の移住によって形成されたのが新十津川村（現新十津川町）である。移住に際し、十津川村に残った人びとと移住者の間で、関係の永続をめぐる取り決めがあったとされている。共有財産等の扱いを定めた十七箇条の第一には「今般郷人中北海道某地へ移住新村を造成するも、十津川本郷と南北相応じ、永世其因縁を保ち由緒相続する事」との文言がある。[6] しかし、新十津川町からは十津川村出身者の他出が相次いだということもあり、相互の交流は戦後まで発生しなかった模様である。実際的な交流事業の開始は昭和二十七（一九五二）年の十津川村村長の表敬訪問、昭和三十年代の剣道クラブの交流が契機となっているという。十津川村には勤皇尚武の気風があり、新十津川町でも剣道が奨励されていた。[7]

また、平成八（一九九六）年に締結された北海道瑞野町（現北見市）と宮城県丸森町の姉妹町提携は、瑞野町が昭和五（一九三〇）年に丸森町からの入植者によって開拓されたことにちなむが、姉妹都市関係の締結は神楽の継承・復活の動きが契機となっている。瑞野町豊実地区に伝わる豊実神楽は丸森町の山伏神楽を持ち伝えたものであったが、第二次世界大戦以降、後継者不足のため中断していた同神楽を、昭和四十七（一九七二）年に復活させようと保存会が立ち上がり、有志が丸森町を訪問し、復活・継承を実現させた。ここでの交流が姉妹都市へと結びついていったのである。ちなみに、前出の新十津川町でも母村の芸能の復活が果たされている。

人の移動と関わるものとしては、戦時下の疎開にちなむ例もある。平成九（一九九七）年に群馬県中之条町と東京都北区の間で結ばれた姉妹都市関係は、昭和十九（一九四四）年、北区内滝野川地区の児童約二〇〇〇人が、中之条町内の四万温泉等に学童疎開したことにちなんでいる。昭和六十一（一九八六）年、疎開体験者二五〇名が中之条町の「第二のふるさとでの集い」（合併三十周年記念事業）に招待されたことから交流関係が開始された。山形県鶴岡市と東京都江戸川区は、上記と同様、江戸川区内の児童・生徒が鶴岡市及びその周辺に疎開したことを縁とする。興味深いのは、鶴岡市と江戸川区の交流開始の契機は、昭和三十九（一九六四）年の新潟地震に際する疎開経験者らの支援活動だったという点である。先述の十津川村・新十津川町間の関係も、平成二十三（二〇一一）年の台風十二号で十津川村に被害が発生した際、新十津川町から見舞金が送られている。

旧領主との関係

以上は、地域住民の歴史的自己像と結びついた交流関係であったが、住民の生活感情とは必ずしも結びつかない、前近代の領主間の関係を自治体間の関係に読み替えるような交流も存在する。平成十八（二〇〇六）年に友好都市の盟約締結を行なった青森県弘前市と群馬県尾島町（現太田市）は、関ヶ原合戦の功績により尾島地域が弘前藩領になったことに基づいている。平成十（一九九八）年に、福島県白河市、埼玉県行田市、三重県桑名市の三都市間で締結された友好都市関係は、文政六（一八二三）年に、幕命によって、現在の行田市を治めていた忍藩主の阿部正権が白河藩へ移封され、白河藩主の松平定永が桑名藩へ移封され、桑名藩主の松平忠堯が忍藩に移ったことを根拠としている。また、領主の血縁や婚姻関係に基づくものも存在する。平成元（一九八九）年締結の茨城県古河市と福井県大野市の姉妹都市関係は、古河藩主土井利勝の四男・利房が大野藩祖であるということを縁としているし、昭和四十一（一九六六）年に姉妹都市関係を結んだ滋賀県彦根市と香川県高松市は、彦根藩十三代藩主の井伊直弼の次女が高松城主に嫁いでいることをふまえたものである。

本章の事例は、自治体間のつながりに市民がどの程度のリアリティを感じているのかという問題を提起する。母村・子村関係は、市民間の文化的・系譜的な関係性を前提にしていた。疎開の場合には旧交を温めるという意味づけが可能であるし、世代が移り変わっても、間接化されながらではあるが交流の記憶は継承され得る。しかし、国替えや領主の個人的人間関係から案出された自治体のつながりは、どの程度、またはどのように現在の市民感情にうったえる力があるかには注意を要する。仮に、現在の自治体の自己像が、前近代の封建的な支配形態の延長線上にあるとすれば、それ自体興味深い問題ではある。日本人の歴史認識ないし歴史的自己像認識を分析する大きな手がかりになるということもできるだろう。

三、歴史の資源化と姉妹都市

資源としての地域史

次に、地域の歴史・文化資源の活用を目的として締結される姉妹都市関係に目を向けてみよう。国際平和の実現にむけた市民交流の文化として日本にもたらされた姉妹都市は、観光客誘致に向けた連携関係としても展開している。前章の事例が既存の何らかの人間関係を自治体間の関係として読み替えるものだったのに対し、ここであげる事例は関係それ自体を新たに創出するものといえる。そのような姉妹都市関係を大まかに整理するならば、特定の歴史的事件をともに地域史の一部としてもつこと（出来事の共有）、あるいは特定の人物の活躍を地域史中にともにもつこと（人物の共有）、それぞれの地域にゆかりの人物が何らかの接点をもったことを根拠とするケースが想定できる。三点目のケースを、前二点をふまえて本稿では「物語の共有」と名付けたいが、これについては後述する。あらかじめ注意しておきたいことは、これら三点は複合的に顕在化する例もあるということである。まず、人物の共有および出来事の共有について詳述していこう。

岩手県平泉市と和歌山県田辺市は、昭和五十七（一九八二）年姉妹都市関係を締結しているが、これは武蔵坊弁慶の生誕の地と終焉の地という関係を「えにし」とするものである。両自治体には交流の過去があるわけではない。つまり、弁慶と縁が深いという共通性から自治体間関係が新たに創出されているのである。同様の例は、静岡県小山町と岡山県勝央町が昭和四十八（一九七三）年に結んだ姉妹町提携にも見出せる。小山町は坂田金時（金太郎）の誕生の地であり、勝央町は終焉の地であるという。小山町は平成二十四（二〇一二）年に京都府福知山市とも観光友好都市関係を締結している。同市は金時が鬼退治をした土地であるという。武蔵坊弁慶にせよ、坂田金時にせよ、その人生は多分に伝説に彩られており、その実像が明らかではないのみならず、実在が怪しまれてもいる。これらは、伝説を効果的に地域振興に活用してゆこうとする事例といえるだろう。類似の例としては、悉平太郎という犬の伝説にちなむ静岡県磐田市と長野県駒ケ根市間の友好都市関係がある。磐田市は同伝説をふまえ、「しっぺい」というイメージキャラクターを創りだしている。地域と人物との関わりや出来事の事実性は必ずしも問題にはならないのである。なお、駒ヶ根市では同伝説で活躍する犬を早太郎と呼んでいる。むしろ、猿神退治という伝説上の出来事が両自治体間で共有されているとみるべきであろう。その意味で、この事例は「物語の共有」と見なすことも可能ということになる。

さて、弁慶と金時の例は「生誕地—死没地」関係を姉妹都市化しているが、それとは異なる事例も数多い。昭和五十九（一九八四）年に締結された栃木県大田原市と岡山県井原市の友好親善都市提携は、那須与一との関係を根拠とするものである。大田原市は与一の生誕地とされ、井原市は与一の袖切れを祀る袖神稲荷神社を有する。与一をめぐる地域提携は「与一サミット」なるものを生み出す。与一サミットは「義経・与一・弁慶・静合同サミット」として複数人物に関連する自治体のイベントへと変化している。義経サミットは平成十六（二〇〇四）年に滋賀県竜王町で第一回が開催されている。契機となったのは大河ドラマ『義経』の放送決定であり、関連史蹟・伝説を有する自治体が連携的に地域振興の手段を探ろうとしたものであった。サミットのテーマは「義経ロマンと観光・地域振興・まちづくり」であり、壇ノ浦を有する山口県下関市をはじめ、奥州藤原氏の拠点であり義経最期の地である岩手県平泉市、義経北行伝説と関わる北海道平取町等の九市町の参加で開催された。なお、類似の交流は忠臣蔵サミット（元・義士サミット）、信長サミットなど、枚挙に暇がない。

マスメディアの姉妹都市

義経サミットが『義経』放送を機に構想されたように、NHKの大河ドラマに地元の人物が取り上げられることは、関連史蹟を有する自治体に経済効果への期待を抱かせる。また一方で、人々の自地域の史蹟や自家の系譜への関心を高めもする。大河ドラマ放送を機に、家の由緒をめぐる会話に花が咲いたという語りを筆者は聴取している。

大河ドラマを契機とする姉妹都市の例としては、千葉県香取市（旧佐原市）と兵庫県川西市の姉妹都市締結がある。同関係は多田源氏の祖・満仲との関連を介して結ばれた。将門の討伐に赴いた満仲は、布陣した香取神宮の付近が本拠地・多田庄（現在の川西市）に似ていたことから、近隣を「多田」と命名したとされており、このことが両自治体を結びつけた。姉妹都市化の直接的なきっかけは、将門を主人公とする昭和五十一（一九七六）年の大河ドラマ『風と雲と虹と』の放送であった。一方、昭和五十八（一九八三）年に愛知県岡崎市が各地自治体に働きかけた「ゆかりの町協定」は、同年の大河ドラマ『徳川家康』の放送と「家康ブーム」をふまえたものであった。同協定の対象とされた岐阜県関ケ原町は、言うまでも無く、家康が歴史的な勝利をとげた合戦場を有す自治体である。神奈川県茅ケ崎市が選ばれたのは、幕臣であった大岡忠相の墓所を有し、かつ、岡崎市市内に存在した西大平藩の藩主家が大岡家であったことにちなむ。[8]

なお、テレビ番組の経済効果への期待は大河ドラマにのみ限られるものではない。NHKの連続テレビ小説『どんど晴れ』(平成十九[二〇〇七]年)の放送決定をうけ、作品の舞台となった盛岡市では当該ドラマの支援活用推進協議会が設立され、主演女優である比嘉愛未の出身地・沖縄県うるま市との交流が開始された。盛岡市・うるま市は平成二十四(二〇一二)年友好都市の盟約を結んでいる。

大河ドラマを契機とするのではなく、大河ドラマ化を目標とするような自治体間の交流も存在する。『長野日報』平成二十一(二〇〇九)年一月十四日号の「NHK大河『保科正之』三十一万三〇〇〇人が実現へ署名」なる記事によれば、旧高遠藩主・保科正之の大河ドラマ化を目指して長野県上伊那八市町村議会で結成された「上伊那地区保科正之公NHK大河ドラマ化実現議員連盟」の駒ヶ根支部が「名君保科正之公の大河ドラマをつくる会」(長野・福島両県の行政関係者による組織。保科正之は高遠藩主であり会津藩主であった)に収集した署名を提出したことが報じられている。駒ヶ根支部代表の談によれば「高遠領だった中沢と東伊那で特に関心が高く、署名が集まった」といい、旧領主への地元の愛着のほどが知れる。「つくる会」では署名をもとにNHKに八度目の大河ドラマ化を要請しにいくといい、保科正之生誕四〇〇年にあたる二〇一一年の大河ドラマ化を目指す旨が記されている。なお、当該「つくる会」は平成十七(二〇〇五)年に結成されている。残念ながら、平成二十八(二〇一六)年現在、保科正之の大河ドラマ化は実現していないわけであるが、長野と福島の連携的な活動は継続されている。同新聞平成二十八(二〇一六)年九月二十八日の「猪苗代から七〇〇〇人分　大河ドラマ化署名」なる記事では、現在も毎年の申請活動が行なわれていることがわかる。そして、この保科正之をめぐっては、長野県伊那市(旧高遠町)は福島県会津若松市および福島県猪苗代町と親善交流都市関係を結んでいるのである。

地域史上に同じ事件ないし同じ人物の事績をもつ自治体同士で結ばれる締結関係は、地域史を観光資源として連携的に活用しようとする目論見が顕著である。すなわち、地域内ですでに資源的価値の見出されている「歴史」を、連携関係の中でさらに効果的に利用しようとするものといえる。姉妹都市締結それ自体を、資源的価値の活性剤にしようとする意識もあるだろう。

物語の共有

すでに取り上げた「義経・与一・弁慶・静合同サミット」や「忠臣蔵サミット」の例にうかがえるように、地域史上の人物を用いた姉妹都市締結には、当該地域にゆかりの深い人物同士が歴史上で接点をもったという事実でさえも資源化される。例えば、事件の当事者同士、ライバル関係、師弟関係、協働関係といったものである。

昭和四十五（一九七〇）年に締結された東京都三宅村と長野県高遠町（現伊那市）の友好町村関係は、近世の絵島生島事件をふまえたものである。高遠は絵島が流された土地、三宅島は生島新五郎の流刑地であった。平成二（一九九〇）年に締結された福井県今立町（現越前市）と岡山県大原町（現美作市）の姉妹都市関係は、宮本武蔵と佐々木小次郎の関係に依拠している。これも確たる史実ではないが、大原町は武蔵の、今立町は小次郎の出身地とされる。平成元（一九八九）年に知音都市と称して提携を結んだ新潟県糸魚川市、長野県長野市、長野県中野市、島根県金城町（現浜田市）は、《カチューシャの唄》に関わった人物たちの出身地である。四市（町）の交流は金城町が提唱したものという。周知のように、《カチューシャの唄》は芸術座が大正三（一九一四）年に上演したトルストイの『復活』の劇中歌である。芸術座の主催者であり楽曲の一番の作詞を行なった島村抱月の出身地が金城町、作曲者・中山晋平の出身地が中野市、楽曲の二番以降の作詞を担当した相馬御風の出身地が糸魚川市、歌手の松井須磨子は長野市出身である。

以上の事例において両自治体間で共有されているのは、地域史上の出来事でも人物でもなく、それらを包括する「物語」以外にない。それぞれの自治体が《カチューシャの唄》の誕生や流行という出来事を共有しているわけではなく、また同一人物を共有しているわけでもない。《カチューシャの唄》の形成プロセスという「物語」が、これらの自治体を縁あるものとして結びつけるのである。「物語」の痕跡が広域に点在するからこそ、物語の聖地は巡礼の対象たり得る。地域史の資源化は本来的に地域間連携の可能性を潜在させていたとみることもできよう。

私達の消費文化のなかで物語は常に新たに生みだされていくが、近年の世相を見渡すかぎり、物語を発信すると同時に意図的に聖地を誕生させることが一般化しつつあるようである。アニメやゲーム作品を地域振興に役立てようとする自治体も数多い。いずれアニメを機縁とした姉妹都市が誕生するくような事例が登場した。アニメの舞台になった現実の地域同士が結びつくのではなく、物語内の架空の土地と現実の土地とが結びついた（かのように演出する）事例が発生したのである。平成二十八（二〇一六）年、鳥取県倉吉市は「ひなビタ♪」なるWeb連動型音楽配信企画が舞台とする架空の町・倉野川市と姉妹都市関係を締結している。倉野川市は倉吉市をモデルにしているという。この事例を厳密な意味での姉妹都市として数えることには躊躇いをおぼえるものの、これこそ、姉妹都市関係を利用して地域活性化をはかろうとする事例の最たるものといえるだろう。

ひるがえって気にかかるのは、このような事象の持続可能性である。「歴史」という物語の場合、大河ドラマのご当地ブームが短命であることは周知の事実であるものの、短命なりに、「過去」は様々な物語の原作や素材として繰り返し主題化され得る。「歴史」の資源としての特色は、そのような賦活可能性にあるといってもよい。そして、そのような賦活可能性はメディアの動向につよく規定されている。

文化の資源的価値が世相の動向に大きく影響されるものである以上、「ひなビタ♪」と倉吉市の関係をどのように評価すべきかという問題は、今しばらく経過を見守ったのちに、答えを出すべきものと思われる。

むすびに

本稿では、姉妹都市・友好都市関係の締結という事象に、民俗学の立場から関心を寄せた。姉妹都市は市民の交流や、行政区画内に関わる歴史上の人物・出来事・文化・物語の共有を縁として意味づけ、時としてそれを自己表象や資源運用の文脈で活用しつつ、自治体間の「つながり」として構築し直そうとする行為ということができる。その意味で、村柄や人の交流を問題としてきた民俗学的研究の延長線で捉え得るものであり、また、民俗学がこれまで研究対象にしてきた諸事象が行政的思惑のなかに吸い上げられる一様態とみることもできる。

グローカルな現象としての国内姉妹都市に主な関心をよせた本稿においては、国際姉妹都市に十分な検討を加えていない。しかし、姉妹都市・友好都市関係の締結と交流を未来に向けた過去の取り扱いとの関連で捉える視点は、国際情勢をふまえる必要がさらに発生するものの、同様に有効であろうと考えている。姉妹都市関係の締結が、過去の扱いとどの程度・どのように連動しているか／し得るか、それがどのような思惑や戦略と関わるかを念頭におきながら個別に実態を探っていく必要があるといえるであろう。

注

（1）一般財団法人・自治体国際化協会：http://www.clair.or.jp/j/exchange/schimai/ondex.html（二〇一六年十二月二十日アクセス）。

（2）及川祥平「地域史を根拠とする自治体間交流の諸相——交流締結経緯の分析から」（『グローカル研究』三号、二〇一六年）。

（3）藤沢市ホームページ：http://www.city.fujisawa.kanagawa.jp/heiwakokusai/kyoiku/bunka/toshikoryu/shimai/matsumoto.html（二〇一六年十二月二十日アクセス）。

（4）前掲注（2）の及川論文参照。

（5）名和清隆「事故の『場』における記憶の継承」（『淑徳短期大学研究紀要』五十三号、二〇一四年）。

（6）西田正俊『十津川郷』（十津川村役場、一九三二年）五四五頁。

（7）新十津川町役場『新十津川百年史』（新十津川町役場、一九九一年）一八七頁。

（8）及川祥平「『ゆかり』の人物にちなむ祭礼——茅ヶ崎市の大岡越前祭を事例に」（『グローカル研究センター　ワーキングペーパーシリーズ』五、二〇一〇年）。

［IV　グローバル時代の民俗学の可能性］

中国非物質文化遺産保護事業から見る民俗学の思惑——現代中国民俗学の自己像を巡って

西村真志葉

ユネスコの無形文化遺産関連事業において日々存在感を増す中国民俗学だが、この社会運動化した事業への参画を巡っては、中国人民俗学者の意見は賛同と批判に二分される。二つの対立する意見は、政治に翻弄され続けた約一〇〇年の歴史の中で、中国民俗学が形作ってきた「学問」と「学科」という二つの自己像を映し出している。

にしむら・ましば——インディペンデント・フォークロリスト。北京師範大学・民俗学與文化人類学研究所・博士課程修了（法学博士）。専門は中国民俗学、口承文芸学。主な著書・論文に「山裡頭人與山外頭人——方言土語的伝説」（共著、劉鉄梁主編『中国民俗文化誌　北京・門頭溝区巻』中央編訳出版社、二〇〇六年）、『日常叙事的体裁研究——以京西燕台村的「拉家」為個案』（中国社会科学出版社、二〇一一年）、「中国民俗学のジャンルを巡る考察——新たなジャンル研究へ向けて」（東京大学東洋文化研究所『東洋文化』九十三号、二〇一二年）などがある。

はじめに

多くのアカデミックな場において、無形文化遺産保護事業に対する中国人民俗学者の言説は批判的で、その憂慮に満ちたまなざしは特に担い手の生活に波及する問題へ注がれている。日本人民俗学者にも通じるこうした姿勢は、民俗学という学問と無形文化遺産の間に存在する距離感を端的に示しているのだろう。だがもちろん、民俗学は一枚岩ではない。ユネスコの諮問機関として日々存在感を増す中国民俗学も同様で、この保護事業を巡っては、日本とは異なる文脈においてさまざまな思惑が交錯している。

本稿では、まず中国における無形文化遺産関連事業の一連の流れにおいて、中国民俗学がどのように関わりをもってきたかを整理する。そして、中国人民俗学者がそこで示した反応から、中国民俗学がこの事業をとおして見つめている、またその誕生以来実現を目指し続けている自己像を読み取りたい。

なお、以下「無形文化遺産」という言葉は、すべてintangible heritageの中国語訳「非物質文化遺産」（以下、「非遺」と略）に統一することとする。

一、中国民俗学の非遺保護事業への参画

非遺がもたらした衝撃と熱狂

非遺という言葉が中国に普及したのは二〇〇一年のことである。昆曲がユネスコの非遺代表リストに登録されたのが、そのきっかけだった。各メディアで大きく報じられた代表リスト登録のニュースは、それまで京劇の陰に霞んでいた昆曲を一気に「中華民族の誇り」へ押し上げ、官僚や文化人の発言に発揚されるまま、中国全土を熱狂の渦へ巻き込んだ。

やがて国家主導の社会運動に発展する非遺保護事業の発端となったこのリスト登録だが、中央政府が登録申請業務を委託したのは中国民俗学会ではなく、中国芸術研究院だった。中国芸術研究院は中華人民共和国文化部直属の研究・教育・創作総合機関で、まだ延安平劇研究院と呼ばれていた一九四二年当初から、「抗日戦争の広報」と並び「遺産の継承」、つまり伝統的演目の保護と継承を目標に掲げていた。(1) その後、中央文化部劇曲改進局京劇研究院、中国戯曲研究院と名称を変えながらも、その時々の国策に貢献しながら文化をどう伝承すべきか、という問題意識は引き継がれていった。リスト登録申請業務の委託権を持つ文化部がこの業務を同院に託したのも、自然な流れだったといえよう。

中国民俗学が非遺の名のもとに存在感を増すのは、二〇〇二年以降のことである。二〇〇二年五月、昆曲のリスト登録一周年を記念する座談会が中国芸術研究院で開催され、同院が七弦琴（チィシエンチン）を次期代表リストに登録申請することが決まり、さらに同院主導による「中国非遺の認証・緊急保護・研究プロジェクト」の始動が宣言された。もはや非遺関連事業において、中国芸術研究院の地位は揺るぎないものとなっていた。しかも、二〇〇〇年にそれまで芸術家が歴任してきた同院副院長のポストに初めて官僚出身の王文章が就任し、将来的にも同院が国の対外的な文化政策の主翼を担うことは明らかだった。だが、この座談会には中国民俗学界からも劉錫誠、劉魁立といった長老級の民俗学者が招聘されており、中国人民俗学者がはじめて非遺関連事業の意思決定の場に同席したという点で、中国民俗学にとって重要な意義を持っていた。同年十二月の非遺国際シンポジウムには、これらのメンバーに烏丙安や郝蘇民、董暁萍らも加わり、その後も同様の座談会やシンポジウムに参加する民俗学者は年を追うごとに増えていった。このうち、劉魁立は二〇〇二年七月に中国民俗学

会会長に選出され、学会の非遺事業へ向けた舵取りにおけるキーパーソンとなっている。

この頃から、中国民俗学会の姉妹団体である中国民間文芸家協会（以下、「民協」）も動き出した。前述のプロジェクトとは別に、「中国民間文化遺産緊急保護プロジェクト」を提起したのである。二〇〇三年二月の記者会見では、全国範囲の調査と資料集の編纂、中国民間文化遺産リストの作成、中国民俗資料庫と公式ウェブサイトの開設などの計画が発表された。その発起人及び実行委員長は民協会長の馮驥才だが、副委員長には劉魁立と烏丙安、委員には劉錫誠や邢莉、劉守華、劉鉄梁、朝戈金、董暁萍、賀学君、呂微など錚々たる民俗学者が名を連ねている。実際には民俗学がその中心を担っていたのであり、同じ枠組みは後の非遺保護業務においても引き継がれた。

後者のプロジェクト名にもある民間文化遺産という概念は、非遺の中から中国人民俗学者が長年調査研究に努めてきた対象を抽出するものである。実際、第二十五回ユネスコ総会で採択された『伝統文化及び民間伝承の保護に関する勧告』の「伝統文化及び民間伝承」は中国語で「民間創作」と訳され、これは民俗学者が長年関心を寄せてきた研究対象そのものだった。だが、ユネスコによる一九九八年の『人類の口承及び無形遺産の傑作の宣言』以降、同じ対象をintangible heritageと呼び始めると、中国でも『中華人民共和国民族民間伝統文化保護法』草案が、本案提出時には『中華人民共和国非物質文化遺産保護法』と改名されたように、非遺という概念が主流となり、当初この対象が放っていた強烈な民俗学色は弱められていった。こうした中で提起された民間文化遺産という概念には、多くの学問分野が関わる非遺保護運動において、民俗学が担う役割の重要性をあらためてアピールする狙いがあった。

二〇〇四年八月、全国人民代表大会でユネスコの非遺条約が承認されると、民俗学者の動きは一気に活発化する。たとえば中央政府は高級官僚教育の一環として二〇〇二年から歴史文化講座を開いているが、二〇〇四年以降民俗学界からも烏丙安、劉魁立らが講師として招かれた。この年には西北民族大学の社会人類学・民俗学学院が西北民族民間文化遺産保護研究センターとして再編成され、すでに中山大学非物質文化遺産研究センターと改名していた同大学民俗研究センターと共に、人文社会学重点研究拠点の認定を受けている。(2)

二〇〇四年以降は、中国初となる国指定非遺代表作リストを作成するために、ほぼ全国の民俗学者が動員され、現地調査や書類作成、審査などに奔走した。リスト作成の際に準拠したのは、『国指定非遺代表作申請評定暫定実施方法』である。これは二〇〇五年に『わが国の非遺保護業務に関する国務院弁公室の意見書』に添付された公的文書で、その作成には劉魁立を筆頭に、複数の中堅民俗学者が一年前から加わっていた。当時の中国民俗学会秘書長の高丙中が二〇〇四年の学会活動を総括する際に述べたように、中国民俗学は「国の非遺保護業務にあらゆる方面で尽力した」のである。(3)

非遺事業参画がもたらしたもの

二〇〇六年以降、民俗学の一連の努力が次々と実を結んでいく。まずこの年に初めて公布された国指定非遺代表作リストには、多くの民俗学者が業績を蓄積してきた伝説「孟姜女（モンジアンニュイ）」や民謡「花児（ホアアル）」などの口承文芸はもちろん、代表的な年中行事も数多く登録された。特に、この中の年中行事については、中国民俗学会が中央精神文明建設指導弁公室、文化部および国家発展改革委員会の委託を受けて、二〇〇四年から研究に取り組んでおり、学会がその報告書で行った現行の法定休日が伝統的行事との関連性を欠いているという指摘により、二〇〇七年に『「全国年中行事及び記念日休暇法」の修正に関する国務院の決定』が公布され、翌年から清明節、端午節、中秋節が法的休日に指定された。またこの動きと合わせて、山東大学民俗学研究所が文化部と共同で中国年中行事研究拠点を設立、雑誌『節日研究』を刊行した。さらには国家社会科学基金の特別委託プロジェクトとして『中国節日誌』の編纂も計画され、劉鉄梁や葉涛、岳永逸、張士閃などの民俗学者がメンバーに名を連ねた。あわせて、中央政府が急いでいた関連法の整備についても、その草案から民俗学者は関与しており、これは二〇一一年に『中華人民共和国非遺保護法』として初めて国家レベルの法律として公布されることになる。

中国民間文化遺産緊急保護プロジェクトでも、展覧会の開催や各種出版物の刊行、「中国民間文化の傑出した伝承者」の認定などの活動が展開された。そのうち『中国結叢書』や『中国口承及び非遺ガイド叢書』、県単位の『中国民俗誌』などの出版はいずれも国の重要出版計画に採択され、刊行後は国レベルの賞を数多く受賞している。

さらに、二〇〇八年八月に開催された国家非遺保護業務専門家委員会の会議において、中国民俗学会と民協は、「わが国の非遺保護業務を代表する権威的機関」として、国がユネスコに推薦する非遺NGOに選出された。このことは、中国民俗学会や民協が中国非遺保護センターと同列に位置づけられたことを意味する。中国非遺保護センターは国家級の非遺専門機関であり、当時すでに中国芸術研究院院長と文化部副部長を兼任していた王文章が二〇〇人近い人員を配備して実現した国内唯一の非遺審議委員会である。こうしたことは十年前には考えられないことだった。しかも、同会議で推薦された専門家四名のうち、実に三名までを民俗学者が占めた。これは実質上、国内と同様、ユネスコへの非遺登録申請業務も、今後は民俗学が分担するという意味でもあった。これにより中国人民俗学者が実現したのが、二〇〇九年の媽祖（まそ）信仰の非遺代表リスト登録である。文化大革命時代に破壊された民俗文化のうち、宗教要素の強いものは国策に抵触するとして復興が見送られていたが、中国民俗学は旧来の媽祖信仰を「媽祖信俗（マアヅウシンスウ）」と読み替え、非遺の名のもとにその存続を国に了承させたのである。この功績もあり、中国民俗学会は二〇一二年にユネスコの諮問機関に認定され、非遺保護に関する政府間委員会に意見できる立場を獲得することとなった。海外関連学会との交流も進み、アメリカ民俗学会とは、二〇一三年五月までに四回の非遺シンポジウムを共催している。加えて、二〇一三年は中国民俗学会創立三十周年の年でもあり、まさにこれ以上ない節目を迎えたといえよう。

非遺保護をめぐる中央政府との連携、世論からの注目、そして国際的な場での活躍などは、長年脚光を浴びることのなかった中国民俗学にある種の達成感をもたらした。中国民俗学が見つめてきた民衆の文化が価値付けされただけでなく、民俗学自身の知名度や社会的地位も飛躍的に向上したのである。だが一方で、非遺という分野に大きくエネルギーを注ぐ中国民俗学に眉を顰め、抗議の声をあげる者がいた。他ならぬ、民俗学者であった。

非遺事業への批判と拒絶

批判の多くは、まず非遺保護制度そのものに向けられた。たとえば保護制度の中心となる申請／評価システムにおいては、文化とその実際の担い手はあくまで認定や評価の対象であり、申請の準備段階から一切の発言権を奪われる。そればかりではない。担い手の思いや利益は、政府のそれと相容れない場合には黙殺されてしまう。また、いわゆる評価制度は、本来生活に組み込まれているはずの諸事象を生活から切り離す。そして外部の基準で設けられた等級により、異なるコミュニティ間の不平等な現実を創り出してしまう。さらに、認定という行為は、文化を固定化し、その所有権を公的に特定の民族や地域に賦与することに等しい。オーセンティックな保護をその基本方針に据える制度では、文化の自足的な伝承や発展の可能性を抑制するだけでなく、文化の生命そのものをも奪いかねない。

以上のような批判は、日本人民俗学者にとって目新しいものではないだろう。中国においても、これは一九九〇年代後半から熱心に議論されてきた他者や間主観性、オーセンティシティなどの問題を踏まえた批判である。そうした議論の成果を無視するかのように、政府主導の保護運動に迎合し、飲み込まれてゆく中国民俗学に憤りを感じる中国人民俗学者がいても無理はなかった。

中国社会科学院の安徳明は、近年の研究成果を無視して保護運動に身を投じる民俗学者を「新しい官僚政治の共謀者」と切り捨てる。一時的に世界システムの主流イデオロギーに迎合することによって中国民俗学の発展を図っているだけだ、という弁解に対しても、今やどの国でも非遺保護のシステムは学問の領域を超えており、民俗学者は学問の見地からその進展に影響を与えることはできず、結局自分の利益と官僚政治のそれが重なる部分を探し出すことになりかねない、と厳しく諌めている。(4)

同院所属の施愛東はより辛辣である。施は、学者や商人、地方官僚、文化の担い手が国の予算を得るために一時的な利益共同体を形成する現状を、非遺を舞台にした茶番劇に例え、中でも非遺を民族精神のシンボルへと祭り上げ、ナショナリズムな台詞を駆使して伝統文化の守護者を気取る学者たちはひどい大根役者だと皮肉っている。(5)

施は劉魁立の愛弟子だが、この分野で権威となった師をも含め、多くの民俗学者が非遺ブームの中で雑務に追われ、短絡的な対策ばかり論じ、本業である研究を疎かにしていると批判する。一貫して学問と社会の分業を主張する彼は、民俗学者が学者を名乗る以上、行政に直接関わる「特殊な当事者」になるのではなく研究に専念すべきと訴えている。(6)

以上からも分かるように、二〇〇四年以降、中国民俗学は学会を挙げて非遺保護運動に取り組んできたが、すべての民俗学者がそれを望んでいたわけではない。一部の学者は保護運動そのものを批判し、あるいは関わりを絶つことで学会を包む熱狂的雰囲気と一線を画そうとした。だが現実問題として、大学や研究機関に所属している限り、運動への参加を余儀なくされることも多い。それは親しい人の面子を立てるためであったり、職場での昇進や待遇改善のためであったり、純粋に生活レベルの向上のためであったり、あるいはそのいくつもが重なる場合もあるだろう。

北京師範大学の岳永逸も、民俗学者たちが御用論文を量産する非遺の専門家へ転身する現状に異議を唱える一人である。彼は時代の奔流に身を投じ、発展を企みながら運動に飲み込まれてゆく中国民俗学を嘆き、次のように自問している。

民俗学は一体どうなるのか？

私は一体どうなってゆくのか？
そもそも私は今本当に学問に従事しているのだろうか？
私が従事しているのは果たして民俗学なのだろうか？[7]

以上は『憂鬱な民俗学ノート』からの引用だが、「屈辱に耐えて担う非遺」という副題には、不本意ながら非遺関連業務に参加せざるをえない自分への自虐的な意味合いが含まれている。また同時に、これは一部の民俗学者の本音を代弁してもいるだろう。

では、なぜ非遺に関与する民俗学者は「民俗学者」ではないとまで批判されるのだろうか。なぜ非遺に関わることで地位が向上した中国民俗学が「民俗学」かどうか疑問視されねばならないのだろうか。一言でいえば、それは批判者が考える「民俗学」や「民俗学者」のあるべき姿と、現在非遺という文脈下で語られる民俗学あるいは民俗学者とが、相容れないからである。それでは、彼らが守ろうと奮闘するこの括弧付きの「民俗学」と「民俗学者」とは、いったいどのようなものなのだろうか。その答えを得るためには、ひとまず非遺を離れ、中国民俗学がその誕生以来築いてきた自己像を把握する必要があるだろう。

二、中国民俗学の自己像

中国民俗学の初志

周知のとおり、中国民俗学のはじまりは、二十世紀初頭の白話運動という言文一致運動を軸とする新文化運動まで遡る。いささか乱暴な表現かもしれないが、紋切型に述べるなら、そこから大衆の言葉に注目し、口語体の新しい文学によって旧来の文語体文学を打破しようという文学革命の思想に導かれた知識人が、歌謡募集運動を展開し、あるいは北京大学歌謡研究会を設立し、『歌謡週刊』を創刊したことが、そのまま民俗学の発端となった、となるだろう。

だが、歌謡募集運動の最大の目的はあくまで中国文学に新天地を開くことにあり、民俗学の成立を目指していたわけではない。北京大学歌謡研究会も文学革命の思想が根強く、しかも文学や言語学、歴史学など多分野にわたる学者が集結したのだから、その活動が民俗学という枠組みにまとまるはずもなかった。たとえば、一九二二年『歌謡週刊』の創刊の言葉において、周作人が歌謡採集の目的を、第一に民俗研究のため、第二に文芸創作のためと中立的立場をとったことは有名だが、[8]翌年には常惠がすでに同誌で歌謡研究会を民俗学会とすべきと主張し、実際に翌年の業務会議で議題にまで挙げたものの、最終的には文学者たちの反対でもの別れに終わっている。[9]結局、歌謡を真に重要な民俗資料と捉え、さらに調査研究の範囲を民俗文化の幅広い領域にまで広げ、中国民俗学の誕生を促すべきと考える人々は、北京大学歌謡研究会を離れざるをえなかった。そして、一九二三年五月、これとは別に北京大学風俗調査会を立ち上げたのである。

同会は政治的な運動とは明確に距離を置き、研究の範囲を歌謡から民具、環境、習慣、思想にまで拡大し、調査表の作成や現地調査、民具の展示、講義開設などの学術活動を展開した。特に一九二五年四月から五月にかけて北京郊外の妙峰山で行われた調査は「現代中国民俗学史上初めて目的と計画性をもって組織的に行われた、特定の事象についてのフィールドワーク」[10]とも称される。組織の名称こそ、古来からある風俗という中国語が用いられはしたが、風俗調査会の設立は、学問としての中国民俗学誕生の瞬間、とも見ることができる。つまり、中国民俗学は新文化運動を母胎にしながらも、実際にはむしろ運動から距離を取ることで、純粋な学問を志して産声をあげたのである。

もちろん、北京大学風俗調査会の活動がそのまま中国民俗学の土台を形成したわけでもない。時代がそれを許さなかった。一九二六年以降、相次ぐ混乱に北京の情勢は厳しさを増し、研究者は相次いで南下、活動の拠点を広州へ移した。当時国民党と共産党が第一次国共合作の関係にあったとはいえ、国民党の本拠地だった広州でも中山艦事件のような軋轢は絶えず、また、教え子や同僚、共に学問を志していた仲間の逮捕のニュースや訃報も連日飛び交った。だがそれでもなお、一九二七年顧頡剛、容肇祖、鍾敬文らは中国史上初めて民俗学という名称を用いた研究組織、中山大学民俗学会を設立した。その機関誌『民間文芸』では、後に民間文学と呼ばれる対象すべてに視野が広げられ、さらに『民俗週刊』と改名後は、研究範囲を民間の信仰や習慣、芸術全般にまで拡大、停刊と復刊を経て一九三三年の廃刊まで実に計一二三巻を世に送り出している。

雑誌以外にも民俗学叢書が多数出版され、例えば『民俗学小叢書』には、やがて中国民俗学の古典的名著となる『孟姜女故事研究』や欧米民俗学・人類学の名著の部分訳が収録された。また人材の育成にも力をいれ、一九二八年四月から約二ヶ月間民俗学伝習班を開講、その内容も総論、方法論、比較研究、他分野の研究成果を積極的に取り入れたものなど、じつに豊かだった。[11]さらには西南の少数民族について初めて実地調査を行ったのも中山大学民俗学会であった。

不安定な情勢のもと、極度の人手不足、経費不足を凌ぎながらこれら一連の学会の活動の中心となり、事務を一手に引き受けていたのは、のちに中国民俗学の父とまで呼ばれた鍾敬文である。そんな鍾も、一九二八年七月ついに辞職に追い込まれるが、それでもなお『民俗週刊』の編集者の言葉として、学問に対する志を語っている。

私たちの仕事はたしかに成熟性に欠け、議論の余地は十分にあるだろう。だが、つねに学問のため、真理のために努めていると自負している。少なくとも心は純粋なのである。無分別な人々に罵られようと、明晰さに欠ける人々に敵視されようと、私たちは恐れない。私たちはただ寛容な学者に心静かに理解し、判断してほしい。厳しい指摘も受けよう、それが真理のためであるならば。蔑まれることも恐れはしない、学問の尊厳を守るためならば。公平な判断が下される日は必ずや来る。たとえそれが現在でないにしても。[12]

鍾が辞職した翌年には顧頡剛が中山大学を去り、求心力を失った他の創設メンバーも広州の地を後にした。だが一方で、それはある意味、中山大学民俗学会の取り組みを広州以外に広げる結果ともなり、厦門や福州、杭州、漳州、南京、寧波などの地で相次いで関連組織が設立され、『民俗週刊』を模倣した雑誌も刊行された。そして一九三〇年代以降、各地の民俗学団体を併合し、中国民俗学会を創設しようという動きにつながってゆくのである。

学問が罪となった時代

だが、風俗調査会で撒かれ、中山大学民俗学会で芽生えた種が、中国民俗学という学問として形になるまでには、その後実に半世紀以上もの時間を要した。一九三〇年代から八〇年代にかけて、中国が重なる暴動や事変、戦争、そして革命に揺れたためである。さらに、激動の時代を生きた中国人学者の志向する中国民俗学が、しだいに学問から別の物へすり替わっていったこととも無関係ではない。この点について、鍾敬文の経歴は、中国民俗学の歩んだ道を物語っている。

前述のとおり広州を離れた鍾は、その後杭州へ移り、一九三〇年に杭州民俗学会を立ち上げた。学問への情熱は依然高く、一九三四年には昔話の比較研究を志して、日本へ二年間自費留学までしている。だが一九三六年、帰国直後に日中戦争が勃発、彼は留学の成果を発揮する間もなく広東四戦区政治部に配属され、「新しい厳粛な任務」のために「民俗学やその類の業務は当然一時放り投げざるを得なかった」という。[13]当時の抗日根拠地では、大衆の口承文芸を重視する姿勢が強調され、歌謡募集運動に見られたような啓蒙主義的思想を、大規模な政治運動として推し進めていた。鍾、そしてかつて歌謡募集運動に関わった多くの知識人が担った任務、それはつまり民衆の思想や文化を理解し、慣れ親しまれている言葉や思考の形を利用して宣伝・教育活動を行う一種のプロパガンダ工作だった。

こうした知識人たちの活動を組織化したのが、一九三八年三月創立の中華全国文芸界抗敵協会であり、鍾敬文は曲江支部の常任理事に選出されている。一九四九年に中華人民共和国の建国が宣言された翌年には、初の民間文学の全国的組織である民協（旧称は中国民間文芸研究会）が北京で設立されたが、副理事長に就任した鍾敬文をはじめ、役職には全国文芸界抗敵協会の創設メンバーが就任した。「中国共産党主導のもと、マルクス・レーニン主義、毛沢東思想を指針とし」という文句から始まる協会の趣旨からも分かるように、当時の民協は学術団体というよりも、むしろ政治団体に近かった。

この流れを受け継いで、一九五一年鍾敬文は北京師範大学に中国初の民間文学教育研究室を設立し、『民間文芸集刊』の創刊や『民間文芸新論集』の出版、学生の育成など精力的に活動する。鍾自身が述べるように、現在の基準から見れば、この時期に執筆された彼の論文は「政治思想評論」[14]に近かった。だが、その活動をまったく学問と無縁な政治活動だとするのは誤りだろう。実際には、マルクス・レーニン主義と毛沢東思想以外の真理が存在しなかっただけで、当時の鍾も「学問のため、真理のために」努力していたのである。だがその間も、民衆は人民へ、民間文学は人民の口頭創作へと読み換えられ、国をあげて絶対化されていった。政府官僚から農民まで全国民が政治思想と歌謡とを融合させた詩作に励んだ新民歌運動などは、その最たる例といえる。ただし、皮肉にも、この絶対化によって、中国民俗学は動乱の時代を民間文芸学として生き残ることができたのだが、一方で口承文学以外の伝統文化は封建的残滓と見なされ、それらを対象とする民俗学という学問も否定されることになる。

一九五〇年代後半に入ると、ついに古い思想、民俗、習慣の撲滅運動が全国的に展開された。いわゆる大躍進から文化大革命の間、高等教育機関は機能を停止し、書籍は燃やされた。封建文化の象徴のような民俗事象も破壊された。民俗学者の多くが職を追われ、徹底的な自己否定を強要された。特に鍾敬文は「腐敗した学院派学術思想」の持ち主として、民協や北京師範大学民間文学研究室からも「反共産党、反社会主義の右派分子」と断罪され、ほぼすべての権利をはく奪された上で、強制労働へ送られた。一九五七年に北京師範大学の学生グループが出版した『鍾敬文文芸思想批判』によれば、その罪状は鍾が「資産階級の民俗学的観点を売りつけ、その反動的立場をかたくなに堅持」しており、「党の主導者や党員幹部を攻撃し、党の文芸方針、政策を攻撃し、『素人は専業者を指導できない』などという旗を掲げ、マルクス・レーニン主義のラベルを張って、至る所で人を騙し」、さらに「資産階級の民俗学を復興させようと目論んでいる」というものであった。[15] つまり、この時代においては、鐘が政治の学問への介入に抗い、学問としての民俗学を守り育てようとしたことが、罪に問われたのである。

そして中国民俗学は長い空白の時代に入る。もちろん、中国民俗学の組織的な動きが皆無だったわけではなく、当時の政治イデオロギーと親和性の高い活動は継続されており、なかには少数民族文学史の編纂など価値あるものも存在する。だが、学問が政治を啓発した結果、政治によって取り消されるという悲劇の中心にいた中国人民俗学者にとって振り返るに耐えられないという意味でも、これは空白の時代なのである。

三、学問から学科へ

中国民俗学の春

一般的に、文化大革命の終結と改革開放の宣言は、長年政治運動に翻弄され続けた中国人民俗学者に訪れた春に例えられる。ここでは、この春に彼らがまず育てたのが学問としてではなく、学科としての中国民俗学だったことに注目したい。

一九七八年秋、鍾敬文は『民俗学及び関連研究機関の建設に関する提議書』を作成し、顧頡剛、白寿彝、容肇祖、楊堃、楊成志、羅致平らと連名で中国社会科学院に提出した。この数ヵ月後には烏丙安と劉航舵も『中国民俗学再建の新たな課題』を同学院に寄稿している。こうした民俗学再建への熱意は、まず民間文学の学科設立という形で実を結んだ。

一九七八年夏、教育部は文系大学の基本課程に民間文学を導入する決定を下し、その委託を受けて北京師範大学は民間文学の教師育成研修クラスを開設した。同年十月には北京師範大学で民間文学教育研究室が再建され、翌年二月には教育部が全国十六の大学から民間文学関係の教員を同大学に集め、組織的な人材教育と教材編纂を推進してゆく。[16] ほどなく同研究室は中国初の民間文学博士学位授与機関に認定され、一九八八年には正式に国レベルの重点学科となった。

だが、民間文芸学が新しい教育体制の中で学科として認められた一方で、民俗学は事実上、学科としての資格が取り消されたままだった。すでに古希を過ぎた鍾敬文は、執筆や講演などを通じて、民俗学の学科設立を各方面に訴え続けた。一九八一年五月民協の年会でも「我が国の社会主義の新たな民俗学を建設するために尽力しよう」というスローガンが提出された。また一九八一年八月の遼寧民俗学会を皮切りに、吉林省や浙江省などの地方においても学会が相次いで設立され、一九八三年五月についに中国民俗学会が実現すると、学科建設の動きは組織化された運動として本格化してゆく。たとえば中国民俗学会創設直後から始まった全国民俗学伝習班では、民俗学及びその隣接学科を代表する人物が講師となり、全国各地から集まった二〇〇名近い聴講生に集中講義を行った。民俗学伝習班の伝統は中山大学民俗学会に遡るが、中国民俗学会はそれとは比較にならない規模で、民俗学の大学教員を育成していったのである。

民俗学の学科設立運動と並行して、文化大革命中、大きく傷ついた民間文学の復興も急がれた。一九七八年以降、中国民俗学と民協は「ケサル王伝」や「孟姜女」のように、かつて徹底的に批判、歪曲化された作品の汚名を雪ぐことに尽力した。さらに、こうした作品の採集、翻訳、出版などについて国の承諾を得ると、集成編纂に向けて大きく動き出してゆく。中国民俗学会が二十年を費やし、最終的に延べ二〇〇万人が動員された『中国民間文学集成』、『中国歌謡集成』、『中国諺語集成』（以下、「三つの集成」）は、第一資料からなる県レベルの集成だけで約四〇〇〇冊、総文字数四億字以上、全国三十の省、市、自治区を網羅する省レベルの集成も九十巻に及び、まさに二十世紀の中国民俗学史の最後を飾る「輝かしい最終章」[17]だったといえよう。

だがその反面で、一九八〇年代から活発化した学科設立運動及び採集運動は、民俗学者から個別研究に集中できる時間を奪っていった。また、全国規模の採集運動が進むにつれ、中国民俗学内では資料と調査、研究をめぐる諸問題について組織的に議論する機運が高まり、民俗学者たちは民俗事象の概念範疇や性質、研究手法などに関する基礎研究に時間を費やさなければならなかった。なにしろ、民俗学誕生から半世紀以上たっていたものの、中国人学者が実際に研究に専念できたのは十年にも満たなかったのだから、こうした問題が山積していたのである。

組織的に学科建設に取り組み、大規模な活動を通じて中央政府に存在感をアピールした一九八〇年代は、中国民俗学が飛躍的に発展を遂げた時代とされる。だが実際の研究レベルが向上したわけではなく、ただひたすらに学科建設のため奔走した苦節の時代だったという方が正確だろう。「命はすでに古稀を過ぎ、かけがえのない多くの時間は踏みにじられ、個人的な気力も日々衰弱している。だが命の灯が消えぬ限り、民間文芸学と民俗学科の建設と推進という志は実現せねばならぬ」[18]。かつて学問を強く志向しながらも政治の波に呑み込まれ、研究らしい研究もできぬまま年老いてしまった民俗学者たちの決意はある意味悲壮だった。これまで何度も短い春を経験してきた彼らがまず行わなければならないことは、いつまで続くやも知れぬ春を謳歌して研究に勤しむことではなかった。むしろ個人的な研究を犠牲にしてでも、新しい教育制度に沿って学科という形で民俗学の生存権を確保し、次世代を担う若い人材に学問という初志を託すことだったのである。

立ちはだかる学科の壁

一九九〇年代に入る頃には、民俗学と親縁関係にある社会学や文化人類学、民族学はすでに学科としての地位を固め、留学帰りの研究者に力強く牽引されて研究水準が急速に伸びていた。一方の民俗学はというと、これら近隣学科と対等に対話できるだけの研究成果を蓄積できないまま、すっかり弱小の様態を呈していた。人民の文学を扱うというだけで政府や社会から過剰に重要視された時代は、もはや過去にすぎなかった。民俗とそれを研究する民俗学の価値を叫び続けた民俗学者の努力も虚しく、民俗学という学科の地位は依然確立できないままであった。

中国では、国が承認する学問分野が上下三等級からなる学科に区分される。この区分は学科目録として国務院学位委員会から公布され、各大学はこれに従い学科の設置と運営を行う。一九八三年に現行の学科制度が施行されて以来、民間文芸学は長きにわたり中国文学という一級学科の下に置かれる二級学科であり、民俗学は民間文芸学の下に置かれる三級学科だった。三級学科にも一応学科という名目がついているものの、二級学科とは違い、学部生への講義や大学院生の育成、科研費用の申請、重点学科指定による研究費の支給、研究室の設立などが許可されず、教育・研究に必要な環境づくりができないという点で、それはただの研究方向を示すにすぎない。さらに中国文学という枠組みの中では、民俗学者の活動は制限され、調査費用も確保できず、科研申請の資格さえない。こうした三級学科としての地位は、中国民俗学発展の重い足かせとなり続けた。

事態が急変するのは、一九九七年のことである。同年六月、国務院学位委員会と国家教育委員会は新たな学科目録を公布し、民俗学を文学ではなく法学に分類し直し、一級学科である社会学の下に、人類学と同列の二級学科として位置づけたのである。

だが、ついに悲願がかなったはずの中国民俗学は、さらなる混乱に包まれることになる。同目録には改革解放後の教育制度において二級学科であり続け、しかも、一九九六年には二十一世紀に向けて国が重点的に支援する学科に選ばれたばかりの民間文芸学の名が、載っていなかったのである。

この異常事態に、北京師範大学文学部は国務院学位委員会の官僚を招き、すでに九十四歳という高齢に達していた鐘敬文が民間文学の重要性を訴える場を設けた。だが、すでに手続きが完了した学科編成を見直すことは不可能で、結局、二級学科である民俗学を、「民俗学（民間文芸学を含む）」と表記する折衷案に落ち着いた。[19] だが一〇〇を超える二級学科と三級学科がひしめく社会学部で、括弧付きの民間文芸学を抱えた民俗学が重視されるはずもなかった。

しかも、中国文学という一級学科のもとで発展してきた民俗学はその教員のほとんどが文学部に所属していたため、社会学の下級学科層に位置づけられると、教員の新規採用枠や昇格審査から新入生の分配や、会議室の確保などに至るまで、その待遇はかえって悪化の一途をたどった。二級学科から実質上の三級学科に降格されたことで、民間文芸学の名目で研究費を申請することも、院生を募集することもできくなった。さらに、民俗学を専攻する学生も文学部に在籍しながら取得する学位は法学という事態に陥り、卒業後の進路にも支障をきたすようになった。[20]

民俗学の混乱はさらに続く。これまで中国民俗学のメッカであった北京師範大学民間文化研究室の内部で、方向性を巡って意見の対立が起こり、民俗典籍文字研究センター及び民俗学と文化人類学研究センターの二つに分裂したのである。両センターは長年蓄積してきた資料や、民俗学名目のプロジェクトや研究費、優秀な人材などの争奪戦を繰り広げた。そして二〇〇二年に鐘敬文が死去すると、北京師範大学の求心力は急速に弱まっていった。

青年たちの奮起

鐘敬文の絶筆となったのは、入院先の日中友好病院で国務院学位委員会に宛ててしたためた、民俗学の一級学科昇格と民間文芸学の二級学科昇格を懇願する嘆願書だったという。[21] その人生の最期において、学科創設の夢は鍾が望む形では叶わなかったが、彼が学科創設の先に見ていたもう一つの夢、つまり若い世代に学問を託すという夢は、実現の兆しを見せていた。

生前育てた五十名近い博士課程の学生に対して、鐘は自分の主義主張を押し付けるのではなく、学生の自由な思想を尊重した。[22] また、「鍾先生は学生が学業に専念することを望み、長期休暇中でもないのに帰省することを良しとしませんでした。……先生にとって、学問に従事するということは、ほぼ出家と同義だったのかもしれません」という元学生の言葉が示すように、[23]学者として真摯に学問と向き合う品格と姿勢を、身をもって学生に伝えた。やがて彼のもとを巣立った若い民俗学者たちは、上の世代の民俗学者が支配されていた思想、たとえばマルクスの階級理論や直線的な発達史観、レーニンの反映論、毛沢東の大衆路線などの限界を明確に見抜き、そして超えていった。中国民俗学にはじめて生活世界という概念を導入した高丙中の博士学位論文『民俗文化と民俗生活』などはその好例で、一九九一年の作品ながら、すでに民俗学の研究対象をいかに把握し、その学科たり得る基盤を作るか、そこからいかに懐古主義的・猟奇的収集活動に終始する民俗学を、真に人間の生を見つめる有益な現代の知へと導くかを論じている。

また、学科編成により大学所属の民俗学者が混乱を極めていた最中でも、教育部の管轄外で学科制度の影響を受けない研究機関では、比較的安定した環境で研究が続けられた。なかでも純粋に学問を志す若手研究者を惹きつけたのは国務院直属の研究機関である中国社会科学院で、二〇〇〇年以降、同院の民族文学研究所と民間文学室には、米ハーバード大学やインディアナ大学などに留学経験を持つ巴莫曲布嫫、朝戈金、尹虎彬、安徳明や、大気物理学や美学などから民俗学へ転向した劉宗迪、戸暁輝、施愛東といったユニークな人材が集結した。彼らを率いるのは、海外との交流を推進し、諸外国の理論を大胆に導入するスタイルを厭わない劉魁立と、若手研究者の自由な思想を導くことに長けた呂微である。その学問至上主義的な雰囲気の中で、若い民俗学者たちは中国民俗学が学問として存続しうる根拠を内省的に問い、あるいはパリー・ロード理論を根幹に据えた少数民族の叙事詩研究から中国民俗学のテクスト批判を推し進めていった。

二十一世紀以降、中国社会科学院の奮闘は、たとえ近隣学科の前で自信を喪失し、学科編成に翻弄されようとも、学問を諦めない一部の中国人民俗学者、とくに若手研究者を大いに勇気づけた。その機運をさらに高めたのが、民間文化青年フォーラムの誕生である。

民間文化青年フォーラムは、年齢や職歴に関わらず、誰でも参加可能な学術交流サイトである。稚拙でも新しい問題を議論し合える自由で平等な場を求める若手民俗学者によって、二〇〇二年七月に創設された。翌年七月からは掲示板と連動したシンポジウムも開催され、事後に論文集を出版するだけでなく、シンポジウム前から提出論文を掲示板に公開して活発な議論を促したり、シンポジウムの進展がリアルタイムで更新されたりと、画期的な試みもなされた。

同フォーラムで議論された内容には、「フィールドとの決別」や「パラダイムシフト」といった、民俗学の主流的な思想に挑戦するような刺激的なものが目立った。また、上の世代の民俗学者から嫌煙されがちな内省や間主体性、生活世界といった概念についても、中堅民俗学者からアマチュアまで同じテーブルにつき、より噛み砕いた表現で根気強く議論された。そして、かつて政治的イデオロギーに捉われていた時代には見えなかった地平が、中国民俗学の目の前に切り開かれていった。彼らはテクストからコンテクストへ、事象からイベントへ、類型から人間へ転換してゆき、中国民俗学は現代意識をもつ学問へ向けて着実に歩みだしたのである。[24]

四、学問と学科の狭間で

そして再び非遺保護運動へ

民間文化青年フォーラムは、二〇一三年三月に活動を停止するまで約十年間続いた。その活動停止の理由には複数あるが、最大の理由としては、民俗文化に興味を抱くすべての人に開かれたフォーラムが、「自由で活気あふれる学術交流の場」から次第に「自称専門家の馴れ合いの場」や「学生の情報交換の場」へと変質してしまい、学問を強く志向する会員たちがこの傾向を容認できなかったことが挙げられる。

フォーラムを閉鎖に追い込んだ自称専門家とは、強烈な政治的イデオロギーが社会を支配していた改革開放以前から、民間文学の採集や創作に取り組んできた「地方精鋭」と呼ばれる人々を指す。中には「三つの集成」や民俗誌を編纂するために中国民俗学が育成し、動員してきた地方の協力者も含まれる。日本の郷土史家と同様、彼らは民俗学という社会性の強い団体の重要な構成要員である。だが、中国の地方精鋭は同時に多くの問題を抱えてもいる。それは、過去の主流イデオロギーを現地に持ち込み、政治的に正しい担い手を創造し、現実の担い手を覆い隠したり、自らの検証結果に基づいて現実の伝承を否定し、担い手に改造を強いたり、他人の研究を剽窃した盗作を自費出版したりと、学術倫理に欠けた行為が後を絶たないという点である。フォーラムを自由闊達な学問の場として運営する若手民俗学者の期待とは裏腹に、こうした人々は続々とこのフォーラムに集い、経験豊富な古参の専門家として一定の影響力さえ持つようになった。そしてその背景の一つとなったのが、本稿の冒頭でも述べた非遺ブームの到来なのである。

面白いことに、中国民俗学が非遺保護運動において影響力を増した時期と、フォーラムが失速し始めた時期はほぼ一致している。この頃のフォーラムもあいかわらず賑わっていたが、活発に発言をするのは自称専門家と学生だけであり、創設当時の会員はほぼ姿を消していた。シンポジウムを見ても、二〇〇九年にはフォーラムらしく「非遺と民間信仰」のようにタブー的な話題に挑んでいるが、翌年には「民間文化と非遺保護」というありふれたものになっている。二〇一三年のシンポジウムでは再びテーマの専門性を高め、さらに純粋な学術会議と敷居をあげることで、発表者を篩にかける苦肉の策が取られたが、失われた勢いを取り戻すことはできず、最終的に活動停止を宣言したのである。

非遺保護運動が学問を志向する中国民俗学に与えた打撃は、相当なものだった。北京師範大学にかわり中国民俗学を牽引してきた中国社会科学院もまた、それから逃れられなかった。民族文学研究所所長の劉魁立が、国家レベルの非遺保護組織や関連事業で役職を担う、いわば非遺保護運動の中心人物になったため、同研究所の研究者も保護行政の実務に追われるようになったのである。彼らが進めていた叙事詩研究やテクスト批判は、当然頓挫を余儀なくされた。一方の文学研究所民間文学室では、一時年中行事に関する科研への参加を強いられたものの、室長の呂微が運動に消極的だったこともあり、それ以上目立った関与はなかった。かわりに同研究室の施愛東らは運動を厳しく批判するようになっていったのである。

非遺の先に見えるもの

しかし、学問という初志を犠牲にしかねない、あるいは長い苦難の道のりを経てようやく育ち始めた学問の芽を摘みかねないリスクを背負ってまで、中国人民俗学者が非遺保護運動に固執するのはいったいなぜなのか。非遺保護が社会全体を巻き込む運動となっている以上、そこに様々な思惑が交錯するのは当然だろう。ここで重要なのは、学術共同体としての中国民俗学の総意はどこにあるのか、という点である。

一つの答えが、二〇〇六年中国民俗学会第六回年会のシンポジウム「新しい時代の中国民俗学——そのチャンスと挑戦」というテーマから見えてくる。つまり、多くの民俗学者は、非遺保護運動を中国民俗学が時代の波に乗って発展を遂げる好機だと考えているのである。もちろん民俗学の発展とは、単に政府に重視され、社会世論に支持されるという意味ではない。本稿でも述べてきたように、中国民俗学はかつて民俗文化を利用可能な知識として発掘し、これを主流イデオロギーに見合った形へ改造する国策に加担することで発展してきた歴史をすでに経験している。その結果、伝統的な民俗文化＝封建的残滓という認識が定着し、民俗学の対象自体が破壊されるという事態を招いたのである。また民俗学自身もイデオロギーの変化により国の寵愛を失い、学科編成に翻弄されて疲弊し、学問の蓄積においても近隣学科に大きく遅れをとってしまった。

中国民俗学が非遺保護運動に見出しているチャンスとは、まず民俗文化を民衆の日常生活に蘇らせ、政府からもその存在価値が認められる「市民文化」としての地位を築くことにある。それは真の意味での「文化大革命の終焉」である。[25]さらに、過去の過ちから学んだ中国民俗学が主流イデオロギーに迎合するのではなく、むしろ国の文化政策を牽引し、民衆の多様な文化を国が認めると同時に国が認める文化を民衆が受け入れる、という現代民族国家の建設に貢献することで、民俗学の価値をアピールし、独立した学科としての地位を獲得することにある。[26]

民俗学の学科建設は中国民俗学の悲願である。民俗学の二級学科昇格と同時に民間文芸学が事実上の三級学科に格下げされ、しかも社会学部と文学部の間で分断されている今、民俗学が独立した学科の地位を築くためには、もはや民俗学が一級学科に昇格し、民間文芸学がその二級学科になるほかない。だが二〇一一年公布の新しい学科目録でも事態は変わらなかった。そこで二〇一三年六月、中国民俗学会創設三十周年を記念するシンポジウムでは、民俗学の一級学科昇格があらためて提言された。もしも非遺という中国全土が熱狂する一大イベントに乗り遅れ、学科建設の好機を逃せばもう後がない、これは民俗学者、特に大学に所属する者が共有する思いだろう。

現在の教育体制の中では、人材を育成するにも、研究室を設立・運営するにも、また研究費を申請するにも、独立した学科としての地位が必要となる。この現状を踏まえれば、非遺保護運動を通じて民俗学の学科建設を目指す動きと、純粋な学問としての民俗学を志向する動きは、根本的に矛盾するわけではない。中国という国で民俗学の学問という初志を実現するには、学科としての地位が不可欠なのである。

だが、本来同じ方向にあるべき学科と学問という中国民俗学の二つのビジョンは、実際には互いに反発し合う自己像として存在している。それが露わになったのは、やはり近年の非遺保護運動においてである。一部の民俗学者は非遺保護運動を追い風に学科としての中国民俗学を実現しようと画策しているが、彼らは民俗学の存続のためにも現実を見据えた戦略的な思考は不可欠だと主張し、運動に非協力的な民俗学者が現実に疎く、空論の中に自ら萎縮していると叱責する。[27]一方、学問としての中国民俗学を志す民俗学者は運動への過度の参与を問題視し、一時のブームに過ぎない保護運動のために研究を犠牲にすれば過去の民俗学と同じ轍を踏むことになり、それは今度こそ学問の致命傷になるだろうと警告している。[28]学科としての中国民俗学の道は「現実的戦略」かそれとも「権力への迎合」なのか、学問としての中国民俗学は「純粋な学問」かそれとも「非現実的な空論」なのか。学科という現実と学問という理想の両極で互いに位置付け合い、せめぎ合う民俗学者たちの姿は、一見中国民俗学が内部分裂しているように見える。だがそれが照らし出すのは、その一〇〇年近い中国民俗学の歴史そのものなのである。

非遺は、こうした歴史を経てきた中国民俗学が、学科と学問の狭間で再び岐路に立たされ、揺れる姿を鮮やかに映し出す。と同時に、このような中国民俗学の動向をより深く理解することは、現在の日本民俗学とその行く末をみつめる上においても有効な視点となりうるだろう。

注

（1） 傳謹「延安平劇研究院始末」（『読書』第九期、二〇一二年）一五九―一六〇頁。

（2） 王暁葵「人類学化と『非物質文化遺産保護』」（『日本民俗学』第二五九号、二〇〇九年）一一一―一三七頁。

（3） 高丙中「中国民俗学会二〇〇四年工作総結」（中国民俗学会、二〇〇五年）。http://www.chinafolklore.org/ChinaFolkloreSociety/msxh/xhdsj/2004_work_report.htm.

（4） 安德明「非物質文化遺産保護：民俗学的両難選択」（『河南社会科学』第一期、二〇〇八）一四―二〇頁。

（5） 施愛東「学術運動対于常規科学的負面影响——兼談民俗学家在非物質文化遺産保護運動中的学術担当」（『中国現代民俗学検討』社会科学文献出版社、二〇一〇年、初出は『河南社会科学』第三期、二〇〇九年）一八八―二〇〇頁。

（6） 施愛東「学術運動対于常規科学的負面影响——兼談民俗学家在非物質文化遺産保護運動中的学術担当」（『中国現代民俗学検討』社会科学文献出版社、二〇一〇年、初出は『河南社会科学』第三期、二〇〇九年）一八八―二〇〇頁。

（7） 岳永逸「忍辱負重的非遺（下）憂鬱的民俗学札記之十五」（『新産経』第六期、二〇一三年）八八―八九頁。

（8） 周作人「『歌謡』週刊発刊詞」（『周作人民俗学論集』上海文芸出版社、一九九九年、初出は『歌謡週刊』第一号、一九二二年）九七―九八頁。

（9） 劉錫誠『二十世紀中国民間文学学術史』（河南大学出版社、二〇〇六年）九〇―九一頁。

（10） 施愛東「早期民俗学者的田野考察及其方法探索」（『中国現代民俗学検討』社会科学文献出版社、二〇一〇年）六二頁。

（11） 陳啓新「『中大民俗学会』在中国民俗学発展中的歴史作用」（『中山大学学報社科版』第四期、一九九三年）一二三―一三〇頁。

（12） 鍾敬文「『民俗』週刊編輯余談」（鍾敬文文集編輯委員会編纂『鍾敬文文集　民俗巻』安徽教育出版社、一九九九年、初出は『民俗週刊』第二十四期、一九二八年）五三九―五四三頁。

（13） 鍾敬文「七十年学術経歴紀程——『鍾敬文学術論著自選集』自序」（董暁萍編纂『鍾敬文文集』安徽教育出版社、二〇〇二年、初出は一九九三年）八九七頁。

（14） 鍾敬文「我在学術上的幾点反思與体会」（董暁萍編纂『鍾敬文文集』安徽教育出版社、二〇〇二年、初出は一九九七年）

九一二頁。

(15) 劉錫誠『二十世紀中国民間文学学術史』(河南大学出版社、二〇〇六年)六四四―六四六頁。

(16) 許鈺「北師大民間文学教研室的昨天與今天」(『口承故事論』北京師範大学出版社、一九九九年)四二三―四二四頁。

(17) 劉守華『中国民間故事史』(湖北教育出版社、一九九八年)八一三頁。

(18) 鍾敬文「七十年学術経歴紀程――鍾敬文学術論著自選集」(董暁萍編纂『鍾敬文文集』安徽教育出版社、二〇〇二年、初出は一九九三年)、九〇二頁。

(19) 王泉根「学科級別対当今中国学術的双重影響」(『粤海風』第六期、二〇〇七年)。

(20) 王暁葵「人類学化と『非物質文化遺産保護』」(『日本民俗学』第二五九号、二〇〇九年)一一一―一三七頁。

(21) 王泉根「学科級別対当今中国学術的双重影響」(『粤海風』第六期、二〇〇七年)。

(22) 鍾敬文「序文」(楊利慧『女娲的神話與信仰』中国社会科学出版社、一九九七年)七頁。

(23) 蕭放「蕭放憶鍾敬文『中国民俗学之父』最後的夢:他説自己是一粒麦子」(『新京報』二〇〇九年十月二十一日)。

(24) 遊自『民間文化青年論壇』大事記」(陳泳超編纂『中国民間文化的文化史観照』黒龍江人民出版社、二〇〇四年)三五八―三九二頁。

(25) 高丙中「中国的非物質文化遺産保護與文化革命的終結」(『開放時代』第五期、二〇一三年)一四三―一五二頁。

(26) 高丙中「作為公共文化的非物質文化遺産」(『文芸研究』第二期、二〇〇八年)七七―八三頁。

(27) 陳勤建「民俗学者與当今中国非物質文化遺産保護」(日本民俗学会第六五回年会提出論文、未刊行、二〇一三年)。

(28) 施愛東「学術運動対于常規科学的負面影响――兼談民俗学家在非物質文化遺産保護運動中的学術担当」(『中国現代民俗学検討』社会科学文献出版社、二〇一〇年、初出は『河南社会科学』第三期、二〇〇九年)一八八―二〇〇頁。

付記 本稿は二〇一三年十一月に「帝国日本の知識ネットワークに関する科学史的研究」主催の第一回国際シンポジウム「東アジアの民俗学:歴史と課題」(於京都大学)において、北京大学の王京氏と共同で行った発表「学問としての民俗学、学科としての民俗学:現代中国民俗学の葛藤」を基に執筆したものである。

あとがき

本書は、日本民俗学会、福岡大学福岡・東アジア・地域共生研究所、中国民俗学会、中国華東師範大学の共同主催、九州人類学研究会、西日本宗教学会の後援により、二〇一六年七月に福岡大学を会場として開催された国際シンポジウム「民俗から考える東アジア世界の現在――資源化、災害、人の移動」の成果を基にして編纂された。

本シンポジウムは、日本民俗学会が交流協定を結ぶ中国民俗学会との交流事業として企画された。シンポジウムのテーマや内容は、当時の国際交流担当であった私と島村氏、会長の小熊氏、会場を引き受けていただいた福岡大学の白川琢磨氏、田村氏、及び福岡大学福岡・東アジア・地域共生研究所の山田雄三氏により実行委員会を組織し、討議を重ねた。特に山田雄三氏はじめ福岡・東アジア・地域共生研究所の皆様には、開催のための諸準備、当日の運営など、大きな御尽力をいただいた。

中国からは、中国民俗学会副会長の葉濤氏（中国社会科学院）・劉暁峰氏（中国清華大学）二名を含む六名、台湾より一名の研究者を迎え、日本側の民俗学・文化人類学の研究者とともに発表と討議を行った。テクノロジーが変える生活スタイル、文化遺産と国家や観光、人と人とのつながり等について、熱い討議が行われた。発表者は、民俗学・文化人類学を専門とする研究者とはいえ、社会組織、祭祀・信仰、儀礼・芸能、マイノリティのエスニシティ等々、日本、中国、台湾の研究者それぞれの専門分野が区々で、国を超えての議論がかみ合うかといった危惧もあったが、司会・コメンテーターの白川氏、島村氏、宮岡真央子氏（福岡大学）の導きにより、論点が整理、止揚され、諸外国からの出席者を含む参会者とともに白熱した討議が行われた。「現代」について、国を超えて討議することの意義と重要性が、あらためて確信された。その成功の上で、梁青氏（湖北師範大学）・西村真志葉氏による通訳の力は特に大きい。

その後、本シンポジウムについて、当日の予稿集と議論だけにとどめておくのが惜しく、成果刊行について、勉誠出版の堀郁夫様に相談を申し上げたところ、快諾していただき、ここに『アジア遊学』より本書を刊行していただくことができた。編集においては、特に編集部の堀様、森貝聡恵様には、大きな尽力とご配慮をいただき、本書の刊行に至った。シンポジウムの開催から本書の刊行まで、大きなご協力をいただいた研究者・機関各位、勉誠出版様に、記して心からの深謝を申し上げる。

本シンポジウムを踏まえ、改稿された論文を中心に構成された本論集は、大きく変わり続ける東アジアの〝現代社会〟を民俗学・文化人類学より論じた大きな成果であると自負できる論集となった。とはいえ「序」にも述べたように、現代社会について網羅的に論じているわけではなく、ほかにもさまざまな観点、論点があるだろう。

私は、自身の京都・神戸地域の華僑社会の調査において、京都の某キリスト教の教会には、フィリピン人女性が日曜礼拝に多く集まり、午後も歓談などして過ごしていることや、神戸中華街の関帝廟には、正月の初詣にベトナム人が多く参拝に訪れることを教えられた。日本のなかでの外国人のコミュニティの形成に宗教が関わり、また、異なる国どうしの出身者間にゆるやかなネットワークが形成されることがあるようである。

日本のなかの外国人については、彼らのコミュニティやエスニシティについて社会学や文化人類学からの調査、研究が行われている。一方、日本民俗学は、日本列島の中の日本語を話す日本人や「日本文化」を専ら対象としてきたため、彼らに関心を持つことはほとんどなかった。しかしながら、特にこの十年、外国人労働者や留学生が激増し、我々の隣人となり、また、多くの日本人が外国で働き、学ぶ、といった状況が進むなか、日本民俗学としても、日本の民俗の問題として、日本のなかの外国人、外国の日本人、……彼らの生活や社会にも目を向けてゆく必要があるだろう。

松尾恒一

二〇一七年九月

執筆者一覧（掲載順）

周　星　　田村和彦　　兼重　努　　林　承緯

徐　贛麗　　宗　暁蓮　　松尾恒一　　賈　静波

王　霄冰　　小熊　誠　　張　玉玲　　胡　艶紅

王　暁葵　　中村　貴　　島村恭則　　及川祥平

西村真志葉

【アジア遊学215】

東アジア世界の民俗
変容する社会・生活・文化

2017年10月20日　初版発行

編　者　松尾恒一
発行者　池嶋洋次
発行所　勉誠出版 株式会社
〒101-0051　東京都千代田区神田神保町3-10-2
TEL：(03)5215-9021(代)　FAX：(03)5215-9025
〈出版詳細情報〉http://bensei.jp/

印刷・製本　㈱太平印刷社
装丁　水橋真奈美（ヒロ工房）

ISBN978-4-585-22681-9　C1330

李沖　松下憲一
北周武帝の華北統一　会田大輔
それぞれの「正義」　堀内淳一

Ⅱ　思想・文化

魏晋期の儒教　古勝隆一
南北朝の雅楽整備における『周礼』の新解釈について　戸川貴行
南朝社会と仏教―王法と仏法の関係　倉本尚徳
北朝期における「邑義」の諸相―国境地域における仏教と人々　北村一仁
山中道館の興起　魏斌（田熊敬之・訳）
史部の成立　永田拓治
書法史における刻法・刻派という新たな視座―北魏墓誌を中心に　澤田雅弘

Ⅲ　国都・都城

鄴城に見る都城制の転換　佐川英治
建康とその都市空間　小尾孝夫
魏晋南北朝の長安　内田昌功
北魏人のみた平城　岡田和一郎
北魏洛陽城―住民はいかに統治され、居住したか　角山典幸
統万城　市来弘志
「蜀都」とその社会―成都　二二一―三四七年　新津健一郎
辺境都市から王都へ―後漢から五涼時代にかける姑臧城の変遷　陳力

Ⅳ　出土資料から見た新しい世界

竹簡の製作と使用―長沙走馬楼三国呉簡の整理作業で得た知見から　金平（石原遼平・訳）
走馬楼呉簡からみる三国呉の郷村把握システム　安部聡一郎
呉簡吏民簿と家族・女性　鷲尾祐子
魏晋時代の壁画　三崎良章

北朝の墓誌文化　梶山智史
北魏後期の門閥制　窪添慶文

214 前近代の日本と東アジア―石井正敏の歴史学

はしがき―刊行の経緯と意義　村井章介

Ⅰ　総論

対外関係史研究における石井正敏の学問　榎本　渉
石井正敏の史料学―中世対外関係史研究と『善隣国宝記』を中心に　岡本　真
三別抄の石井正敏―日本・高麗関係と武家外交の誕生　近藤　剛
「入宋巡礼僧」をめぐって　手島崇裕

Ⅱ　諸学との交差のなかで

石井正敏の古代対外関係史研究―成果と展望　鈴木靖民
『日本渤海関係史の研究』の評価をめぐって―渤海史・朝鮮史の視点から　古畑　徹
中国唐代史から見た石井正敏の歴史学　石見清裕
中世史家としての石井正敏―史料をめぐる対話　村井章介
中国史・高麗史との交差―蒙古襲来・倭寇をめぐって　川越泰博
近世日本国際関係論と石井正敏―出会いと学恩　荒野泰典

Ⅲ　継承と発展

日本渤海関係史―宝亀年間の北路来朝問題への展望　浜田久美子
大武芸時代の渤海情勢と東北アジア　赤羽目匡由
遣唐使研究のなかの石井正敏　河内春人
平氏と日宋貿易―石井正敏の二つの論文を中心に　原美和子
日宋貿易の制度　河辺隆宏
編集後記　川越泰博

アジア遊学既刊紹介

211 根来寺と延慶本『平家物語』—紀州地域の寺院空間と書物・言説

【イントロダクション】紀州地域学というパースペクティヴ—根来と延慶本、平維盛粉河寺巡礼記事について　大橋直義

【総論】延慶本『平家物語』と紀州地域　佐伯真一

【書物としての延慶本『平家物語』と聖教】

延慶本平家物語の書誌学的検討　佐々木孝浩

延慶本『平家物語』周辺の書承ネットワーク—智積院聖教を手懸かりとして　宇都宮啓吾

延慶本『平家物語』の用字に関する覚書　杉山和也

【根来寺の歴史・教学・文学とネットワーク】

「束草集」と根来寺　永村眞

高野山大伝法院と根来寺　苫米地誠一

延慶書写時の延慶本『平家物語』へ至る一過程—実賢・実融：一つの相承血脈をめぐって　牧野和夫

頼瑜と如意宝珠　藤巻和宏

寺院経蔵調査にみる増吽研究の可能性—安住院・覚城院　中山一麿

【延慶本『平家物語』の説話論的環境】

十三世紀末の紀州地域と「伝承」—延慶本『平家物語』・湯浅氏・無本覚心　久保勇

崇徳関連話群の再検討—延慶本『平家物語』の編集意図　阿部亮太

称名寺所蔵『対馬記』解題と翻刻—延慶本『平家物語』との僅かな相関　鶴巻由美

【延慶本『平家物語』・紀州地域・修験】

延慶本『平家物語』と熊野の修験—根来における書写を念頭に　源健一郎

承久の乱後の熊野三山検校と熊野御幸　川崎剛志

紀州と修験—縁起から神楽へ　鈴木正崇

212 関ヶ原はいかに語られたか—いくさをめぐる記憶と言説

〔序文〕関ヶ原の戦いのイメージ形成史　井上泰至

石田三成—テキスト批評・中野等『石田三成伝』　井上泰至

小早川秀秋—大河内秀連著『光禄物語』を中心に　倉員正江

〔コラム〕大阪歴史博物館蔵「関ヶ原合戦図屏風」について　高橋修

大谷吉継—軍師像の転変　井上泰至

小西行長—近世の軍記から演劇まで　原田真澄

島左近—『常山紀談』の逸話などから　田口寛

〔コラム〕関ヶ原合戦図屏風の近世　黒田智

吉川広家—「律儀」な広家像の形成と展開　山本洋

安国寺恵瓊—吉川広家覚書と『関ヶ原軍記大成』を中心に　長谷川泰志

黒田長政—説得役、交渉役として　菊池庸介

関ヶ原合戦と寺社縁起　黒田智

福島正則—尾張衆から見た関ヶ原の戦い　松浦由起

加藤清正—関ヶ原不参加は家康の謀略によるものか？　藤沢毅

島津義弘—島津退き口の歴史叙述　目黒将史

伊達政宗—近世軍書に描かれたその姿の多様性　三浦一朗

〔コラム〕「北の関ヶ原合戦」をめぐる史料について　金子拓

徳川家康—天下太平への「放伐」　濱野靖一郎

213 魏晋南北朝史のいま

総論—魏晋南北朝史のいま　窪添慶文

I　政治・人物

曹丕—三分された日輪の時代　田中靖彦

晋恵帝賈皇后の実像　小池直子

赫連勃勃—「五胡十六国」史への省察を起点として　徐冲（板橋暁子・訳）

陳の武帝とその時代　岡部毅史